中青年经济学家文库

国家自然科学基金青年项目（71602077）"基于产权配比的高管同辈薪酬选择策略研究：内在机理及其经济后果"研究成果

教育部人文社科基金青年项目（16YJCZH151）"高管同辈薪酬选择策略：作用机理及其经济后果研究"研究成果

江苏省高校哲学社会科学研究指导项目（2015SJD352）"高管同辈薪酬差距、管理者情绪及其行为后果研究"研究成果

江南大学商学院学术专著出版基金支持项目

管理层权力、高管薪酬与上市公司盈余管理研究

张泽南 著

中国财经出版传媒集团

经济科学出版社

Economic Science Press

图书在版编目（CIP）数据

管理层权力、高管薪酬与上市公司盈余管理研究/
张泽南著.—北京：经济科学出版社，2016.9
（中青年经济学家文库）
ISBN 978 - 7 - 5141 - 7369 - 7

Ⅰ.①管…　Ⅱ.①张…　Ⅲ.①上市公司 - 管理人员 -
工资管理 - 研究 - 中国　Ⅳ.①F279.246

中国版本图书馆 CIP 数据核字（2016）第 254142 号

责任编辑：王柳松
责任校对：隗立娜
责任印制：邱　天

管理层权力、高管薪酬与上市公司盈余管理研究
张泽南　著

经济科学出版社出版、发行　新华书店经销
社址：北京市海淀区阜成路甲 28 号　邮编：100142
总编部电话：010 - 88191217　发行部电话：010 - 88191522
网址：www.esp.com.cn
电子邮件：esp@esp.com.cn
天猫网店：经济科学出版社旗舰店
网址：http://jjkxcbs.tmall.com
北京万友印刷有限公司印装
880×1230　32 开　8.75 印张　230000 字
2016 年 9 月第 1 版　2016 年 9 月第 1 次印刷
印数：0001—1200 册
ISBN 978 - 7 - 5141 - 7369 - 7　定价：32.00 元
（图书出现印装问题，本社负责调换。电话：010 - 88191510）
（版权所有　侵权必究　举报电话：010 - 88191586
电子邮箱：dbts@esp.com.cn）

前　　言

　　高管薪酬治理是公司微观治理的重要议题，亦是困扰世界多国的难题。近几年来，中国改革开放取得了阶段性的成果企业，所有权与经营权的日渐分离、市场化进程的逐步加快、公司规模的日益扩大、治理机制的不断完善为高管才能的发挥，财富的积累创造了巨大的上升空间，高薪酬频繁涌现。据北京师范大学公司治理与企业发展研究中心公布的《中国上市公司高管薪酬指数报告2013》显示，2008年上市公司高管平均薪酬为52.83万元，2012年这一数字飙升至63.61万元，5年间增幅达到20%，是同期全国城镇居民可支配收入（2.56万元）的25倍，其中，2012年金融类上市公司高管平均薪酬最高，为232.95万元，是非金融类公司高管平均薪酬的3.85倍。① 诚然，高薪酬反映出社会物质资料水平的丰富，间接印证了国民经济的发展，然而高管薪酬快速激增的背后也蕴涵了较多的隐形机制，不可避免地引发各种社会问题，引起各界人士对薪酬公平性、合理性的广泛热议。虽然国家针对高管薪酬的改革政策一直在与时俱进，薪酬治理方案与限薪举措顺次推出，但实际效果却不够理想，"天价薪酬"与"零薪酬"齐聚并存、薪酬差距悬殊，只涨不跌的薪酬乱象依然存在。种种迹象警示我们薪酬治理已刻不容缓，唯有厘清高管高薪的潜在影响因素，剖析高管高薪背

---

　　① 高明华，杜雯翠. 中国上市公司高管薪酬指数报告2013，经济科学出版社，2013。

后的运作机理，大刀阔斧地深化改革，才是破解高管薪酬迷局的关键。

一直以来，基于最优契约理论（Murphy，1999）的高管薪酬激励机制被视为有效地缓解委托代理问题，降低代理成本的最优路径。然而，其理论框架与实现基础却遭到了拜伯切克（Bebchuk）等诸多学者的质疑。外部市场机制与内部监管机制的缺失，无形中减弱了对高管权力的制约，难以约束的权力膨胀又极易诱发高管私定薪酬、攫取暴利，以牺牲股东利益与公司价值最大化为代价的短期逐利行为。频繁曝出的巨额薪酬、天价薪酬并非制度激励下的优良硕果，其往往蕴涵着权力导向下的，与公司实际业绩考核相脱离的定价机制以及高管基于权力的天然牟利动机。已有研究表明，高管在薪酬激励下容易实施利润操纵的盈余管理行为，但只检验了单一的盈余管理方式——应计制盈余管理，并没有对高管实施的其他盈余管理活动进行细化探讨（如，真实活动盈余管理），此外由于管理层权力对高管薪酬有较强的正向影响效力，因此，直接将管理层权力纳入高管薪酬与盈余管理的研究框架将无法剥离薪酬因素的潜在影响而导致关联变量间的共线性与内生性。现有研究的不足与缺陷，恰恰为本书的立意提供了广阔的空间，并成为笔者力图解决的内容之一。其次，研究中国高管薪酬问题，无法脱离中国的具体国情与产权背景，尤其在当前市场经济难以有效缓解薪酬矛盾的形势下，政府的宏观调控具有较强的政策导向作用。2009 年，是薪酬草案、规定、指导意见颁布较为集中的重要之年，以人力资源和社会保障部等六部委联合下发的《关于进一步规范中央企业负责人薪酬管理的指导意见》，明确规定企业负责人的基本年薪要与上年度央企在岗平均工资相联系。通过规范限制高管与普通员工薪酬差距来抑制央企高管薪酬的持续上扬，并寄望于对其他产权性质的企业产生积极的震慑作用。因此，探讨政府限薪的经济效果，剖析限薪背景下国有企业高管的薪酬变化轨迹以及盈余管理策略的改变显得尤为重要。其不仅有利于检验限薪政策的有效性，更进一步延伸了宏观政策对企业微观行为的指导路径，更为清晰透彻地阐释了基于高管薪酬之上的限薪政策对管理者盈余管理行为的影响机理与触发机制，为相关薪酬准则的制定提供建设性的指导意见。本书的主要内容如下：

第 1 章为绪论。主要介绍了本书的研究主题、研究目的和研究意义。梳理并提炼出可行的研究思路和研究方法，概述并总结出全书的研究内容与逻辑框架，对本书中涉及的相关概念进行界定与解析，最后，指出本书的特色和可能的创新之处。

第 2 章为理论基础与文献综述。较为系统、全面地阐述了本书所涉及的相关重要理论与文献，为后续研究提供了坚实的理论依据。

第 3 章为制度背景分析。主要从高管薪酬契约的制度变迁、国企高管薪酬现状与突出问题，管理层权力积聚的现实背景，实施盈余管理的高管薪酬动机以及薪酬管制的经济内涵与现实背景等几方面进行阐述。

第 4 章为管理层权力与高管薪酬：实证检验。旨在探讨管理层权力对高管薪酬的影响效应，选用国泰安 CSMAR 数据库中沪深两地上市公司 A 股 2004 ~ 2011 年的数据，重点考察了管理层权力影响下的高管薪酬体系的内在反应与外部表象。研究发现：（1）管理层权力对不同产权性质上市公司的高管显性货币薪酬、超额薪酬、隐形薪酬、高管与普通员工的薪酬差距均具有显著的正向影响。（2）管理层权力的增大促使高管在显性薪酬与隐形薪酬间的抉择中更倾向于后者，即隐形薪酬对显性薪酬的替代效应随管理层权力的增大而显著增强。（3）管理层权力越大，高管薪酬业绩敏感性总体提升幅度越大。高水平业绩的企业中，管理层权力对薪酬业绩敏感性的正向促进效果较之低水平业绩的企业更突出。国有企业相比非国有企业，薪酬业绩敏感性随着管理层权力的增大而提高，当企业业绩较低时，管理层权力弥补高管薪酬业绩敏感性下降的能力越大。（4）管理层权力越大，高管普通员工间的薪酬差距与企业业绩敏感性的正向上升效应更明显，其中，国有企业与非国有企业相比，薪酬差距对企业业绩的促进效果随管理层权力的增大而显著增强。

第5章为高管薪酬与盈余管理：基于管理层权力的检验。本章选择2005~2011年沪深A股上市公司为主要样本，在对盈余管理经济后果分析的子样本中，继续引入2012年的数据。研究发现：(1) 高管薪酬确实能够诱发高管实施应计制盈余管理，但不会促使其实施真实活动盈余管理。(2) 管理层权力变量引入后，权力引发的薪酬提高能够有效地遏制高管的应计制与真实活动盈余管理行为。(3) 应计制盈余管理与未来公司业绩总体呈正相关，但相关系数随年份的递增而减小；真实活动盈余管理与未来公司业绩总体呈负相关，相关系数的强度依次减弱。(4) 无论是应计制盈余管理还是真实活动盈余管理，未来公司价值都会显著降低，真实活动盈余管理对公司长期价值的破坏力度更大。

第6章为高管薪酬与盈余管理：基于政府限薪的检验。以限薪政策实施后的经济背景为切入点，研究对象被限定为更具针对性的国有企业，选用沪深两地A股2005~2011年国有上市公司为研究样本，分三条主线研析限薪政策的实施效果。(1) 考察限薪政策对薪酬机制本身的冲击力。与预计相同，限薪政策在一定程度、一定范围内抑制了国有产权不同层级安排下高管超额薪酬的增加、降低了薪酬粘性，凸显了政府薪酬制度改革的阶段性效果。(2) 研究作用于薪酬机制之上的限薪管制是否抑制了高管的盈余管理行为。研究发现限薪政策的震慑效力通过薪酬机制予以释放，显著抑制了高管的真实活动盈余管理与应计制盈余管理。不可否认，政府的行政监管确实对高管的盈余管理行为具有一定的制约作用，但仍需结合市场力量共同对高管的薪酬操纵行为进行调节约束。

第7章为研究结论、不足与建议。

本书的研究特色和创新点，主要体现在以下几个方面：

第一，本书结合中国现实制度背景探究了不同产权性质下管理层权力对薪酬契约体系的多重调节效应，具体表现为管理层权力对高管显性货币薪酬、超额薪酬、隐形薪酬、隐形薪酬与显性薪酬的权衡、高管与普通员工间的薪酬差距、高管薪酬业绩敏感性、薪酬差距业绩敏感性的影响效果。其中，在考察管理层权力对薪酬业绩敏感性、薪酬差距业绩敏感性的回归中，笔者将管理层权力与公司业绩进一步细分，有力地区别了不同权力强度和业绩强度下，管理层权力对不同产权性质公司薪酬（薪酬差距）业绩敏感性的影响，揭示出当前研究所忽视的，管理层权力能够弥补由业绩不良而导致的薪酬（薪酬差距）业绩敏感性的下降，国有企业中管理层权力的此种逆转效果更为突出。

第二，本书在验证高管薪酬诱发其实施应计制盈余管理，抑制其实施真实活动盈余管理的基础上，进一步揭示出管理层权力因素具有对高管薪酬引发的盈余管理活动的显著制约作用。通过构造"权力薪酬"这一概念，即在由影响高管薪酬的正常经济因素和管理层权力变量进行回归而得到的薪酬预测值与仅由使用正常经济因素回归得到的高管纯薪酬之间的差额来表示，笔者发现权力薪酬能够抑制高管的盈余管理行为，权力薪酬越高，盈余管理程度越弱。此外，笔者补充分析了现有文献较少涉及的盈余管理后的短期与长期经济后果研究，分别考察了两种盈余管理活动实施后未来三期公司业绩、公司价值于不同产权性质公司的变化趋势，为后续相关研究提供了直观的经验依据。

第三，本书第6章选择政府限薪背景下的国有企业为研究对象，考察了宏观经济政策对公司微观治理以及管理者予以应对的具体行为策略。与现有薪酬管制领域的研究不同，本书并未选择薪酬管制的间接后果"高管员工薪酬差距"作为薪酬管制的替代变量，而是从动态的角度考察了高管薪酬领域的重大经济事件对高管薪酬体系的深入影响，更利于实施限薪前后较为直观的对比分析。本章以2009年财政部等六部委联合颁布的限薪政策为研究契机，具体分析了央企以及央企范畴内的垄断央企和地方国企内部高管薪酬机制的薪酬管制效果，并开创性地研究了限薪政策对高管应计制与真实活动盈余管理行为决策的影响，具有一定的理论与实践指导意义，为较好地理解薪酬管制的政治效果以及辨别管理者不同种盈余管理的实施动机提供了参考路径。

张泽南

2016 年 5 月

目　　录

1　绪　论 ··· 1
　　1.1　研究背景与研究意义 ······································ 1
　　1.2　研究思路与研究方法 ······································ 5
　　1.3　研究内容与逻辑框架 ······································ 6
　　1.4　基本概念的界定 ··· 9
　　1.5　研究创新与贡献 ·· 14

2　理论基础与文献综述 ··· 16
　　2.1　委托代理理论 ·· 16
　　2.2　最优契约理论 ·· 17
　　2.3　管理层权力理论 ·· 20
　　2.4　盈余管理 ··· 26

3　制度背景分析 ·· 47
　　3.1　高管薪酬契约的制度变迁 ································ 47
　　3.2　管理层权力积聚的现实背景分析 ······················ 70
　　3.3　基于高管薪酬契约的盈余管理动机分析 ··············· 75
　　3.4　薪酬管制背景分析 ······································· 76

4　管理层权力与高管薪酬：实证检验 ······················ 84
　　4.1　引言 ··· 84
　　4.2　文献回顾与理论假设 ····································· 87

    4.3　研究设计 ·············· 95

    4.4　描述性统计 ·············· 104

    4.5　相关性分析 ·············· 110

    4.6　多元回归分析 ·············· 110

    4.7　稳健性测试 ·············· 133

    本章小结 ·············· 133

5　高管薪酬与盈余管理：基于管理层权力的检验 ·············· 136

    5.1　引言 ·············· 136

    5.2　文献综述与理论假设 ·············· 138

    5.3　研究设计 ·············· 146

    5.4　研究结果与分析 ·············· 152

    5.5　稳健性测试 ·············· 191

    本章小结 ·············· 197

6　高管薪酬与盈余管理：基于政府限薪的检验 ·············· 198

    6.1　引言 ·············· 198

    6.2　背景分析与假设提出 ·············· 202

    6.3　研究设计与样本选择 ·············· 208

    6.4　研究结果及结论 ·············· 216

    6.5　稳健性测试 ·············· 231

    本章小结 ·············· 232

7　研究结论、不足与建议 ·············· 234

    7.1　研究结论 ·············· 234

    7.2　研究局限与研究不足 ·············· 236

    7.3　研究的政策建议 ·············· 239

参考文献 ·············· 247

致谢 ·············· 269

1

绪　　论

1.1

研究背景与研究意义

1.1.1　研究背景

美国"次贷危机"引燃了全球范围的金融震荡，接踵而至的金融危机再一次对金融及其联带产业施以重创。然而，与经济剧烈波动、业绩大幅下跌形成鲜明对比的是，全球高管薪酬水平非但没有显著下移，反倒呈现出逆势攀升的迹象。基于最优契约理论给予管理者高薪酬，试图减弱委托代理问题的薪酬制度设计初衷并未给公司、股东带来价值增值，反而随着管理层权力的愈发膨胀、权力"寻租"问题的愈演愈烈而进一步被负向放大。依托管理层权力理论和管理层权力单调递增背景的高管薪酬契约不仅不能有效地降低股东—管理者的委托代理成本，反倒成为代理成本的一部分（Beb-chuk，2002，2003）。管理层与股东间的利益冲突，可能会促发管理者以牺牲股东财富和公司价值换取自身利益的道德风险和逆向选择问题。譬如，管理者凭借权力获得了更多的在职消费等隐形薪酬福利（Burrough，Helyar，1990；卢锐等，2008；代彬，2011；陈修德，2012），攫取了更多的超额薪酬（吴育辉，吴世农等，2010；

权小锋等，2010；代彬，2011；陈修德，2012）、引发了高管薪酬与普通员工薪酬差距的进一步扩大（陈修德，2012），亦将联带性地影响公司短期绩效和长期绩效（卢锐等，2007）。在探讨高管薪酬与公司业绩敏感变化的相关研究时，不可忽略管理者具体的盈余决策行为。现有研究都不同程度地证实了高管薪酬有诱发管理者实施盈余管理的动机，但此种动机更多的是关注高管的应计制盈余管理行为，较少涉及对高管真实活动盈余管理的分析，此外基于高管薪酬契约之上的管理层权力效应是否能够影响高管的盈余决策，高管纯薪酬与权力薪酬对盈余管理的实施程度是否存在差别，权力薪酬能否对两种盈余管理方式产生冲击，从而改变并削弱高管实施盈余管理的幅度？不同产权性质的公司中，高管面对不同种盈余管理方式，究竟应如何抉择？盈余管理活动实施后，高管短期与较长期间内公司绩效与公司价值又将如何变动，少有文献进行探讨，但却值得我们深入关注与思考。

金融危机的持续发酵也使高管薪酬机制的弊端暴露无遗，股东对高管自利行为的约束不力、董事会和监事会督管能力的弱化使得高管显性薪酬已然脱离同规模、同水平的业绩考核定价模式，薪酬与业绩变动的对称性失去平衡，职务消费等隐形薪酬逐年攀升，高管与员工薪酬差距非持续性地日益扩大，高管股权激励的过度推行抑或延缓发售以及激励水平的过高或过低均会对高管薪酬体系造成强烈影响。因而，无可非议的是，金融危机确实对公司内部薪酬治理产生了较大的冲击，最终演变为世界范围内对高管薪酬施加管制、重塑高管薪酬体系的强势诉求与改革浪潮。一些国家相继出台薪酬监管措施以扭转过高薪酬引致的不良局面。美国、英国、德国、法国和瑞典等一些发达资本主义国家，通过直接控制薪酬水平、指导和约束存在过度风险倾向的激励薪酬以及提升公司治理强度，督促监事会切实履行对高管薪酬相关政策制定过程中的监管等多项措施，来确保薪酬信息披露过程的公开透明与信息质量的合理有效。其中，以美国为主的薪酬管制措施较为突出，奥巴马政府对华尔街失范无度、脱离市场经济运行轨道的天价薪酬给予强行干预，强制要求即将获得政府注资的金融及其他企业高管年薪总额不得超过 50 万美元，额外薪酬需以限制性股票形式发放，且需等到公司还清政府救助款后方可兑现。

面对日益高涨的高管薪酬水平以及"天价薪酬"和"零薪酬"并存的混乱现象，中国企业又将如何应对？尤其是作为国民经济支柱，掌握国民经济命脉的国有企业又将采取何种措施？中国政府推行的对国有企业高管实施限薪的政策是否得以有效地开展，限薪政策的推出对央企、垄断央企和地方国企是否具有相等的影响权重？高管薪酬机制又将向何处转变？

2009 年 9 月 16 日，人力资源和社会保障部会同财政部等六部委联合下发了《关于进一步规范中央企业负责人薪酬管理的指导意见》，规定企业主要负责人的基本年薪要与上年度中央企业在岗职工平均工资相联系，对央企负责人的薪酬管理做出了明确规范，这与早期诸多的薪酬管制措施相比，权威性更大、影响性更广、力度更深，被称之为中国版的"限薪令"。若治理高管显性货币薪酬的限薪政策是有效的，那么，高管显性薪酬的增量将会减少、高管超额薪酬会降低、高管薪酬业绩敏感性在行政干预下可能不会显著增强，高管薪酬粘性将所有下降。薪酬管制不仅能够干预高管薪酬机制，更可能会进一步影响管理者的盈余决策。既然基于高管薪酬的盈余管理动机已得到学者的认可，那么，限薪政策效应是否能通过薪酬机制进阶传导而影响管理者的盈余管理行为，限薪管制下，高管实施盈余管理的动机是否有所调整？实施幅度是否有所变化？高管更偏好何种盈余管理方式，是应计制盈余管理还是真实活动盈余管理？抑或高管同时降低两种盈余管理方式的实施幅度？政府的限薪背景，正好为我们检验高管薪酬对盈余管理方式影响的动态选择路径，具有较强的理论价值与实践价值。

1.1.2　研究意义

本书的逻辑框架较为清晰地揭示了不同产权性质公司管理层权力对高管薪酬契约体系的影响深度、深入剖析了基于高管薪酬的管理层权力效应对高管实施应计制或真实活动盈余管理的影响机理以及分析了不同种盈余管理活动实施后的经济后果，最后将研究对象划定为国有上市公司，探讨了政府限薪政策的政策效应对国有企业产权分级管理模式下高管薪酬契约的作用效果，并进一步延伸考察了薪酬管制的行政传导机制对管理者实施应计制盈余管理或真实活动盈余管理的影响，具有较强的理论研究价值和实践指导意义。

从理论研究意义来看，首先，本书丰富了管理层权力理论在中国转轨经济中公司治理层面的具体应用，较好地解释并验证了管理层权力对高管薪酬契约以及管理层权力对高管具体盈余决策的细化影响；其次，本书在构建管理层权力综合指标时，选用多维指标构成的主成分分析法而不是仅选择简单的一维指标的加减运算，研究结论更为可靠，且有力地证明了管理层权力理论不仅适用于股权分散的企业，对于那些股权集中度较高、内部人控制相对较重的国有企业依然适用，积极拓宽了该理论的适用边界。最后，本书以国有企业薪酬管制为研究契机，更为关注政府限薪政策对企业内部薪酬治理层面的冲击效力及管理者具体的应对策略，这更有利于动态地比较高管薪酬契约机制的变化以及高管薪酬动机下盈余管理方式与实施幅度的转变，为现有研究提供了一个崭新的理论与实践紧密结合的研究视角。

从实践指导意义来看，本书细化挖掘了不同产权性质公司管理层权力、高管薪酬契约与盈余管理行为的研究，为深化认识和理解企业薪酬治理路径中的影响因素，正确识别和看待管理层权力引致的经济后果提供了针对性的参考意见。此外，本书深入分析了薪酬管制对国有企业高管薪酬治理的影响效果，为政府相关部门后续的薪酬监管工作提供了直观的经验证据，也为深化国企高管薪酬制度改革提供了理论参考方向。本书较好地契合和响应了国家关于改善企业薪酬治理、规范国有企业高管薪酬契约安排的政策方针，为合理理顺和辨清政府、企业与管理者的关系，规制管理层权力、约束高管盈余管理行为等方面提供了有益参考。随着经济的快速高水平发展，政府主导的市场经济模式势必要被市场主导的经济模式所替代，因此本书认为，适宜合理的薪酬管制政策能够促进高管薪酬体系的完善，但过度的薪酬管制不利于企业整体薪酬体系的构建，最终会束缚国有企业的长远发展。故坚持市场经济为主、政府指导为辅的薪酬改革路径将是中国企业改革的前进方向。

1.2

研究思路与研究方法

本书运用理论分析和实证检验相结合的研究范式，基于经典的委托代理理论，重点分析了最优契约理论和管理层权力理论双重指导下的中国上市公司管理层权力、高管薪酬与盈余管理间的深层影响关系，并进一步探讨了中国国有企业特有的薪酬管制背景对高管薪酬及其盈余管理决策的作用效果。理论分析部分重点阐述了西方的薪酬契约激励和管理层权力在中国经济转轨背景下的实施基础、作用机理以及不同产权性质公司中的特定表现效果与应对措施，结合中国国有企业薪酬管制的演进历程，延伸分析了薪酬管制的经济内涵及其具体的反馈效果。本书实证分析部分，植根于客观翔实的大数据基础上，由渐次深入、逐层递进的章节构成，主要涉及三项主要的实证章节，前两章以管理层权力为主要视角，重点探讨管理层权力对高管薪酬体系的影响以及基于管理层权力下的高管薪酬诱发盈余管理的机制变化，实证部分的最后章节则着眼于易受到限薪政策影响的国有企业，在控制管理层权力等其他重要变量后，研析了政府的行政限薪举措对高管薪酬体系的调控力量以及管理者具体盈余管理方式的改变路径。详细阐述如下：

首先，考察管理层权力分别对高管显性薪酬、超额薪酬、隐形薪酬、显性薪酬与隐形薪酬的权衡、高管员工薪酬差距、薪酬业绩敏感性、薪酬差距业绩敏感性的影响效果；其次，探讨管理层权力影响下的高管薪酬诱发其实施盈余管理的实施效果以及盈余管理后的公司业绩与公司价值的变化趋势；最后，围绕中国国有企业限薪的政治背景，实证检验了限薪政策的行政指导效果是否将改变高管薪酬的整体格局以及限薪效应是否通过干预薪酬机制而更改高管人员的盈余管理决策。

本书的研究方法，主要采用基础理论分析、制度背景解析和实证检验相结合的方式。实证部分具体应用到描述性统计分析、均值和中值检验、相关性分析和多变量线性回归分析，在构建管理层权力指标时采用了主成分分析法。全书数据的计算和分析工作，主要使用 SAS 9.3 和 EXCEL 2007 等专业计量软件。

1.3

研究内容与逻辑框架

全书共分为 7 章，具体内容安排如下：

第 1 章为绪论。主要介绍了本书的研究主题、研究目的和研究意义，梳理并提炼出可行的研究思路和研究方法，概述并总结出全书的研究内容与逻辑框架，对本书中涉及的相关概念进行了界定与解析，最后指出本书的特色和可能创新之处。

第 2 章为理论基础与文献综述。较为系统、全面地介绍并分析了本书所涉及的相关重要理论与文献，为后续研究提供了坚实的理论基础。

第 3 章为制度背景分析。主要从高管薪酬契约的制度变迁、国企高管薪酬现状与突出问题，管理层权力积聚的现实背景，实施盈余管理的高管薪酬动机以及薪酬管制的经济内涵与现实背景等几个方面进行阐述。

第 4 章为管理层权力与高管薪酬：实证检验。旨在探讨管理层权力对高管薪酬的实证影响效果，选用 CSMAR 数据库沪深两地上市公司 A 股 2004～2011 年的数据，重点考察了管理层权力影响下的高管薪酬体系的内在反应与外部表象。研究发现：①管理层权力对不同产权性质上市公司的高管显性货币薪酬、超额薪酬、隐形薪酬、高管与普通员工的薪酬差距均具有显著的正向影响。②管理层权力的增大促使高管在显性薪酬与隐形薪酬间的抉择中更倾向于后者，即隐形薪酬对显性薪酬的替代效应随管理层权力的增大而显著增强。③管理层权力越大，高管薪酬业绩敏感性总体提升幅度越大。高水平业绩的企业中，管理层权力对薪酬业绩敏感性的正向促进效果较之低水平业绩的企业更突出。国有企业比非国有企业，薪酬业绩敏感性随着管理层权力的增大而提高，当企业业绩较低时，管理层权力弥补高管薪酬业绩敏感性下降的能力越大。④管理层权力越大，高管普通员工间的薪酬差距与企业业绩敏感性的正向变化效应更明显，其中，国有企业与非国有企业相比，薪酬差距对企业业绩的促进效果随管理层权力的增大而显著增强。

第 5 章为高管薪酬与盈余管理：基于管理层权力的检验。本章选择 CSMAR 数据库 2005～2011 年沪深 A 股上市公司为主要样本，在对盈余管理经济后果分析的子样本中，继续引入 2012 年的数据。研究发现：①高管薪酬确实能够诱发高管实施应计制盈余管理，但不会促使其实施真实活动盈余管理；②管理层权力变量引入后，权力薪酬的提高能够有效地遏制高管的应计制与真实活动盈余管理行为；③应计制盈余管理与未来公司业绩总体呈正相关，但相关系数随年份的递增而减小；真实活动盈余管理与未来公司业绩总体呈负相关，相关系数的强度依次减弱；④无论是应计制盈余管理还是真实活动盈余管理，未来公司价值都会显著降低，真实活动盈余管理对公司长期价值的破坏力度更大。

第6章为高管薪酬与盈余管理：基于政府限薪的检验。以限薪政策实施后的经济背景为切入点，研究对象被限定为更具针对性的国有企业，本章选用 CSMAR 数据库沪深两地 A 股 2005～2011 年国有上市公司为研究样本，分三条主线研析限薪政策的实施效果。

第一，考察限薪政策对薪酬机制本身的冲击力。分别检测限薪政策对高管超额薪酬、薪酬业绩敏感性、薪酬粘性的作用力度。与预计相同，限薪政策在一定程度、一定范围内抑制了国有产权不同层级安排下高管超额薪酬的增加、降低了薪酬粘性，凸显了政府薪酬制度改革的阶段性效果。但央企高管薪酬业绩敏感性在行政管制后仍表现出较强的正向显著性，这可能与央企特殊的薪酬制定程序、垄断因素、高管政治背景及晋升诉求相关，亦可能与限薪政策的设置本身（如，直接受众面较窄、实施年限过短）有关，相信在一个较长的时间区间内，限薪政策的政策效力会因时间缓冲而释放得更加充分。

第二，研究作用于薪酬机制之上的限薪管制，是否抑制了高管的盈余管理行为。研究发现，限薪政策的震慑效力通过薪酬机制予以释放，显著抑制了高管的真实活动盈余管理与应计制盈余管理。并再度证实货币性薪酬不会促使高管实施真实活动盈余管理，但却诱发了高管的应计制盈余管理，验证了薪酬确实是诱发高管实施应计制盈余管理的重要因素。不可否认，政府的行政监管确实对高管的盈余管理行为具有一定的制约作用，但仍需结合市场力量共同对高管的薪酬操纵行为进行调节约束。

第7章为研究结论、不足与建议。为全书的总结、研究不足以及对今后研究方向的建议与展望。

本书的逻辑框架，如图1.1所示。

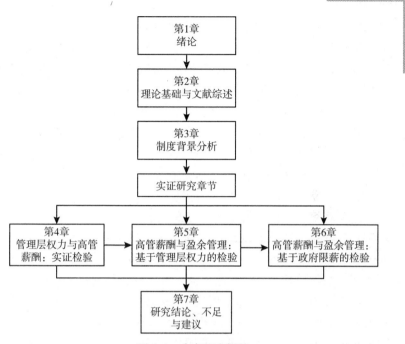

图 1.1 本书研究框架

1. 4

基本概念的界定

1.4.1 高管薪酬

在对高管薪酬界定之前，有必要先对高管的内涵和范围进行划定。高管一般为公司中高级管理者或高层管理者的简称，是为整个组织的经营管理、总体战略、重大决策、绩效评价负有全面责任的高层次人才。《中华人民共和国公司法》第 217 条第（一）项规定，公司高级管理人员是指公司的经理、副经理、财务负责人、上市公司董事会秘书和公司章程规定的其他人员。通过对国内外现有文献的梳理和总结，笔者发现学术界对高管的定义存在明显的区别。国内学者对高管的概念界定，主要从广义和狭义两个角度展开。第一，广义角度，将公司年报中披露的所有董事、监事和高级管理人员均纳入高管研究范畴（魏刚，2000；张俊瑞等，2003；陈冬华等，2005；高雷，宋顺林，2007；唐清泉等，2008）；第二，狭义角度，将公司年报中披露的 CEO、总裁、总经理、副总裁、副总经理、董秘和年报中公布的其他管理人员（不含董事会、监事会等管理人员）归为高管范畴（林浚清等，2003；张必武，石金涛，2005；刘凤委等，2007；吕长江，赵宇恒，2008）以及更为狭义的划分，只将公司年报中的董事长和总经理归入高管行列（李增泉，2000；朱红军，2002；谌新民，刘善敏，2003；杜胜利，翟艳玲，2005；吴文锋等，2008 等）。国外学者对高管的定义也并未形成共识，但一般不包括董事会和监事会成员，高管范围较为狭窄。由于西方国家上市公司中的股权分散结构较为普遍，以首席执行官（CEO）为主的高管人员一般拥有较大的权力，对公司治理能够产生深远的影响，故较多文献将其范围仅限定至 CEO 为核心的管理团队（Murphy，1999）。本书对高管的界定综合了国内外的研究，遵循委托代理理论的逻辑框架，将高管人员主要定义为公司执行层面的高级管理者，主要包括 CEO、总裁、总经理、副总裁、副总经理、财务总监（CFO）、董秘及其他高级管理人员，将属于公司行政层面及监督层面的董事会与监事会成员排除在外。

遵循高管的定义范式以及综合考量薪酬数据获取的客观性、可靠性、可比性和便利性，本书主要选取学者研究较为广泛、可信度较高、便于横向比较的高管显性货币薪酬为研究对象，在第 4 章辅助探讨了高管的隐形薪酬（在职消费水平）。考虑到中国上市公司股权激励制度起步较晚，实施股权激励的公司数量较少，激励水平与激励幅度普遍偏低，零持股现象较为突出，故本书并未将高管长期激励薪酬（如股票、期权激励）纳入研究范畴。在实证计量中，高管薪酬选取上市公司年报中高管前 3 名薪酬总额为替代变量，稳健性测试中会使用公司全体管理层，即所有高管董事和监事的薪酬总额为代理变量。

1.4.2　管理层权力

管理层权力这一定义较为抽象、综合，是高层管理者的一项专属权力，涉及面较广，执行过程较为复杂，宏观来讲，可以释义为高管压制不一致意见的能力（March，1966），高管在完成既定目标过程中克服阻力的能力（Pfeffer，1981）以及管理层执行自身意愿的能力（Finkelstein，1992）。随着研究的逐步深入，代理问题的日益突出，凭借单一的最优契约理论对现实经济现象的解释力度业已下降，在质疑声中，与其相抗衡的管理层权力理论应运而生。对管理层权力的界定有了更为清晰的线条，拜伯切克和弗里德（Bebchuk，Fried，2004）将管理层权力定义为高管在与董事会公平薪酬谈判中所拥有的讨价还价的能力，能力越强，薪酬福利可能越大、"寻租"溢价可能更高。中国学者认可并沿袭了西方学者的概念界定，进一步指出在中国转轨经济中，公司治理制度的固有缺陷是导致管理层权责失衡的根本原因，而廉价股权和制衡机制的缺失则成为导致管理层权力膨胀的直接原因（肖王楚，张成君，2003）。

在管理层权力的计量层面，学术界一般参照芬克尔斯坦（Finkelstein，1992）的"四维度"界定方法，从组织结构权力、所有权权力、专家权力和声誉权力这4个主要方面选取对应指标进行衡量。本书对管理层权力指标的构建在遵循芬克尔斯坦（Finkelstein，1992）的基础上，又参考了卢锐等（2008）、樊等（Fan et al.，2010）、权小锋等（2010）、代彬（2011）等文献的研究方法，通过主成分分析法从管理层结构权力、高管背景特征、董事会治理结构三大方面七个层面予以细致考察，具体涉及董事长与总经理是否两职兼任、股权分散度、高管是否持股、总经理从职年限、总经理年龄、董事会规模、内部董事比例等分项指标。碍于实证数据的客观制约，笔者难以对管理层全部成员的权力特征进行精确描绘，只能尽力提取其中具有重大决策影响的高管信息，因此在高管背景特征替代变量部分，本书主要选择总经理的权力行为进行名义代表，主要涉及总经理从职年限和年龄两个变量，关于管理层权力的具体计量方法详见第4章的变量定义说明。

1.4.3　盈余管理

盈余管理研究起源于20世纪80年代中后期，一经提出，迅速成为公司治理、证券监管与会计准则制定等相关领域的重要课题。随着研究技术的提高与深入，盈余管理的研究视角、研究深度也在不断拓展。在深入探讨此问题前，我们有必要首先厘清盈余管理的具体含义，以便在一个清晰的概念框架指导下展开后续研究。值得注意的是，本书所阐述的盈余管理并不是极端的财务报告舞弊行为，而是在会计准则允许的范围内管理者对公司会计信息进行的裁量性价值判断。从某种程度而言，财务舞弊（Financial fraud）与盈余管理皆会降低会计信息的真实性，但二者具有根本性的区别。从英文释义与字面理解，财务舞弊具有违法或违规（Unlawful or illegal）的性质，可视作一种盈余欺诈（Earnings deceit）行为。其目的在于，欺骗误导投资者等会计信息使用者以获取不正当的利益，一般表现为，企业有预谋地通过伪造、变造会计记录或凭证，构建虚假的交易或事项，或对相关利益群体进行贿赂诱导等手段达到虚构收入、冲销费用、剥离不良资产、虚增利润的目标。而盈余管理的实施，并不违反会计准则和相关法律，是企业管理者在准则的公共领域灵活地运用职业判断对盈余进行的调整。所以，是否违背会计准则与触犯法律，是财务舞弊与盈余管理的本质区别。由于盈余管理涉及面较广、内容繁杂，至今仍为一项探索性的研究，故我们无法细致地给出确定的含义，只能从宏观角度对其进行近似的界定与描述，现今学术界较为流行的主要代表性观点如下：

席佩尔（Schipper，1989）将盈余管理限定为管理者有目的地干预（Purposefully intervention）对外财务报告过程，而绝非中立地（Neutral operation）处理经营活动，意在获取某些私人收益（Private gain）的一种披露管理（Disclosure management）。这个定义仅考虑了管理者对外财务报告过程，并没有涉及对内的管理会计报告（Managerial accounting reports）或其他能够影响或改变准则制定的经营活动，例如，对会计监管部门的游说（Lobbying）。

希利和瓦伦（Healy，Wahlen，1999）认为，盈余管理发生在管理当局运用职业判断编制财务报告以及构建交易来变更财务报告时，通过公司潜在的经济业绩来诱导利益相关者或依据会计报告中的数字来影响契约的结果（Contractual outcomes）。

席佩尔（Schipper，1989）、希利和瓦伦（Healy，Wahlen，1999）分别从信息观（Informational perspective）和会计准则制定角度对盈余管理进行归纳总结，在主要考察应计制盈余管理（Accrual-based earnings management）的同时，也延伸至真实活动盈余管理（Real earnings management）。探讨应计制盈余管理的实证文献较为丰富，其认为管理者在会计准则允许范围内，通过操控会计应计项目来改变盈余，而并不直接作用于经营现金流量。所以，它通常影响的只是会计盈余在各期间的分布和频率，并不影响盈余的总量，即本期提高（或降低）的应计利润终究会在以后期间进行回转（Earnings reverse）。但真实活动盈余管理却不与之相同，主要采用销售操控、费用操控与生产操控等多种手段构建真实交易直接影响现金流量，并可能会影响企业的价值（Graham et al.，2005；Gunny，2005，2010）。罗楚德（Roychowdhury，2006）给出较为权威的定义，真实活动盈余管理是管理当局对正常生产经营活动进行的过度的有偏操控，旨在影响财务报告结果以及利益相关者对经济业绩的判断。

目前，国内学者对盈余管理的研究，还主要限于应计制盈余管理，对真实活动盈余管理的探讨为数不多，但大多从理论层面支持了西方学者对盈余管理的界定（魏明海，2000；陆建桥，1999；宁亚平，2005；张俊瑞，2008；李增福，2011a，2011b，2012，2013）。综上所述，本书对盈余管理的定义综合了以上学者的研究，认为盈余管理既包括应计制盈余管理，又包括真实活动盈余管理，它是管理当局在不违背会计准则的范围内，运用职业判断或构建真实交易对财务报告中的会计信息进行有目的地干预调整，意在诱导利益相关者的决策判断和契约的执行结果，并具有从中获取私利的意图。

1.5

研究创新与贡献

本书对管理层权力、高管薪酬、盈余管理和薪酬管制等热门领域的研究进行逻辑梳理，挖掘出其间的内在联系，力图较为细致地勾勒出不同产权性质公司高管薪酬体系的管理层权力影响效应，深入探讨了高管实际货币薪酬与权力薪酬分别对应计制盈余管理与真实活动盈余管理的作用效果。进一步地，本书考察了政府限薪背景下，国有企业高管薪酬机制的变化以及限薪政策干预下高管薪酬对两种盈余管理方式的具体抉择。与国内外现有的相关研究相比，本书的研究特色与创新如下：

第一，本书结合中国现实制度背景，探究了不同产权性质下管理层权力对薪酬契约体系的多重调节效应，具体表现为管理层权力对高管显性货币薪酬、超额薪酬、隐形薪酬、显性薪酬与隐形薪酬的权衡、高管与普通员工间的薪酬差距、高管薪酬业绩敏感性、薪酬差距业绩敏感性的影响效果。其中，在考察管理层权力对薪酬业绩敏感性、薪酬差距业绩敏感性的回归中，笔者将管理层权力与公司业绩进一步细分，有力地区别了不同权力强度和业绩强度下，管理层权力对不同产权性质公司薪酬（薪酬差距）业绩敏感性的影响，揭示出当前研究所忽视的，管理层权力能够弥补由业绩不良而导致的薪酬（薪酬差距）业绩敏感性的下降，国有企业中管理层权力的此种逆转效果更为突出。

第二，本书在验证高管薪酬诱发其实施应计制盈余管理，抑制其实施真实活动盈余管理的基础上，进一步揭示出管理层权力因素具有对高管薪酬引发的盈余管理活动的显著制约作用。通过构造"权力薪酬"这一概念，即在由影响高管薪酬的正常经济因素和管理层权力变量进行回归而得到的薪酬预测值与仅由使用正常经济因素回归得到的高管纯薪酬之间的差额予以表示，笔者发现权力薪酬能够抑制高管的盈余管理行为，权力薪酬越高，盈余管理程度越弱。此外，笔者补充分析了现有文献较少涉及的盈余管理的短期与长期经济后果研究，分别考察了两种盈余管理活动实施后未来3期公司业绩与公司价值于不同产权性质公司的变化趋势，为后续相关研究提供了直观的经验依据。

第三，本书第6章选择政府限薪背景下的国有企业为研究对象，考察了宏观经济政策对公司微观治理以及管理者予以应对的具体行为策略。与现有薪酬管制领域的研究不同，本书并未选择薪酬管制的间接后果——"高管员工薪酬差距"作为薪酬管制的替代变量，而是从动态的角度考察了高管薪酬领域的重大经济事件对高管薪酬体系的深入影响，更利于实施限薪前后较为直观的对比分析。本书以2009年财政部等六部委联合颁布的限薪政策为研究契机，具体分析了央企，以及央企范畴内的垄断央企和地方国企内部高管薪酬机制的薪酬管制效果，并开创性地研究了限薪政策对高管应计制与真实活动盈余管理行为决策的影响，具有一定的理论与实践指导意义，为较好地理解薪酬管制的政治效果以及辨别管理者不同种盈余管理的实施动机提供了参考路径。

2

理论基础与文献综述

2.1

委托代理理论

委托代理理论（Principal – Agency theory）是现代公司治理机制的重要基石，起源于公司所有权和经营权的日渐分离。随着社会分工的不断细化和生产力水平的大力提高，公司规模也在日益扩大，组织结构更为精细复杂。企业业主限于精力和能力无暇兼顾所有者和管理者的双重身份，迫切需要引进具备专业技能的管理人才代替自己组织执行企业的日常运作，逐渐实现了企业经营权与所有权的分离，而企业业主与管理人员也相应产生了委托代理关系。伯利和闵资（Berle, Means, 1932）在其著作《现代公司与私有产权》中，较早地关注股东与职业经理人在公司股权较为分散时的委托代理问题，可称之为委托代理理论研究的萌芽。20世纪60年代末70年代初，委托代理理论研究取得了突破性的进展。众多经济学家尝试脱离阿罗·德布鲁（Arrow – Debreu）企业黑箱理论（Black Box）的约束，开始从企业内部组织结构着手，运用一定的数理模型或实证分析方法深入剖析企业中的代理关系，重在发掘存在利益冲突和信息非对称情景下委托人给予代理人的契约设置机制（Wilson, 1969; Spence, Zeckhauser, 1971; Ross, 1973; Mirrlees, 1976; Jensen, Mecking, 1976; Holmstrom, 1979; Grossman, Hart,

1983；Fama，Jensen，1983）。在此契约中，委托人（代理人）可由一个或多个行为主体构成，代理人遵照委托人意愿按照双方事先签订的合约为其提供服务并得到相应的报酬（Jensen，Mecking，1976）。委托代理关系的实施，需要具备两个基本条件。其一，交易双方均为"经济人"，具有追求自身利益最大化的天然属性；其二；交易双方存在信息不对称，代理人具有不易被委托人观察到的"私人信息"。在委托代理关系中，无论是委托人抑或代理人都期望以最小的成本获取最大的收益，因此二者间可能会存在概率较大的利益摩擦。委托人希望代理人能够勤勉敬业，为实现股东利益和企业价值最大化服务，而代理人也希望能最大化自身效用以平衡工作和闲暇，通过增大在职消费享受良好的生活和工作环境，甚至采用某些激进行为来损害企业价值，导致企业承担了高昂的代理成本。其次，委托代理理论构筑在委托人和代理人信息不对称的情况下。委托人与代理人签约时，不能直接观测到代理人的行为能力而只是通过代理人的陈辞、知识背景和既有业绩进行判断，具有一定的风险不确定性，因为代理人很可能会过度包装自己，隐瞒或提供虚假信息以获取高额的薪酬回报，容易产生"逆向选择"问题；签约后，由于委托人权力下放，不会直接参与企业具体的经营运转，或许无法及时发现代理人可能存在的懈怠偷懒、利益侵占及权力"寻租"等利己行为，诱发"道德风险"问题的出现，股东权益、公司价值最终受到损害。因此，委托代理理论的实质在于，信息非对称条件下如何有效地激励代理人、最大化企业价值并降低代理成本，于是在此基础上，逐渐衍生出"最优契约理论"和"管理层权力理论"两个重要流派。

2.2

最优契约理论

詹森和麦克林（Jensen，Meckling，1976）将委托代理理论引入现代公司制企业，股东作为委托人将公司经营权赋予代理人——公司高管人员，为使双方都最大化自己的效用，改善并降低二者因信息不对称而产生的利益冲突和潜在代理成本，股东主要采取监督和激励两种手段。其中，在监督层面，股东需要雇佣独立的第三方来规范高管的行为决策并需额外支付一定的成本，这可能不如直接增强对高管人员的激励来得有效。而薪酬激励作为激励机制的核心通常被认为是协调缓和委托人与代理人之间的关系，解决委托代理问题的最佳路径（Optimal approach，Jensen，Murphy，1990；Jensen et al.，2004），其思想在于将高管薪酬与公司业绩最大程度地"捆绑"，增强薪酬业绩敏感性，公司业绩越好，高管所获得的薪酬水平越高。所以，最佳薪酬契约（Optimal compensation contract）的设计理念不仅强调企业业绩与股东价值最大化，同时也注重提升高管人员的个人效用，达到双方利益的共赢。在明确高管与股东签订薪酬契约的意愿后，公司董事会接受股东大会的赋权成立薪酬委员会，作为高管选聘、薪酬制定与业绩考核的专门负责机构。董事会成员与高管进行薪酬议价和签约的过程中，将始终忠于股东意志、维护股东的利益，公平公正地执行权力以确保交易双方的共同利益，实现薪酬契约的最优化。在契约签订与履行过程中，要同时满足高管的"参与约束"和"激励相容"两个基本前提，合理制定薪酬契约，明确风险与责任分担机制，保证高管人员获得的薪酬激励与本公司业绩相挂钩，至少不应低于外界其他股东提供的期望收益，避免激励不足或过度激励带来的效用损耗，真正达成高管人员和本公司股东间的高效合作与利益共融。

在最优契约的理论分析层面，莫里斯（Mirrless，1976）、霍姆斯特龙（Holmstrom，1979）、拉泽尔和罗森（Lazear，Rosen，1981）、格罗斯曼和哈特（Grossman，Hart，1983）及罗尔森（Rogerson，1985）等学者分别运用数理分析方法对薪酬契约激励模型进行阐述。代表性的有莫里斯（Mirrless，1976）和霍姆斯特龙（Holmstrom，1979）提出的针对委托人应如何根据代理人的行动设定奖惩机制的一次性签约静态博弈模型，此种薪酬激励机制又被称为显性激励机制（Explicit incentive mechanism）。然而，当代理人的行为很难观测，显性激励难以实施时，凭借短期的静态的委托代理关系模型已无法解释，此时，长期的委托代理关系分析范式开始被引入。拉德纳（Radner，1981）和罗宾斯坦（Rubbinstein，1979）从动态分析视角使用重复博弈模型证明了长期委托代理关系下，如果双方有足够的信心，外生不确定性可以基本剔除，委托人可以相对准确地观测到代理人的努力水平，能够有效制约代理人的自利行为，此外长期契约可以为代理人提供较强的个人保证，代理人所承担的风险相对较低，有助于其与委托人各尽其责，共同维护委托代理关系。法码（Fama，1980）明确提出，长期委托代理关系可以利用"声誉效应"（Reputation effect），在竞争市场上，职业经理人的薪酬定价与市场价值取决于过去的经营业绩，出于声誉考虑，即使没有显性的激励契约，他们也会尽心工作，通过积累的个人声誉提高未来的收入水平。

最优契约理论不仅从理论层面取得了丰硕的成果，实证研究领域也在如火如荼地展开，主要围绕管理者薪酬与公司业绩的敏感性、薪酬契约的有效性进行检验，并得到了与理论假说相同或不相一致的结论。兰伯特和拉克尔（Lambert，Larcker，1987）用工资和奖金（Salary plus annual bonus）计量CEO货币薪酬、ROE和RET依次计量公司会计业绩（净资产收益率）和权益业绩（股票回报率），研究发现，高管货币性薪酬与公司会计业绩的时间序列（Time-series）显著正相关，但与权益业绩的时间序列相关性较为微弱，证明高管薪酬与公司会计业绩敏感性要显著高于其与公司权益的敏感性。詹森和墨菲（Jensen，Murphy，1990a）指出，最优契约理论并未明确解释高管薪酬与公司业绩在实际应用中的系数强度（Magnitude），两者间的敏感关系可能不如理论描述的那样紧密。詹森和墨菲（Jensen，Murphy，1990b）使用1974~1988年1400多家上市公司中的2505名CEO进行研究，发现高管年薪与公司绩效变化并不对称，以250家大型公司CEO薪酬的中位数为例，公司价值每提升1000美元时，CEO当年和下一年度的工资和奖金仅提高6.7美分，当薪酬总额中加入股票期权等权益性薪酬后，公司价值每增加1000美元时，CEO薪酬总额提升2.59美元。这表明，高管的货币性薪酬与公司价值呈弱相关，而高管持股等长期激励性薪酬的引入更能促进薪酬业绩敏感性的提高。迈赫兰（Mehran，1995）从1979～1980年随机挑选了153家制造业公司作为研究样本，证明薪酬结构比薪酬水平更能激励高管人员为提高公司业绩而努力服务。高管持股及其权益性薪酬与公司业绩显著正相关。魏刚（2000）利用中国沪深A股1998年813家上市公司的数据实证检验了管理者激励与公司业绩的相关关系，研究表明中国上市公司高管人员的薪酬水平普遍偏低，形式单一，结构不合理，"零薪酬""零持股"现象十分严重，薪酬业绩不存在显著的正相关关系，高管持股并未得到有效激励。李增泉（2000）以1998年上市公司年报数据为研究样本，发现公司经理年度报酬和持股比例与公司绩效并无显著关系。肖继辉和彭文平（2002）研究显示，中国上市公司高管薪酬与会计指标不存在相关性，但薪酬总额和薪酬变动额与公司权益业绩指标却存在相关性。张晖明和陈志广（2002）研究表明，高管薪酬与以净资产收益率和主营业务利润率表征的公司业绩显著正相关。随着市场化进程的提高，中国上市公司高管薪酬与公司业绩的敏感性也显著增强（杜兴强，王丽华，2007；辛清泉，谭伟强，2009）。

2.3

管理层权力理论

最优契约理论假定高管与股东签订的契约是基于双方利益最大化的最优薪酬激励方案，但是该理论的有效实施需要一定的必备条件。如果条件不能同时满足，契约执行过程将无法顺利进行，导致薪酬激励效果受限，高管薪酬非但不能解决代理问题，反倒可能成为代理问题的一部分。拜伯切克和弗里德（Bebchuk，Fried）通过对最优契约理论的深入分析，逐渐总结出其适用的前提条件，即董事会的有效谈判、市场的有效约束和股东可以行使权力。他们指出，企业在实际经营过程中，往往难以满足以上基本前提，尤其在外部市场力量不够强大、内部股权分散的企业中，股东对管理者的监管力量较为薄弱，管理层很可能凭借手中不断膨胀的权力干预企业的重大决策，影响董事会的评判力与独立性，致使最优契约理论的实施环境被打破，理论指导意义大打折扣。在这种背景下，2002～2004年拜伯切克和其他合作者通过一系列系统性地思考与分析，基于委托代理理论框架总结并提炼出与最优契约理论相对的管理层权力理论（Managerial power theory）。

　　管理层权力理论认为，高管可以"绕过"董事会的监管，通过其拥有的权力影响和控制自身薪酬的制定，权力越大，自定薪酬的痕迹越浓，攫取私利的动机越强，整体薪酬水平越高，公司所负担的代理成本也越大。虽然，高管薪酬由董事会负责签订，董事在薪酬制定过程中必须保证公平公正、独立履行职责，但现实情况下高管一定程度上可以干涉股东对董事的提名与选聘，他们更倾向选择服从命令、有利于自己发展的董事会成员，致使董事独立性很难真正施展（Hermalin，Weisbach，1998）。而对于董事而言，首先，由于个人利益诉求及公司内部治理的不完善，其与股东之间很可能存在代理问题，致使其不能真正代表股东的利益，相对弱化了对管理层的约束监管；其次，董事的职责不仅包括对高管的监督，还包括对高管指令的执行与具体工作的支持，基于时间、精力、成本、团队协作和利益关系的考虑，董事可能会主动选择避免与管理层的冲突，放松对其监管。此外，即便董事可以放弃私利，行使股东赋予的监督权，但碍于信息的不对称以及监督所需的额外成本，董事很难持久有效地行使监督权力。所以，董事会与管理层在权力博弈中可能并非占据上风，其谈判也并非总是有效的。

管理层权力理论，对最优契约有效实施的第二个质疑，在于市场是否发挥了应有的约束效力。拜伯切克等（Bebchuk et al.，2002）研究发现，公司控制权市场对高管薪酬的限制远远不如预期，当企业经营不善、股票价格在资本市场大幅下跌时，容易招致敌意收购，从而威胁到高管的去留。但现有的法律法规制度和高管与股东事先签订的薪酬安排，均会对高管权益进行较好地保护，如果高管被免职，公司将支付高昂的薪酬补偿并向外传递出经营动荡的信号，但股东一般不会轻易解聘高管而是与其结成利益联盟共同商讨反收购措施，致使敌意收购往往难以撼动高管的既得利益，而其薪酬水平也可能不降反升，这更加纵容了高管的"寻租"行为。外部产品竞争市场对高管人员的行为起到一定的规范限制作用，虽然无效率的行为将导致公司在激烈竞争中处于劣势，产生利润锐减、经营收缩甚至失败的负面效果，但管理者的薪酬可能并未呈现出下降的趋势，因为公司总利润从股东到高管的再分配一般不会对生产经营效率产生重大影响（Bebchuk et al.，2002），换而言之，高管仍存在攫取超额薪酬的强烈动机。综上所述，市场的力量可能不会对高管薪酬产生严格约束，只是在发现高管薪酬定价违背最优契约理论时施加一定的引导控制，防止过大偏离的产生。

管理层权力理论指出，股东不能充分有效地行使权力，纵容了高管权力的进一步滋生。从理论上说，股东可以通过法院起诉、对董事会提出抗议、投票反对制定管理者持股计划等行为来约束高管薪酬。但实践中，却较难操作。

首先，虽然法院允许股东对高管薪酬契约提出质疑，但由于法院工作人员不熟悉薪酬契约的设置背景，也缺乏时间、精力和专业知识研究薪酬契约的合理性，所以法院不会宣判对高管薪酬实施强制性的约束。

其次，如果股东对董事会制定的薪酬契约提出抗议，必须提供相关证据证明董事会违背了公司章程，没有独立履行自身的职责，但是如何取证十分困难，同时股东不能直接对董事会提出基于高管薪酬契约的诉讼，因为高管所获得的超额薪酬并没有直接影响股东的个人利益，而是通过间接影响公司价值进而对其权益收益进行调整。所以，股东对董事会的起诉只能以伤害公司利益为由，而不能直接针对高管薪酬提出，诉讼流程的迂回与复杂也阻碍了股东权力的有效实施。

最后，股东尽管可以投票反对高管实施股票期权计划，但其表决的往往只是一般化的期权合约，可能并不涉及单独具体的高管期权持有计划。从实践来看，只要高管薪酬不是高得离谱，股东一般不会强烈反对，因为有能力的高管很可能因本公司未通过的期权而离职，这将为公司价值带来较大损失，使得因人才流失而增加的成本显著高于用来削减高管股票期权等权益性薪酬而付出的成本。

2002～2004 年，拜伯切克和其他合作者总结出的管理层权力理论对最优契约理论提出批评与挑战，面对质疑，最优契约理论的主要代表者詹森和墨菲（Jensen，Murphy）做出了积极的回应，他们强调最优契约理论的主导性与适用性，认为高管薪酬的提升不能完全归于管理层权力的膨胀，董事会对期权的感知成本较低以及外部职业经理市场的逐步完善也是导致薪酬持续增加的重要诱因。詹森和墨菲（Jensen，Murphy）在 2004 年发表文章对高管薪酬进行了全面的回顾、梳理、探讨与总结，重塑了最优契约理论，解析了薪酬契约签订的流程，从理论和实践方面指引了后续学者的研究方向。詹森和墨菲（Jensen，Murphy，2004）针对管理层权力论者指出的最优契约理论的缺陷问题进行了逐一辩驳，同时他们也参考了管理层权力理论的基本观点，并将其融入最优契约理论的分析框架，进一步丰富完善了委托代理理论下的薪酬契约建设。总体来看，管理层权力理论的提出具有重大的理论与实践价值，有助于我们从侧面对高管权力、高管薪酬、公司治理问题等等进行全面辩证地思考，陆续的实证文献也将管理层权力视作影响高管薪酬、公司价值的重要指标，并取得了突破性的成果。早在管理层权力理论未被系统性地提出前，已有学者开始关注高管权力指标对薪酬契约的影响。坎宁和派克（Conyon, Peck, 1998）分析显示, 有40%的公司CEO或其他董事同时兼任薪酬委员会成员, 这导致薪酬委员会的决策很大程度上受到管理层的影响, 很难独立行使权力。赫迈林和魏斯巴赫（Hermalin, Weisbach, 1998）、施瓦达萨尼和雅尔玛（Shivadasani, Yermack, 1999）研究表明, CEO能够影响新董事成员的选聘, 从而遴选出有利于自己的后备力量以弱化董事会的独立性, 脱离监管。

管理层权力的扩大, 对高管薪酬水平、薪酬结构及公司业绩等都具有重要影响。汉布里克和芬克尔斯坦（Hambrick, Finkelstein, 1995）研究表明, 随着管理层权力的增大, 高管薪酬水平不断提高, 增长幅度也不断加快。巴洛克哈维茨等（Borokhovich et al., 1997）研究发现, 高管可以通过权力影响薪酬委员会建立利己的反收购条款补偿方案以获得更多的薪酬、期权以及丰厚的退休金。纽曼和莫泽什（Newman, Mozes, 1997）发现, 当董事会中内部人持股比例较大, 薪酬委员会中包含内部人时, CEO薪酬水平显著更高, 但公司薪酬业绩敏感性却显著降低。科尔等（Core et al., 1999）研究表明, 在董事会规模越大, 外部董事多由CEO任命的公司治理结构中, CEO往往获取了更多的薪酬。奥滕等（Otten et al., 2007）利用17个国家, 2001~2004年451个公司的数据考察了管理层权力理论在不同国家的适用性, 当采用CEO与董事长是否两职兼任、高管是否同时兼任董事、非执行董事的数量与持股比例等指标计量管理层权力时, 证实了拜伯切克等（Bebchuk et al., 2002, 2003, 2004）提出的管理层权力理论在不同国别的普适性。法伦布拉什（Fahlenbrach, 2009）检验了CEO权力与其薪酬之间的关系, 他使用两职兼任、CEO任期、董事会规模、独立董事比例、G指数、机构投资者持股比例等六个维度对管理层权力进行计量, 结果发现管理层权力越大, CEO薪酬水平越高。

管理层权力理论的逐步发展、更新, 也促使国内学者开始专注于中国特定转轨经济下管理层权力对薪酬契约的影响。卢锐

（2007）指出，中国上市公司特殊的制度背景为高管自定薪酬提供了可能，他通过两职合一、股权分散度、高管任期三个分项指标对管理层权力进行计量，发现管理层权力越大的公司具有更高的薪酬水平、薪酬与业绩敏感性在公司盈利的情况下显著更高，在公司亏损的情况下却显著更低，但也存在部分公司薪酬业绩弱相关或不相关的现象。王克敏和王志超（2007）研究表明，高管控制权的提高可以增强自身的薪酬水平，此时高管可以绕过盈余管理直接通过权力"寻租"攫取私利。吕长江和赵宇恒（2008）实证表明，权力越大的高管越容易实施权力"寻租"，对自己进行高额薪酬补偿。卢锐等（2008）研究显示，管理层权力能够显著提高管理层的在职消费水平，增强其享有的隐形薪酬，但公司业绩并没有显著提高。权小锋等（2010）检验了管理层权力对国企高管货币性薪酬与在职消费的影响力度，结果发现随着国企高管权力的增大，其获取的货币薪酬、超额薪酬以及超额在职消费都显著提升，相比地方政府企业，央企高管更偏好隐形的在职消费收益，而地方国企则倾向货币私有收益。方军雄（2011）指出，管理层权力可能成为上市公司高管—员工薪酬业绩非对称的重要因素。刘星和徐光伟（2012）基于中国国企高管薪酬激励的制度背景，实证检验了政府管制、管理层权力对国企高管薪酬刚性的影响，发现高管利用手中权力影响了自身的薪酬契约，导致薪酬具有向下的刚性和向上的弹性，薪酬业绩敏感性存在的不对称现象，说明高管有利用手中权力获取私利的动机。

通过对最优契约理论和管理层权力理论相关文献的梳理，我们发现两种理论的指导环境并不冲突，并可能具有一定的互补性，最优契约理论始终强调对高管人员的激励要建立在双方利益最大化的基础上，合理高效的薪酬契约能够减少代理问题，通过激励机制的耐心引导和有效监督，能够控制并削减管理者权力过大引发的不良后果。而管理层权力理论一定程度上弥补了最优契约理论的不足，从管理者的角度、公司治理结构、外部市场的有效性方面提示股东检验薪酬契约能否顺利实施，有助于股东更好地分析审视管理者的行为决策、提升董事会的独立性，制订适宜的薪酬激励计划，达到增强薪酬业绩敏感性、股东财富和最大化公司价值的终极目标。

2.4
盈余管理

2.4.1 盈余管理产生的内在机理

施佩尔（Schipper，1989）基于信息观角度从契约摩擦（Contract friction）和沟通受阻（Communication block）两个层面，对盈余管理产生的根源进行了理论剖析。

（1）契约摩擦

契约理论认为，企业是"一系列契约的缔结（Nexus of contracts）"，以报告中盈余信息为代表的会计数字是企业订立各种契约的基石，并成为传递管理者决策和职业判断的众多信号之一（Schipper，1989）。大多数盈余管理研究都假定可行的报告集（Feasible reporting set）与契约集（Contract set）是固化的，预先给定的，事实上，报告与契约规则会因经济（Economic）和机制（Institutional）压力而随时改变，这些压力中可能包括管理者实施的盈余管理，从某种程度而言，契约和报告规则内生于盈余管理问题之中。譬如，在特定的会计报告期间（假设报告规则未变），原来的契约规则与现实的需求发生矛盾，此时盈余管理应运而生，并可能缓解由于契约刚性而导致的缔约各方的利益冲突。

戴伊（Dye，1988）认为，契约摩擦能够激发管理者实施盈余管理的内源需求（Internal demand）与外源需求（External demand）动机，内源动机表现为管理者与股东间的利益磨合，而外源动机表现为现有股东想利用公司过去的业绩表现来吸引潜在的股东注资。

（2）沟通受阻

施佩尔（Schipper，1989）认为，仅用契约摩擦来解释盈余管理的产生是不完备的，盈余管理不能消除的另一原因在于信息的不对称（Asymmetric information）。最为典型的是，作为企业代理人的管理者因较强的专业技能和经验背景，拥有不为其他利益相关者所知的私人信息，面对高昂的披露成本、不完全契约与严格的监管力度，管理者也不可能把其所掌握的全部私人信息低成本或毫无成本地传递出去。这种由信息不对称引发的"沟通受阻"（Blocked communication）为管理者提供了自我裁量的弹性空间，并易导致企业一部分盈余管理行为的发生（Xie，2001；Fan，Wong，2002），同时，亦可能对其他利益相关者及企业的整体发展产生正向或负向的影响。一方面，管理者会通过盈余管理主动向投资者等利益群体传递有价值的私人或内部信息，实现双方的共赢（Rangan，1998）；比如，股东与管理者对企业未来发展前景有良好的预期，并拥有一定的硬件支持，但目前的收入波动幅度较大、盈利状况欠佳，如不进行盈余管理，便不会得到投资者的继续增资，很可能导致企业经营风险的提升与绩效的进一步下滑。为了保持股票价格的稳定和吸引更多投资者的资金，管理者会利用盈余管理手段调高利润，扭转企业的经营困境，向外部投资者传递出企业经营业绩良好的信号。另一方面，当管理者个人利益受到损害，或管理者与股东的利益与外部投资者利益发生冲突时，管理者也会利用盈余管理手段尽力屏蔽那些对自己或股东、公司不利的信息，以牺牲其他相关者的利益来获取私利，并可能降低企业价值（Schipper，1989；Kellogg，Kellogg，1991）。施佩尔（Schipper，1989）和魏明海（2000）认为，沟通受阻比契约摩擦对于理解盈余管理的产生机理更有意义，因为契约安排的修正并不能完全消除沟通阻滞，但若管理者将所有的内部信息都不加成本地传递出去，那么，可以预计契约安排将朝着有利于鼓励真实信息披露的方向发展。

2.4.2　盈余管理的实施动机

诱发管理者实施盈余管理的动机具有多重性，主要可归纳为：a. 资本市场动机（Capital market）；b. 基于会计数字的契约动机（Contract）；c. 政治成本动机（Political cost）。鉴于中国特殊的转轨经济背景及资本市场发展历程，上市公司融资的 IPO 动机（Initial public offering）、增发动机、配股动机、避免亏损、退市的动机等在证券市场发展初期表现得尤为强烈，引起了众多学者的关注，但随着证监会执法力度的增强、相关法规制度的完善，上述动机引发的盈余管理行为可能有所减弱。近年来，围绕薪酬问题的探讨日益增多，与经济发展水平和企业业绩不相符的高管货币性薪酬过高，隐形薪酬过多，高管—员工薪酬差距过大等社会现象逐渐引起广大学者、媒体及政府部门的热烈探讨，由薪酬契约引起的盈余管理研究随即展开，也取得了一些成果，但较多只触及表层，细度、深度不足，仍需不断挖掘。故本节的文献梳理，主要基于中国的经济背景，并结合西方学者的重点文献，对盈余管理产生的诱发因素进行归纳总结，由于本书主题旨在探讨高管薪酬、权力可能对盈余管理的影响机理，故本节文献分析会多着笔墨。

（1）资本市场动机

希利和瓦伦（Healy，Wahlen，1999）指出，盈余管理的资本市场动机研究主要围绕资本市场交易期间进行的盈余管理（如，股票首发、股票再融资、避免亏损、保牌及并购动机等）和当公司业绩与证券分析师或投资者的预期存在较大差距时进行的盈余管理。

①股票发行动机

在一个公平的市场竞争环境下，公司的盈利能力和股票市场的价格走势成为投资者选择股票的重要标准，其可依据的主要信息来源于公司公开披露的财务报告。为了吸引外部投资者的资金，管理者可能会对财务报告进行"修饰"，通过盈余管理调高利润，向外界传递出公司良好的经营能力和发展前景，从而增强公司股票在证券市场的走势。阿哈尼等（Aharnoy et al. , 1993）研究表明，首次公开发行股票（IPO）的公司存在较强的盈余管理行为，应计利润在 IPO 当年达到峰值，IPO 后却显著下降。弗里德兰（Friedlan, 1994）研究显示，IPO 公司在公开发行前确实有意提高了报告中的盈余。张等[①]（Teoh et al. , 1998a, 1998b）研究发现，当公司股票 IPO 及再融资（Seasoned equity offering）前，管理者有增加报告收益（Income-increasing）的异常应计利润行为。另有证据表明，公司 IPO 后异常应计利润会发生逆转（Teoh et al. , 1998a; Ducharme et al. , 2004）。在中国，证券市场处于特殊的制度背景和转型期的经济环境中，起步较晚，特别是运行初期，配套法律、法规制度不健全，致使股票发行中的盈余管理动机也异常强烈。林舒和魏明海（2000）通过实证分析 1992～1995 年 A 股发行公司 IPO 前后的收益表现，发现其报告收益在 IPO 前 2 年和前 1 年处于最高水平，但 IPO 当年却显著下降，研究进一步表明，总体上工业类上市公司在 IPO 前会运用盈余管理手段大幅度"美化"报告收益，这也成为 IPO 后公司报告收益大幅下降的主要原因。孙铮和王跃堂（1999）、陈小悦等（2000）、黄新建和张宗益（2003）、陆正飞和魏涛（2006）研究表明，上市公司为达到配股要求，存在操控应计项目的盈余管理行为。

②避免亏损与退市动机。

与西方国家相比，中国上市公司避免亏损、退市的盈余管理动机较为常见。1998 年开始，为了向投资者提示风险、维护正常的交易秩序，证券交易所规定，对连续两年出现亏损的上市公司实行特别处理（Special treatment），股票简称前冠以"ST"；对连续三年亏损的公司予以暂停上市，股票简称冠以"PT"（Particular transfer）。2003 年后，证券交易所开始对股票交易实行退市风险警示：

---

① Teoh 是潮州和闽南一带的姓氏，写作"张"，下同。

对最近连续两年亏损的公司给予特别处理，股票简称前冠以"*ST"，对连续三年亏损的公司暂停上市资格，如果其在宽限期内仍不能扭亏，公司将被终止上市。而公司一旦被ST、*ST，其声誉机制、信用水平会大幅下降，同时筹资成本、运营成本大幅提升，日常经营会受到重大影响；而当公司面临暂停上市或终止上市时，其承担的风险和代价更为巨大。可见，亏损引致的负面影响非常大，处于退市边缘或可能微亏的上市公司会有较强的动机实施盈余管理以摆脱困境。陆建桥（1999）选取1997年为止上海证券交易所的22家亏损上市公司为样本，发现在首次亏损的前一年，公司会采用向上的盈余管理手段，调高利润以推迟亏损的出现；在首次亏损年度，公司会通过调减异常应计项目的"洗大澡"（Big bath）行为来降低利润；而扭亏年度，其又会调整异常应计项目来做大利润，避免亏损的再次出现。吴联生等（2007）运用参数估计的方法，发现中国上市公司与非上市公司每年都存在避免亏损的盈余管理行为，上市公司盈余管理频率和平均盈余管理幅度都显著高于非上市公司。

③公司并购动机。

现有文献围绕公司并购中的盈余管理研究，主要集中于管理者下市收购和换股并购两个方面。

迪安杰洛（DeAngelo，1988）研究指出，发生下市收购的公司管理者有低估盈余的动机，但实证检验的显著性较弱。佩里和威廉（Perry，Williams，1994）对控制收入变动额和可折旧资产后得到的异常应计项目进行检验，发现管理者实施了降低收益的盈余管理，使得异常应计项目在管理者下市收购前为负。艾润森和王（Erickson，Wang，1999）研究表明，在换股合并中，主并公司为了降低对目标公司的购买成本，有较强动机在合并协议达成之前进行正向的盈余管理行为。路易斯（Louis，2004）实证发现，采用换股合并的收购方在换股并购公告前一个季度存在高估财务报告盈余的行为。

　　黄新建和段克润（2007）发现，上市公司在并购前一年，存在着明显的调减操控性应计利润的盈余管理，而并购当年，尽管存在调增操纵性应计利润的盈余管理，但效果不显著。

　　④达到盈余预测目标动机。

　　现有文献表明，企业管理者往往通过盈余管理手段来达到（Meet or beat）证券分析师或管理者先期制定的盈余预测目标（Burgstahler，Dichev，1997；Kasznik，1999）。证券分析师在资本市场的发展历程中扮演着重要的角色。他们通过搜集、整理企业的各种初始信息，对会计盈余进行预测，以期向投资者购买股票提供较为理性的投资建议。因此，企业非常关注证券分析师给出的盈余预测指标，并尽可能地与其保持一致，如果企业预计这一期财务报告中的会计盈余与分析师的盈余预测相差较大时，为了保障自己的利益，避免因较大偏差产生的负效应，企业管理者很可能会迎合投资者、分析师对企业盈余的预期，采用盈余管理手段对会计盈余进行操控，使其刚刚达到或稍微高于分析师的盈余预测。此观点得到了布格斯塔勒和迪切夫（Burgstahler，Dichev，1997）的支持。他们指出，公司管理当局会通过盈余管理高估盈余，使财务报告中的会计盈余达到分析师的预期。布朗（Brown，2001）发现，管理者有较强的动机避免意外盈余（Earnings surprise）[①] 的出现，较之亏损的公司，盈利公司的管理者更倾向于达到分析师的盈余预测。

　　陆续研究表明，上市公司管理者具有借助盈余管理手段来使其之前披露的盈余预测信息与随后披露的会计盈余保持一致的动机（Kasznik，1999；Cormier et al.，2006）。卡兹尼克（Kasznik，1999）发现，当公司的实际会计盈余低于预测盈余时，公司管理者会通过调整异常应计项目提升财务报告中的盈余，且高盈余预测较之低盈余预测更易引发管理者实施盈余管理。

---

　　① 通常指，公司实际报告盈余与最近的季度（年度）盈余预测的差异。

（2）契约动机。

实证会计理论（Positive accounting theory）假设，除外部经济因素外，企业内部契约变量会导致管理者对盈余进行调控，主要表现为提高管理者的薪酬或减少违背借款合同的可能性（Healy，1985；Schipper，1989；Watts，Zimmerman，1978，1990）。以下从薪酬契约动机（Compensation contract）和债务契约动机（Debt contract）两个方面，来细化盈余管理的契约动机。

①薪酬契约动机。

随着现代企业制度的建立和发展，企业所有权和经营权日益分离，股东越来越需要聘用具有专业技能的管理人才来指导企业的日常经营运作。经典委托代理理论指出，股东与管理者因信息不对称及财富偏好会发生利益冲突，产生高昂的代理成本。为缓解管理者与股东的利益摩擦、降低代理成本、提高管理者积极性、改善企业运转效率及经营绩效，股东需要与管理者签订一份合理高效的薪酬契约，通过货币性薪酬与股权、期权等长期激励性措施相结合的方式将管理者个人利益与公司业绩相挂钩。这样，从理论上讲，公司盈利越多，管理者的货币性薪酬或权益性薪酬水平就越高，在内外监管较弱的情况下，管理者为了追求个人利益最大化，很可能通过会计政策选择、会计估计变更或构建真实交易等盈余管理手段来调整企业的盈余指标，导致企业利润的虚增，促使股东相信管理者是凭借自己的才能努力工作的结果，最终可能损害股东利益及企业价值。

瓦特（Watts，1977）、瓦特和齐默曼（Watts，Zimmerman，1978）指出，奖金计划（Bonus schemes）能够激励管理者为提高自己的薪酬而进行盈余管理。希利（Healy，1985）发现，在含有奖金的薪酬契约中，若企业净利润低于预先设定的盈余下限或高于盈余上限时，管理者会采用降低报告利润的会计政策与估计方法，调减应计项目，而当净利润介于盈余上下限之间时，管理者会选择增加报告利润的会计政策与方法调高应计项目以最大化自己的奖金收益。霍尔特豪森等（Holthausen et al.，1995）研究发现，已获得最高奖金激励的管理者为获取今后更大的奖金收益，会通过操纵应计项目减少当期的报告盈余。德肖和斯隆（Dechow，Sloan，1991）研究表明，在 CEO 任职的最后几年，很可能发生短视行为，通过压低研发费用（R&D）来增大报告盈余。波尔次苏（Pourcisu，1993）发现，公司高管人员发生非正常变更的前一年，原总经理会通过向上的盈余管理调高盈余，而在其非正常变更的当年，新任总经理会使用向下的盈余管理手段，通过"洗大澡"大幅削减盈余，将业绩下滑的责任归咎于前任总经理的经营失当。随着资本市场的逐步发展，股权激励被广泛应用于西方管理者的薪酬契约中。关于高管股权激励是否有助于改善公司治理、减少盈余管理行为并提升企业业绩，学术界具有不同的观点。一种观点认为，股权激励强化了高管与股东间的利益共享和风险共担的机制，有利于减少高管的短视行为，使其更加关注企业的长期绩效，主动减少盈余管理行为（Morck et al.，1988；Hanlon et al.，2003）；但另一种观点则认为，股权激励的实施，依赖于公司股票在证券市场上的走势以及股票行权时的具体规定，从某种程度而言，高管的薪酬水平具有不确定性，为了规避风险，使薪酬维持在一个较高的区间，高管也可能操控利润抬高股价，进行盈余管理（Beneish，Vargus，2002；Berg-stresser，Philippon，2006；Peng，Roell，2008）。

在中国，围绕高管薪酬的盈余管理动机研究为数不多，还处于发展阶段，这可能与中国上市公司信息披露制度及特殊的产权治理背景有关。首先，中国上市公司高管薪酬披露制度起步较晚，从 1998 年开始，证监会才开始强制要求上市公司披露高管人员薪酬信息，到目前为止，信息披露制度仍存在诸多缺陷（葛家澍，田志刚，2012），例如，高管薪酬结构、内容披露过于简单，无从得知薪酬总额各具体构成项目（股票、期权、在职消费、养老金等）的金额；薪酬确定依据比较笼统，缺少薪酬与企业业绩关系的详细披露；缺乏薪酬政策对公司风险影响的披露，等等。其次，中国上市公司多半为国企改制而来，高管薪酬激励机制并未得到有效实施，早期研究表明高管薪酬与企业业绩不相关或无较大关联（魏刚，2000；李增泉，2000；谌新民，刘善敏，2003），所以，基于会计业绩的高管薪酬与盈余管理间也不存在相关关系（王跃堂，2000；刘斌等，2003）。随着国企改革的不断深入，高管薪酬与企业会计业绩的敏感性日益增强（辛清泉，谭伟强，2009；方军雄，2009，2011），于是，检验薪酬激励是否会诱发高管实施盈余管理的研究重新起步。王克敏和王志超（2007）研究发现，高管薪酬与盈余管理正相关，但当高管权力不断膨胀，权力"寻租"较大时，薪酬契约诱发盈余管理的程度相对减弱，高管无须再选择风险和成本都较高的盈余管理，而是通过"寻租"行为攫取私利。李延喜等（2007）研究显示，高管薪酬与向上的应计制盈余管理显著正相关。黄文伴（2011）研究表明，高管年薪总额与上市公司盈余管理程度正相关，即对高管实施薪酬激励会使其更倾向于盈余管理。由于中国资本市场刚刚起步，会计薪酬（以现金为基础的基本工资、奖金等）在整个薪酬契约体系中仍占主导地位，而权益薪酬（股权、期权、限制性股票、长期股权激励）的数量还很少。股权激励数据的缺乏，客观上为我们取得大样本的研究造成了一定的障碍，故从管理者股权激励的角度探讨盈余管理行为的文献较少，代表性的有苏冬蔚和林大庞（2010），他们发现，股权分置改革后尚未提出股权激励的上市公司，其 CEO 股权和期权占总薪酬比率与盈余管理呈显著的负相关关系，而提出或通过激励预案的公司，其 CEO 股权和期权报酬与盈余管理的负相关关系大幅减弱，并不再统计显著，即盈余管理加大了 CEO 行权的概率。除股权激励外，管理层持股比例也常作为激励薪酬的替代指标，但关于管理者持股是促使还是抑制盈余管理的发生，学者们并未有所定论，这可能是由于管理者所持的股份通常具有一定限制，无法在二级市场上自由流转，因此股价波动可能与管理者的薪酬浮动不大，管理者因持股而实施盈余管理的动机可能不强。

②债务契约动机。

西方学者研究表明，违反或有可能违反债务契约的公司更倾向于采用盈余管理调增盈余。德丰和吉姆巴尔沃（Defond，Jiambalvo，1994）通过对存在债务违约公司中的应计项目进行研究，发现公司在违反债务契约的前一年以及违约当年做出了调增收益的会计处理，使得报告盈余提升。斯威尼（Sweeney，1994）发现，违反债务契约的公司比控制样本更多采用了增加当期盈余的会计变更，而处于违约临界点的公司更期望尽早使用增大盈余的新会计政策，同时，她也提供了基于债务契约目的的盈余管理频率以及对资源配置的影响证据，但由于其样本只包括实际违反债务契约的公司，而不包括那些成功操纵盈余而避免技术性违约（Technical default）的公司，因此，其研究结论可能低估了盈余管理的频率。

由于转轨经济与特殊的制度背景，在中国资本市场上考察盈余管理债务契约动机，不得不考虑产权性质对其的影响。张玲和刘启亮（2009）研究发现，中国的治理环境、公司控制人性质对盈余管理的债务契约假说产生了不同于成熟市场经济的一些行为特征：非国有企业上市公司的负债水平越高，应计制盈余管理程度越高；但国有企业上市公司负债水平却与应计制盈余管理无显著关系，他们将原因归结为国有企业的预算软约束。李增福等（2011b）从应计项目和真实活动操控两个方面考察了债务契约对公司盈余管理的影响，结果发现，公司债务水平越高，两种盈余管理程度都越高，进一步研究表明，国有控股公司负债水平对应计盈余管理无显著影响，但与真实活动盈余管理正相关；而非国有控股公司的负债水平与应计盈余管理和真实活动盈余管理都显著正相关。

（3）政治成本动机

瓦特和齐默曼（Watts，Zimmerman，1978）总结前人研究，指出掌握权力的政客通过监管制度、公司赋税等手段影响干预公司财富的重新分配。在这一系列的政治活动中，对企业造成的经济损失以及企业为阻止财富转移而付出的代价，称之为政治成本。对于某些受到政府严格监管和控制的企业（如巨型企业、战略性生产企业、垄断或接近垄断的企业）而言，一旦企业盈余高于或低于一定界限，就会受到严厉的政策惩罚，通常这类企业的管理者会变更会计政策选择或程序，对企业盈余进行调整，以使其表现出较低（较高）的盈利能力。郝（Hall，1993）研究发现，在油价上升时，石油冶炼行业公司会运用调减盈余的盈余管理手段，而当油价处于较低水平时，管理者会选择向上的盈余管理调增盈余。韩和王（Han，Wang，1998）研究了1990年"海湾危机"期间石油公司面对油价上涨而做出的会计反应，结果显示炼油公司在该年第三季度和第四季度通过调整存货和特殊应计项目来调减盈余，以期避免因异常大额盈余而提高的政治监管成本。避税动机也是盈余管理产生的一个主要诱因，在短期内十分奏效，因为调节企业本期盈余的幅度可以影响当期的应纳税额，或达到延缓税款支付的目的，从而节约公司现金的流出，对改善企业财务状况和盈利能力具有一定的正向作用。琼斯（Jones，1991）发现，美国的进出口公司为获得政府提供的进口减免税额保护，在政府调研期间，管理者会选择向下的盈余管理来调减盈余。博因顿等（Boynton et al.，1992）实证研究了美国1986年税收改革条款与盈余管理间的关系，证实短期盈余管理避税动机的存在，但长期盈余管理中并不存在避税动因。

中国上市公司在利用资本市场获得低成本融资的同时，受到政府监管和公众监督的程度也相应提高。由于具体国情及经济制度不同，盈余管理的政治成本假设在中国的表现形式与西方国家有所区别，不同的产权背景导致了国有上市公司与非国有上市公司存在显著差异（薄仙慧，吴联生，2009）。国有企业控制着国民经济的重要经济命脉，面临着更严厉的法律监管，企业财务制度也更为健全（李增福等，2011a），在保持利润稳定增长的同时，承担着较多的社会责任，因此在资金和政策上能够得到政府更多的支持（Qian，Roland，1998）。此外，政府领导人为发展地方经济和自身的政绩，也有动力帮助国有公司，给予其银行贷款、税收减免等优惠措施。因此，国有企业进行盈余管理的成本较高，某种程度上基于政治成本动因的盈余管理行为将受到抑制或不显著。相反，非国有企业的经济实力和企业规模普遍较小，得到的政策优惠较少，与政府的政治关联性较低，为达到盈利指标，避免较高的监管成本，管理者有强烈的盈余管理动机操控盈余（雷光勇，刘慧龙，2006；孙亮，刘春，2008；薄仙慧，吴联生，2009）。关于盈余管理的避税动机，国内现有文献较少。王跃堂等（2009）考察不同税率公司面对2008年实施的《中华人民共和国企业所得税法》而产生的税率差异，是否会未雨绸缪，提前使用盈余管理来降低税负。结果表明，税率降低公司存在明显的推迟利润的盈余管理行为，但税率提高公司却不一定存在利润提前的盈余管理行为。李增福等（2011a）建立了一个基于避税动因的盈余管理方式选择模型，以2007年所得税改革为背景研究了中国上市公司盈余管理方式的选择问题，结果表明：预期税率上升使公司更倾向于实施真实活动盈余管理，预期税率下降时，公司则转而采取应计制盈余管理，国有控股和公司规模是否对应计制盈余管理程度有显著负效应，但对真实活动盈余管理程度却具有显著正效应。

2.4.3 盈余管理方式与计量方法

西方学者在盈余管理方式选择与计量模型应用研究中，已积累了丰富的经验，对中国相关问题的研究起到积极的导向作用。本书通过对国内外文献的梳理分析，总结了管理者实施盈余管理的两种最主要方式——应计制盈余管理与真实活动盈余管理。其中，学者们对应计制盈余管理问题的研究较多，探讨较为深入，并取得了丰富的理论成果，而对于真实活动盈余管理的研究还处于起步阶段，可待挖掘的空间较大。相应地，在盈余管理程度的计量方面，除了与上述两种方式相对照的应计利润计量法和真实活动盈余计量法外，本书还从盈余管理后的盈余分布角度观察并计量盈余管理的实施程度。

（1）应计制盈余管理

目前，大多数文献仍以应计制盈余管理为主，且实证结果也证实了它存在的显著性。应计制盈余管理一般多发生在会计年末，是管理者旨在通过会计政策选择或会计估计变更对企业盈余进行的裁量性调整。理论上讲，应计制盈余管理不会改变公司的整体价值，只是通过各种会计方法对各期的应计利润进行的调整分配，长期来看，此期增加或减少的利润都将于未来期间转回。现有对应计制盈余管理的计量，大体可分为总体应计利润法和具体应计利润法。

总体应计利润法，是现有盈余管理计量方法的主流。在权责发生制会计模型下，企业会计盈余包括经营活动现金流（Operation cash flow）和应计利润（Accrual）两部分。一般假定，经营活动现金流量较难被操控，所以管理者只能通过调整应计利润来实现预期盈余。应计利润中，按照可操控程度又可分为操控性应计（Discretionary accrual，DA）和不可操控性应计（Non-discretionary accrual，NDA），可操控性应计则被用来衡量盈余管理的大小和程度，其原理在于用特定的回归模型首先估计出不受管理人员操控的应计利润部分，然后再用总应计利润减去不可操控性利润，从中分离出操控性应计利润数额。常见的总体应计利润模型，有希利（Healy）模型（Healy，1985）、迪安杰洛（DeAngelo）模型（DeAngelo，1986）、琼斯（Jones）模型（Jones，1991）、修正的琼斯（Jones）模型（Dechow et al.，1995）、琼斯（Jones）扩展模型（陆建桥，1999）以及业绩配比的琼斯（Jones）模型（Kothari et al.，2005）等。这些模型间的差异，主要在于对不可操控性应计的前提假设与影响因素处理上，如表2.1所示。

表 2.1　可操纵性应计利润计量模型

模型名称	不可操纵性应计利润的计量	模型	变量含义
希利（Healy）模型（1985）	总应计利润均值	$$NDA_\tau = \frac{1}{T}\sum_{t=1}^{T}\frac{TA_t}{A_{t-1}}$$	NDA 为不可操纵性应计；$TA_t =$ 第 t 年的总应计利润；$A_{t-1} =$ 第（t-1）年的期末总资产；$\tau =$ 事件年份；$t =$ 估计年份；$t=1$，2，…，T
迪安杰洛（DeAngelo）模型（1986）	上年度总应计利润	$$NDA_\tau = \frac{TA_{\tau-1}}{A_{\tau-2}}$$	$TA_\tau =$ 第（$\tau-1$）年的总应计利润；$A_{\tau-2} =$ 第（$\tau-2$）年的期末总资产
琼斯（Jones）模型（1991）	总应计利润对主营业务收入变化和固定资产原值的回归残差	$$NDA_\tau = \alpha_0\left(\frac{1}{A_{\tau-1}}\right)+\alpha_1\left(\frac{\Delta REV_\tau}{A_{\tau-1}}\right)+\alpha_2\left(\frac{PPE_\tau}{A_{\tau-1}}\right)$$	$\Delta REV_\tau =$ 第 τ 年的销售收入增加额；$PPE_\tau =$ 第 τ 年的固定资产原值
修正的琼斯（Jones）模型（1995）	总应计利润对主营业务收入变化和除应收账款变化后的余额和固定资产原值回归的残差	$$NDA_\tau = \alpha_0\left(\frac{1}{A_{\tau-1}}\right)+\alpha_1\left(\frac{\Delta REV_\tau - \Delta REC_\tau}{A_{\tau-1}}\right)+\alpha_2\left(\frac{PPE_\tau}{A_{\tau-1}}\right)$$	$\Delta REC_\tau =$ 第 τ 年的应收账款增加额

续表

模型名称	不可操纵性应计利润的计量	模型	变量含义
扩展琼斯（Jones）模型（1999）	在修正的 Jones 模型等式右边增加无形资产和其他长期资产原值	$NDA = \alpha_0\left(\frac{1}{A_{\tau-1}}\right) + \alpha_1\left(\frac{\Delta REV_\tau - \Delta REC_\tau}{A_{\tau-1}}\right) + \alpha_2\left(\frac{PPE_\tau}{A_{\tau-1}}\right) + \alpha_3\left(\frac{IA_\tau}{A_{\tau-1}}\right)$	IA_τ = 第τ年的无形资产和其他长期资产原值
科塔里（Kothari）业绩配比模型（2005）	首先，按照上市公司行业代码和净资产收益率与所研究的公司相匹配的其他公司作为对比组；其次，在 Jones 模型或修正的 Jones 模型等式右侧加入当年或上年的净资产收益率作为控制变量	$NDA = \alpha_0\left(\frac{1}{A_{\tau-1}}\right) + \alpha_1\left(\frac{\Delta REV_\tau - \Delta REC_\tau}{A_{\tau-1}}\right) + \alpha_2\left(\frac{PPE_\tau}{A_{\tau-1}}\right) + \alpha_3 ROA_{\tau(\tau-1)}$ 模型以修正的 Jones 模型为例	$ROA_{\tau(\tau-1)}$ = 第τ年或τ-1年的净资产收益率
可操纵性应计利润计量		$DA_\tau = \frac{TA_\tau}{A_{\tau-1}} - NDA_\tau$	DA_τ = 第τ年的可操纵性应计利润

注：模型中相同的变量，定义同上。
资料来源：由相关核心文献整理而得。

在使用总应计利润法衡量盈余管理程度时，通常要设定一些主观假设，这可能导致其在实际应用过程中存在一定的噪音和局限性。基于此，许多学者尝试从具体的应计项目展开研究，并提出具体应计利润项目法。此方法主要适用于某类金额较大，需要大量职业判断的特殊应计项目。例如，麦克尼科尔斯和威尔逊（Mcnichols，Wilson，1988）首次提供了企业通过调整坏账准备进行盈余管理的经验证据。比弗和尼科尔斯（Beaver，McNichols，1998）、彼得罗尼等（Petroni et al.，2000）、盖弗和帕特森（Gaver，Paterson，2000）则针对保险行业的索赔损失准备进行了研究。与总体应计利润法相比，具体应计利润法的研究对象更加具象化，其选择的应计项目能够对盈余管理产生实质性的影响，适用于由业务活动导致大量操控性应计的行业，如银行、保险业。当然，此方法也具有明显的局限性。其应用范围较为狭窄，仅适用于小样本或具体的行业和部门，研究成果难以广泛推广。

（2）真实活动盈余管理

随着会计准则的日臻完善和监管力度的日益增强，应计制盈余管理的实施成本和风险也在不断上升，可操纵的空间越来越小，但是盈余管理活动并未因此而停止，以真实活动盈余管理为代表的盈余管理方式逐渐受到管理者的青睐（Graham et al.，2005；Roychowdhury，2006；Cohen et al.，2008，2010；Zang，2012）。真实活动盈余管理，是管理者通过构建真实交易直接对企业经济活动进行的干预控制（Healy，Wahlen，1999；Graham et al.，2005；Roychowdhury，2006），主要采用销售操控、费用操控和生产操控三种具体的真实活动盈余管理行为并行实现。其一，管理者会通过降价、递延收款、限时促销等手段暂时提高销售收入以避免当期盈利损失，但过度销售折扣的使用也将导致企业经营现金流量的减少；其二，管理者会采取压低研发支出、广告费等日常维护费来提高当期盈余，因为这些费用并不会立即产生收入和盈利，所以管理者可以依照盈余目标酌量调减；其三，管理者为实现当期盈余目标，很可能以超出计划额度大量生产，使得生产成本总量提升。当企业处在一个较高的生产水平时，固定成本将随产品数量的增加被分散至每单位产品中，由于规模优势，只要单位固定成本的降低不被单位边际成本的上升完全抵消，总单位成本是下降的，最终在财务报表上反映为利润的提高。综上所述，为了实现盈余目标，做大利润，管理者更倾向于降低现金流、降低可操纵费用和扩大产品生产。关于真实活动盈余管理的计量，本书主要参照罗楚德（Roychowdhury，2006）的研究，对影响经营活动现金流、可操控费用与生产成本的因素分别进行回归，通过经营活动现金流估计模型、费用操控估计模型和生产操控估计模型分行业、年度计算各自的残差项，得到异常经营活动现金流（Abnormal CFO，REM_CFO）、异常可操纵性费用（Abnormal expense，REM_DIS）和异常生产成本（Abnormal production cost，REM_PROD），以此作为真实活动盈余管理的各分项替代指标，如果管理者实施了真实活动盈余管理，那么，就会得到更低的异常经营活动现金流，异常可操纵费用和更高的异常生产成本，模型如下：

$$CFO_t/A_{t-1} = \alpha_0 + \alpha_1(1/A_{t-1}) + \alpha_2(S_t/A_{t-1}) + \alpha_3(\Delta S_t/A_{t-1}) + \varepsilon_t$$

$$DIS_t/A_{t-1} = \alpha_0 + \alpha_1(1/A_{t-1}) + \alpha_2(S_{t-1}/A_{t-1}) + \varepsilon_t$$

$$COGS_t/A_{t-1} = \alpha_0 + \alpha_1(1/A_{t-1}) + \alpha_2(S_t/A_{t-1}) + \varepsilon_t$$

$$\Delta INV_t/A_{t-1} = \alpha_0 + \alpha_1(1/A_{t-1}) + \alpha_2(\Delta S_t/A_{t-1}) + \alpha_3(\Delta S_{t-1}/A_{t-1}) + \varepsilon_t$$

$$PROD_t/A_{t-1} = \alpha_0 + \alpha_1(1/A_{t-1}) + \alpha_2(S_t/A_{t-1}) + \alpha_3(\Delta S_t/A_{t-1}) + \alpha_4(\Delta S_{t-1}/A_{t-1}) + \varepsilon_t$$

$$REM = REM\_PROD - REM\_CFO - REM\_DIS$$

其中，S_t 是 t 年营业收入，ΔS_t 是 t 年与 t−1 年营业收入的变化，DIS 是 t 年可操作费用，为销售费用和管理费用之和。罗楚德（Roychowdhury，2006）在异常可操纵费用的计量中还包括了研发费用，考虑到中国研发费用自 2007 年起才开始披露，并且数据量少、缺失值较多，故本书未将研发费用纳入其中。$PROD_t$ 是 t 年的产品总成本，包括产品销售成本（COGS）和存货变动（ΔINV）两部分，模型中分别列示了影响销售成本和存货变动的因素，并将其汇总为生产成本（PROD）这一综合指标。为削弱噪音，分别用期初总资产 A_{t-1} 对被解释变量、解释变量进行平减处理。甘尼（Gunny，2005）、罗楚德（Roychowdhury，2006）和科恩等（Cohen et al.，2008）研究显示，异常现金流与异常可操纵费用正相关，且皆与异常生产成本负相关，即异常现金流、异常可操作费用越低，异常生产成本越高，真实活动盈余管理的整体实施程度越强，故构建 REM 总指标来衡量整体真实活动盈余管理的程度，如上述模型所示。

除上述两种盈余管理计量方法外，盈余分布法也被学术界广泛应用。它主要针对盈余管理的存在性、分布频率和强度进行检测，最大优势在于可以从整体上估计盈余管理的实施程度，无须具体区分可操控性应计与不可操控性应计，最早由西方学者布格斯塔勒和迪切夫（Burgstahler，Dichev，1997）提出。该方法首先需要确定一个盈余阈值（Earnings threshold），然后通过观察报告盈余在该值周围特定区间的分布情况，如果阈值处盈余分布函数不光滑或不连续，则证明了盈余管理的存在。在国外实证研究中较为常用的阈值点有，零盈余、上年度盈余以及分析师的盈余预测。而中国由于证券市场发展历程，上市公司的盈余阈值点一般选用零盈余、上年度盈余，股权再融资 ROE 的 6% 与 10%。其中，满足证监会特定指标的股权再融资动机成为中国资本市场发展初期的特色，而为达到或超过（Meet or beat）证券分析师的盈余预测的盈余管理动机在中国还不多见。后续学者在布格斯塔勒和迪切夫（Burgstahler，Dichev，1997）研究方法的基础上，提出较多的质疑，主要涉及盈余区间划分的适宜性与主观性（Degeoge et al.，1999；Holland，2004；王亚平等，2005），研究结论是否存在偏差，是否能够完整地度量盈余管理的程度（吴联生，王亚平，2007）等。由于该计量方法主要通过直方图和构造概率密度函数对盈余管理行为进行检测，却无法识别盈余管理的具体方式，譬如，究竟是应计制盈余管理，还是真实活动盈余管理，是正向的盈余管理还是负向的盈余管理，我们无从得知，此外，在存在多个阈值的情况下，不同阈值间的相互影响也会对盈余管理程度的判定产生困难，所以，该方法更适合于有明确动机的盈余管理行为。

2.4.4　盈余管理的经济后果

泽夫（Zeff，1978）在其经典论文《经济后果的产生》（*The rise of Economic Consequences*）中系统阐述了经济后果（Economic consequence）的含义。他认为，经济后果为"会计报告对企业、政府、投资者和债权人的行为决策的影响"。会计报告是会计信息经加工整理后的综合产物，在会计报告生成的过程中，管理者有可能选择不同的会计政策、会计方法或构建真实交易来产生或变更会计信息的真实属性，对投资者的决策行为、股票市场的价格变动与市场的反应以及企业的价值产生积极或消极的影响。

德肖（Dechow，1994）认为，应计利润比经营现金流更具有信息含量，有助于提高投资者对未来盈余预测的能力。希利和瓦伦（Healy，Wahlen，1999）指出，虽然盈余管理行为可能导致信息可靠性的降低，但由于可以传递出公司内部信息，从而增加了投资者决策的信息相关性。同样，盈余管理活动会对上市公司股票的变化趋势产生影响，并引发市场的间接反应。德肖（Dechow，1996）研究发现，上市公司因盈余管理行为遭到证监会（SEC）处罚，消息一经公布，公司股价会大幅下降，损害了市场资源配置效率，并产生了负面的市场反应。张等（Teoh et al.，1998a，1998b）研究表明，在新股发行或股权再融资前，报告应计利润越多的公司，权益发行后的股票市场表现越差。陈汉文和郑鑫成（2003）围绕中国上市公司盈余管理后的股票市场价格进行实证研究，结果发现

上市公司正向的盈余管理能够引起股票价格的上涨。蔡宁和魏明
海（2009）以中国股权分置改革后"大小非"减持中的盈余管理
为研究对象，发现原非流通股股东所持股份解禁或减持的规模越大
盈余管理程度也越强，并且盈余管理程度与相应期间的公司股票市
场表现正相关。在盈余管理活动对企业价值的影响上，学者们较多
支持负面影响论，实证文献主要集中于股权再融资领域。这些研究
表明，可操控性应计会导致股权再融资后企业绩效的下滑（Ran-
gan，1998；Teoh et al.，1998b；DuCharme et al.，2004；黄新建，
张宗益，2004；陆正飞，魏涛；2006；章卫东，2010）。格雷厄姆
等（Graham et al.，2005）通过对 CEO 和 CFO 的调查问卷显示，
为达到盈余目标，他们更倾向于使用可能降低公司长期价值的真实
活动盈余管理。甘尼（Gunny，2005）研究了公司采用真实活动盈
余管理的经济后果，发现公司随后 3 年的经营业绩显著下降，但甘
尼（Gunny，2010）的进一步研究却表明，真实活动盈余管理对
公司未来业绩产生了积极的正面影响。科恩和扎罗文（Cohen，
Zarowin，2010）研究显示，股权再融资后除应计利润回转（Accru-
al reversals）能导致公司业绩下滑外，管理者的真实活动盈余管理
决策成为另一重要诱因。

2.4.5　应计制与真实活动盈余管理的比较与选择

最新的盈余管理研究，开始关注管理者对应计制盈余管理与真
实活动盈余管理的动态选择问题。格雷厄姆等（Graham et al.，
2005）、科恩等（Cohen et al.，2008）、科恩和扎罗文（Cohen，
Zarowin，2010）、臧（Zang，2012）研究表明，管理者为实现盈余
目标会在应计制盈余管理与真实活动盈余管理间进行权衡，并有可
能综合使用这两种盈余管理方式。格雷厄姆等（Graham et al.，
2005）以问卷与访谈的形式，调查了美国上市公司 400 余位财务主
管（CFO）在盈余管理方式选择上的偏好。他们发现，CFO 有强烈

的动机使用真实活动盈余管理，80%的受测者表明会使用降低研发费、广告费和维护费等的真实活动盈余管理手段。罗楚德（Roychowdhury，2006）研究发现，具有保盈动机或为达到分析师盈余预测动机的管理者，更倾向于采用真实活动盈余管理方式。科恩等（Cohen et al.，2008）发现，2002 年萨班斯法案（Sarbanes Oxley Act）颁布后，应计制盈余管理程度大幅下降，但真实活动盈余管理程度却显著增强，这表明上市公司在法案通过后，会从应计制盈余管理转移至真实活动盈余管理。科恩和扎罗文（Cohen，Zarowin，2010）发现，股权再融资当年，公司同时实施了真实活动盈余管理与应计制盈余管理，但随后，真实活动盈余管理程度大幅减弱，其原因在于真实活动盈余管理的负向经济后果比其应计制盈余管理更为严重。臧（Zang，2012）研究发现，公司管理者通过对比真实活动盈余管理与应计制盈余管理的实施成本后会权衡选择两种盈余管理方式，进一步研究表明，这两种盈余管理方式具有替代关系。

3

制度背景分析

    本书第 2 章基于国内外现有文献的分析梳理，提炼出围绕高管薪酬契约、管理层权力、盈余管理以及薪酬管制等重要议题的理论基础与文献述评，为后续章节的顺利展开提供了坚实的理论依据。本章则将研究视角结合中国国情。重点探讨转轨经济背景下，高管薪酬契约的制度变迁、国企高管薪酬现状与存在的突出问题、管理层权力积聚的现实背景分析、基于高管薪酬的盈余管理动机分析以及薪酬管制的现实背景分析。

3. 1

高管薪酬契约的制度变迁

    由于中国企业的经营形式存在国有企业与非国有企业之分，而上市公司又多由国有企业改制而来。与非国有企业相比，国有企业是国家各大经济政策方针的执行者与实践者，其发展、壮大与成熟更离不开政府深化改革的土壤，其薪酬制度的演变也具有鲜明的改革烙印，故本节主要以国有企业为研究对象，梳理回顾了国企薪酬改革的制度背景并以实证数据检验分析了国企高管薪酬的现状，最后对现有薪酬制度存在的突出问题进行了剖析。

3.1.1 国企薪酬制度改革历程

中国国有企业的薪酬制度改革与国有企业改革密不可分，历经了改革的初探、制度创新与纵深推进三个主要阶段。近年来，经济的快速发展、公司规模的逐渐扩大与治理水平的不断提高，促使企业对人本要素，尤其是高管人才的需求和重视力度显著提升。如何有效地激励高管人员，制定出合理优化的薪酬制度？如何使其与国企发展进程相协调，更好地丰富和深化国企改革的阶段性成果，这不仅成为国企改革的一项重要命题，更直接关系到企业的长久发展与兴衰。根据中国国企改革的进程并综合吕政和黄速建（2008）[①] 等相关学者的研究，笔者将国有企业高管薪酬制度的改革划分为如下三个阶段：

（1）薪酬制度改革初探（1978～1992年）

1978年，中国正式推行改革开放政策，国有企业改革位于起步阶段，主要思路在于坚持计划经济体制的基本框架，逐步扩大企业经营自主权，通过放权让利、利改税和承包责任制等改制措施，赋予管理者更多的经营权限，对职工工资有步骤地进行调整，恢复了工资奖励制度。这一阶段（1978～1984年）代表性的政策文件有1984年国务院颁布的《关于进一步扩大国营工业企业自主权的暂行规定》，强调并扩大了企业的10项自主权力。1986年起，国有大中型企业开始尝试承包经营责任制，以承包经营合同的形式力求使企业做到自主经营、自负盈亏，这也标志着企业所有权与经营权的初步分离，承包企业为国家上缴利润后，超收的部分可自行处置，职工的工资总额与企业绩效开始挂钩。1986年12月，国务院发布《关于深化企业改革增强企业活力的若干规定》明确规定，"实行厂长负责制的企业要同时实行厂长任期目标责任制，并切实保障经营者的利益。凡全面完成任期内年度责任目标的，经营者的个人收入可以高于职工平均收入的一至三倍。做出突出贡献的，还

---

① 吕政，黄速建，中国国有企业改革30年研究，经济管理出版社，2008年，第254页。

可以再高一些，完不成年度责任目标的，应扣减厂长的个人收入"。① 1988 年 2 月，国务院发布《全民所有制工业企业承包经营责任制暂行条例》，在 1986 年文件的基础上继续对企业领导班子的收入进行界定，企业领导班子其他成员的收入要低于企业经营者，并强调了当合同目标未达成时，企业经营者收入扣减的幅度（保留至基本工资的一半）及领导班子其他成员承担的相应经济责任。1992 年 8 月，劳动部、国务院经贸办印发《关于改进完善全民所有制企业经营者收入分配办法的意见》，进一步确定了企业经营者收入的细则：若企业经营者在任期内全面完成承包经营合同中的年度指标时，其年收入可高于本企业职工的年人均收入，一般不超过一倍；若达到省内同行业先进水平或超过本企业历史最好水平时，可高于本企业职工年人均收入的一至二倍；若全面超额完成承包经营合同规定的各项任务，做出突出成绩的，可高于本企业职工年人均收入的二至三倍。

从 1978 年改革开放至 1992 年陆续颁布的法规来看，企业的所有权与经营权有一定的分离，将企业剩余索取权赋予企业经营者的薪酬分配机制，起到激励经营者努力创收，提高业绩的积极作用。但不容忽视的是，企业经营权只是有条件的部分下放，经营者收入仍由政府主导，不能由市场机制或企业内部自发调节制定，对管理人员薪酬的激励是建立在维持经营者与普通职工收入差距的一定幅度展开，可能未能充分调动管理者的积极性，其薪酬与企业经营成果相关性较弱。但毋庸置疑的是，破除"平均主义分配"政策，引入激励机制，给予管理者适当的奖励与惩处等诸多措施，表明中国国企薪酬制度改革的序幕已经拉开，这也被誉为国企薪酬制度改革的初步尝试。

（2）薪酬制度的建立与创新（1992～2003 年）

1992 年，中国的国企改革迈向了新的发展阶段，对现有企业制度、经营机制进行改造的浪潮随着中共十四大的胜利召开而迅速崛

---

① 新华网．《关于深化企业改革增强企业活力的若干规定》，2008 - 9 - 25，http://www.bj.xinhuanet.com/bjpd-zhuanti/2008 - 09/25/content_14500954.htm.

起，1993 年 11 月，党的十四届三中全会首次提出国有企业今后改革的目标和方向是在建立产权清晰、权责明确、政企分开、管理科学的现代企业制度，要求国有企业推行所有权与经营权分离的委托代理机制，建立起股东大会、董事会和监事会等重要机构，将公司治理模式从计划经济体制为主的行政治理逐渐转化为面向市场经济的现代公司治理，并逐步推行公司制股份制改革。1992~2002 年，国家相继出台了股份制改革的试点办法、规范意见、股份发行与交易管理暂行条例等政策性法规，标志着中国企业的改革路径已从"放权让利"逐步过渡到以"体制转换、制度建设为主的现代企业制度改造"为重心的崭新阶段。

1992 年 6 月，上海市 3 家企业在全国首次试行经营者年薪制，随后 28 个省区市（由于数据可得性的原因，本段中未包括贵州省、海南省和西藏自治区的相关数据）7400 多家国有企业以正式文件的形式出台了年薪制的试点方案，将经营者年薪划分为基本收入和风险收入两大部分，基本收入按照企业规模、经济效益和职工平均工资等因素确定，一般占年薪总额的 30%；风险收入则依据企业上缴红利、国有资产保值增值和劳动生产率增长等各项考核指标完成情况而定，一般占年薪总额的 70%。此外，为减弱经营者因决策失误或经营不善给企业带来的损失，经营者一般还需缴纳一定的风险抵押金。1999 年 9 月，党的十五届四中全会通过了《中共中央关于国有企业改革和发展若干重大问题的决定》，进一步明确了国有企业改制的方向，提出"建立与现代企业制度相适应的收入分配制度，在国家政策指导下，实行董事会、经理层等成员按照各自职责和贡献取得报酬的办法；企业职工工资水平由当地平均工资和本企业经济效益决定；企业内部实行按劳分配原则，适当拉开差距，允许和鼓励资本、技术等生产要素参与收益分配"。[①] 该会议的召开

---

① 引自新华社.《中共中央关于国有企业改革和发展若干重大问题的决定》，2002 - 04 - 12。

有着重大的历史意义，标志着中国企业的薪酬体系开始了实质性的制度变革。国有企业可以继续试行厂长（经理）年薪制，并可以引入经营者（员工）持股等多种股权激励模式，允许一定薪酬差距的存在，并真正做到了固定薪酬和浮动薪酬的有机结合，扩展了激励薪酬的广度和深度，极大地提高了经营者和员工的积极性。2000年11月，劳动和社会保障部印发《进一步深化企业内部分配制度改革的指导意见》，允许具备条件的企业推行董事长、总经理年薪制，其工资收入与绩效考核结果挂钩，此外，经营者持股数额一般以本企业职工平均持股数的5～15倍为宜。而中国真正大规模地推行高管年薪制则起自2002年，为了保证薪酬的公平性与合理性，国家规定高管年薪不得超过普通职工平均工资的12倍。这表明，中国国有企业高管薪酬制度已初步建立，其对后续高管薪酬制度的发展与完善奠定了基础，具有里程碑式的导向作用。

（3）薪酬制度的纵向推进（2003年至今）

2003年3月，中国国有资产监督管理委员会（后简称为"国资委"）正式成立，代表国家履行国有资产出资人的监管职责，随后，地方各级国有资产监督管理机构相继成立，逐渐形成由中央政府和地方政府分级管理资产和人事，中央统筹地方的两级国有资产管理体制，推进了中国国有企业治理模式的进一步规范与完善。国资委成立后，相继颁布了若干法律法规，笔者对代表性文件进行了梳理总结。

2003～2004年，国资委率先对央企负责人的业绩考核和薪酬管理进行规定，先后颁布了《中央企业负责人经营业绩考核暂行办法》（2003年）、《中央企业负责人薪酬管理暂行办法》（2004年）和《中央企业负责人薪酬管理暂行办法实施细则》（2004年），规定了企业负责人的薪酬结构及其考核标准。企业负责人薪酬可划分为基本年薪、绩效年薪和中长期薪酬激励三部分，企业负责人的基本年薪主要根据企业自身的经营规模、管理水平、企业职工的平均工资、其所在地在岗职工的平均工资以及同行业员工的平均工资等多种因素来确定。绩效年薪与年度考核结果（考核指标有企业年度利润总额、净资产收益率、国有资产保值增值率和三年主营业务收入平均增长率）挂钩，实行年度经营业绩考核与任期经营业绩双重考核。2006年12月，国资委对《中央企业负责人经营业绩考核暂行办法》进行修订与完善，2007年12月和2008年2月，国资委进一步修订了《中央企业负责人经营业绩考核暂行办法》，并出台了两个针对中央企业负责人年度经营业绩考核和任期内经营业绩考核的补充规定。

为了确保长期薪酬激励机制的有效实施，特别是上市公司中高管人员股权激励运用的合法、合理和合规，2006年1月和9月，国家针对国有上市公司的股权激励方案做出了规定，由国资委和财政部联合颁布《国有控股上市公司（境外）实施股权激励试行办法》和《国有控股上市公司（境内）实施股权激励试行办法》。由于上市公司外部市场环境和内部运行机制尚不健全、股权激励机制仍处于试点阶段，为进一步规范实施股权激励，2008年10月，国资委又发布了《关于规范国有控股上市公司实施股权激励制度有关问题的通知》。

年薪制的确立以及管理者短期薪酬激励和中长期薪酬激励相结合的模式，提高了管理者的主观能动性，促成了"高能力、高收益"的增长格局，企业绩效也大幅提高，薪酬与业绩的关联度也越发紧密，但收入增长的背后也出现了不和谐的画面，部分高管人员获得了与能力、努力程度不符的过高薪酬；薪酬与业绩的变化态势不对称，出现了"业绩升，薪酬升，业绩降，薪酬不降"的粘性现象，高管人员和普通员工的薪酬差距逐渐拉大，而过大薪酬差距引发的薪酬矛盾、社会不公平问题日益凸显，引起了社会各界的广泛关注与探讨。国有企业的薪酬定价是否合理？与市场接轨的薪酬机制是否真正适合国有企业的发展，政府在国有企业薪酬管理中又起到什么样的作用？是主导控制还是中介调停？

面对持续发酵的薪酬风波，面对公众的质疑，政府部门开展了系列应对措施，通过干预薪酬总量、规范薪酬结构、限制职务消费、明确中长期激励等多项内容，主要针对国有企业和国有控股企业、高薪突出的行业、中央企业的薪酬制度进行规范，出台了多项限薪指导办法和意见。其中，2009 年 2 月，财政部针对金融类国有企业下发了《金融类国有及国有控股企业负责人薪酬管理办法（征求意见稿）》，规定国有金融企业负责人最高年薪不得超过 280 万元，力求使金融高管的薪酬水平更加符合中国国情，避免社会收入水平、企业内部高管与普通职工的收入出现更大差距。

2009 年 9 月，人力资源社会保障部会同六部委联合下发《关于进一步规范中央企业负责人薪酬管理的指导意见》，主要从适用范围、规范薪酬管理的基本原则、薪酬结构和水平、薪酬支付、补充保险和职务消费、监督管理、组织实施等方面对央企负责人薪酬管理做出了规范。明确央企负责人的薪酬结构由基本年薪、绩效年薪和中长期激励收益三部分组成，《关于进一步规范中央企业负责人薪酬管理的指导意见》重点对基本年薪和绩效年薪做出了规范，明确企业高管基本年薪按月支付，绩效年薪按照先考核后兑现的原则，根据年度经营业绩考核结果，由企业一次性提取，分期兑现。而对近年来饱受争议的中长期激励，仅进行了可审慎性地探索的原则性规定。这份指导性意见的一个重大亮点，在于其首次明确规定央企负责人基本年薪要与上年度央企在岗职工平均工资"相联系"，以更为变通的方式规定了高管薪酬的上限，被称之为中国版的"限薪令"。

2009 年 12 月和 2012 年 12 月，国资委再次对《中央企业负责人经营业绩考核暂行办法》进行了 2 次修订和 3 次修订，并于 2013 年 1 月 1 日起正式实施。这为切实履行中央企业国有资产出资人职责，落实国有资产保值增值责任，建立有效的激励和约束机制提供了科学的指引作用。

2013 年初，国务院办公厅为加强国有企业高管薪酬的管理，下发了《关于深化收入分配制度改革重点工作分工的通知》，通过多项手段控制规范央企、国企高管薪酬，对于部分收入过高的央企高管、国企高管将采取降薪措施，以弥合央企高管、国企高管与公务员以及央企基层员工、国企基层员工的收入差距。

3.1.2　国企高管薪酬现状

为了清晰地呈现出国有企业管理层的整体薪酬状况（货币性薪酬和持股比例）、管理层与普通员工的薪酬差距，揭示出不同产权性质、不同国有产权分级管理模式和不同行业属性下管理者以及管理者与员工间的薪酬差异，笔者选用 CSMAR 数据库沪深两地 A 股上市公司 2003～2012 年的数据，依据 2001 年上市公司行业分类指引将所选样本划分为 13 个主要行业。为了全面客观地反映国有企业管理层薪酬的整体情况及变化趋势，笔者没有删除管理层薪酬水平较高的金融类行业。此外，为了保证数据的可靠性与结论的稳健性，笔者将遭受特别处理（ST、*ST、PT）、上市年限不足 5 年的上市公司剔除，并对全部样本连续变量首尾数值的各 1% 进行 WIN-SORIZE 处理，得到国企总样本 8006 个。表 3.1 详细列出了本章的主要观测变量及其解释说明。

表 3.1　　　　　　　　　　变量定义

变量	变量说明
Top3pay	上市公司高管前三名薪酬总额
Toppay	上市公司所有董事、监事及高管薪酬总额
Incentopman	高管持股比例
Incenman	管理层持股比例
Top3pay/at	总资产平减化的上市公司高管前三名薪酬总额
Top3pay/sale	主营业务收入平减化的上市公司高管前三名薪酬总额
Toppay/at	总资产平减化的上市公司所有董事、监事及高管薪酬总额
Toppay/sale	主营业务收入平减化的上市公司所有董事、监事及高管薪酬总额
Emppay	上市公司普通员工薪酬
Emp3gap	上市公司前三名高管薪酬平均值与普通员工平均薪酬的比值
Empgap	上市公司所有董事、监事及高管的平均薪酬与普通员工平均薪酬的比值

资料来源：作者结合国内外相关核心文献，对变量进行定义而得。

（1）国有企业薪酬整体概况

表 3.2 对 2003～2012 年国有企业薪酬的整体情况进行了统计分析，结果显示：①国有企业高管薪酬、管理层薪酬总体分布不平衡，最大值与最小值差距较大，薪酬水平的波动性高；②管理者持股比例普遍偏低，其中，高管持股比例不到 1%，而管理层持股比例均值也仅为 1.2%，推测出国有企业管理者"零持股"现象较为严重，股权激励程度较弱；③国有企业管理者薪酬与企业规模和销售水平相关度偏低，前三名高管薪酬总额，董事、监事和高管薪酬总额分别与总资产或总收入的比值均不到 1%；④国有企业中不同产权管理模式下高层管理者与普通员工的薪酬差距存在较大的差异。最大薪酬差距竟然超过 36 倍，而最小薪酬差距却不足 0.2 倍。表明产权分级管理模式所导致的高管与普通员工的福利差距较大，容易引发收入分配不公平及其他社会矛盾。

表 3.2　　　　　　2003～2012 年国有企业薪酬变量描述性统计

变量	样本数	均值	中值	标准差	最小值	最大值
Top3pay	8006	115.83	81.10	119.12	8.97	747.41
Toppay	8006	313.68	204.41	359.58	22.9	2303.40
Incentopman	8006	0.0008	0	0.0097	0	0.3616
Incenman	8006	0.0012	0	0.0142	0	0.6166
Top3pay/at	8006	0.0004	0.0003	0.0004	0	0.0062
Top3pay/sale	7885	0.0009	0.0005	0.0017	0	0.0438
Toppay/at	8006	0.0010	0.0007	0.0010	0	0.1033
Toppay/sale	7885	0.0022	0.0012	0.0037	0	0.1033
Emp3gap	7887	6.2264	4.4610	5.9733	0.1494	36.5421
Empgap	7887	2.3818	1.7277	2.1922	0.05560	13.2136

注：高管前三名薪酬总额 Top3pay 和（董事、监事和高管）薪酬总额 Topgap 的计量单位均为万元，其余变量的计量单位为比值。

数据来源：由 CSMAR 数据库上市公司公开数据计算整理而得。

表 3.3 报告了央企薪酬变量和地方国企薪酬变量的描述性统计结果，经过分析可得出以下结论：①央企高管薪酬总额和管理层薪酬总额均高于地方国企；②央企高管和管理层持股比例均低于地方国企；③央企与地方国企经资产或收入调整后的高层管理者薪酬相差不大；④央企前三名高管与普通员工、管理层与普通员工的薪酬差距均高于地方国企。这表明，央企高管人员获得了更多的薪酬回报、管理者与员工间薪酬差距也更大。

表 3.3　　　　央企和地方国企高管薪酬变量描述性统计

变量	样本属性	样本数	均值	中值	标准差	最小值	最大值
Top3pay	央企	1795	145.58	111.20	131.05	8.97	747.41
	地方国企	6211	107.23	75.00	114.12	8.97	747.41
Toppay	央企	1795	392.88	263.24	416.32	22.90	2303.40
	地方国企	6211	290.80	191.23	338.03	22.90	2303.40
Incentopman	央企	1795	0.0006	0	0.0061	0	0.1151
	地方国企	6211	0.0008	0	0.0105	0	0.3616
Incenman	央企	1795	0.0010	0	0.0092	0	0.2484
	地方国企	6211	0.0013	0	0.0154	0	0.6166
Top3pay/at	央企	1795	0.0004	0.0003	0.0005	0	0.0044
	地方国企	6211	0.0004	0.0003	0.0004	0	0.0062
Top3pay/sale	央企	1764	0.0009	0.0004	0.0020	0	0.0438
	地方国企	6121	0.0009	0.0005	0.0016	0	0.0362
Toppay/at	央企	1795	0.0010	0.0007	0.0011	0	0.0114
	地方国企	6211	0.0010	0.0007	0.0010	0	0.0191
Toppay/sale	央企	1764	0.0020	0.0010	0.0046	0	0.1033
	地方国企	6121	0.0022	0.0013	0.0034	0	0.0752
Emp3gap	央企	1774	6.6072	4.8248	6.3909	0.1494	36.5421

变量	样本属性	样本数	均值	中值	标准差	最小值	最大值
	地方国企	6113	6.1159	4.3489	5.8425	0.1494	36.5421
Empgap	央企	1774	2.4053	1.8248	2.2824	0.0556	13.2136
	地方国企	6113	2.3750	1.7307	2.1655	0.0556	13.2136

注：高管前三名薪酬总额 Top3pay 和（董事、监事和高管）薪酬总额 Topgap 的计量单位均为万元，其余变量的计量单位为比值。

数据来源：由 CSMAR 数据库上市公司公开数据计算整理而得。

　　图3.1~图3.4分别描绘了2003~2012年国有企业全样本、中央企业和地方国企分样本管理者薪酬（Top3pay、Toppay）以及管理者与员工薪酬差距（Emp3gap、Empgap）的变化趋势图。图3.1~图3.4显示，管理者薪酬总额随年份递增而逐渐提升，2006~2007年迅速增大，但受到2008年金融危机的影响，增长速度逐步放缓。高管前三名与普通员工薪酬差距基本呈向上增长趋势，同样受到金融危机影响于2008年迅速回落，随后又小幅反弹，但随着2009年限薪政策的密集颁布，增长速度逐渐变缓。在央企与地方国企各变量的时间演变趋势来看，央企管理者薪酬同地方国企管理者薪酬变化趋势基本一致，整体表现出较强的增长态势，2006~2007年时间段较为突出，后遭受金融危机冲击薪酬增长速度下降，2009年后又向上反弹。而央企管理者与员工薪酬、地方国企管理者与员工薪酬差距变量时间变化趋势则表现得略有不同，如图3.4所示，2007年附近是一个转折点，该点之前，地方国企管理者员工薪酬差距要明显高于央企，但跃过此点后，发生逆转。央企管理者员工薪酬差距显著高于地方国企，呈现出向上扩大的明朗态势，但由于受到国家薪酬管制的影响于2009年迅速下降，但向下波动的持续性较弱，2010年后管理者薪酬与员工薪酬差距进一步扩大，但扩大的速率显著减弱，表明以薪酬差距为考核点的薪酬管制政策确实起到了一定的效果，但也存在一定的不足，譬如薪酬差距下降的冲量不足，持续性较

差，容易造成反弹，这说明薪酬管制政策的好坏需要用时间来检验，薪酬问题不是一朝一夕、一蹴而就能解决的，而需要长时间正确地合情处理，同时，这也为政府相关部门对薪酬管制政策的后续执行与监管敲响了警钟。

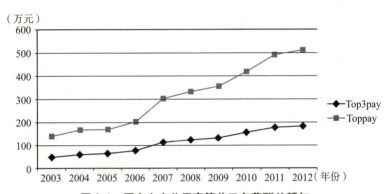

图3.1　国有上市公司高管前三名薪酬总额与
（董事、监事和高管）薪酬总额年份变化趋势

资料来源：由 CSMAR 数据库上市公司公开数据计算整理而得。

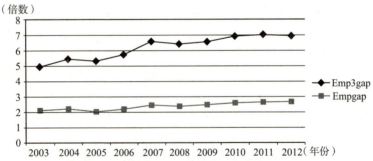

图3.2　国有上市公司高管前三名薪酬总额平均值和
（董事、监事和高管）薪酬总额平均值分别与普通
员工薪酬差距平均值的比值随年份变化趋势

资料来源：由 CSMAR 数据库上市公司公开数据计算整理而得。

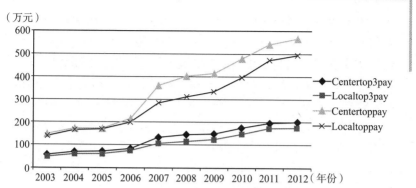

图3.3 央企和地方国企管理者：高管前三名薪酬总额和
（董事、监事和高管）薪酬总额分别随时间变化趋势

资料来源：由 CSMAR 数据库上市公司公开数据计算整理而得。

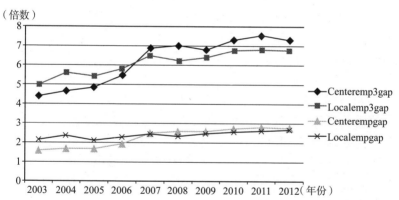

图3.4 央企和地方国企管理者：高管前三名薪酬总额
平均值和（董事、监事和高管）薪酬总额平均值分别与
普通职工薪酬平均值的比值随时间变化趋势

资料来源：由 CSMAR 数据库上市公司公开数据计算整理而得。

（2）行业薪酬比较

表 3.4 和图 3.5~图 3.6 分别反映了国有上市公司根据 2001 年
证监会《上市公司行业分类指引》划分的 13 个主要行业中 2003~

2012 年管理者薪酬激励与管理者员工薪酬差距的描述性统计与分布情况。笔者比较了不同行业各主要变量的均值，如表 3.4 所示。①高管前三名薪酬总额最高的五个行业依次为金融保险业、房地产业、综合类、采掘业与批发和零售贸易业，相应金额分别为：479.57 万元、194.67 万元、147.88 万元、143.35 万元和 137.22 万元；②董事、监事和高管薪酬总额最高的五个行业顺次为金融保险业 1560.60 万元、房地产业 581.30 万元、采掘业 465.22 万元、传播与文化业 404.31 万元和建筑业 384.72 万元；③高管前三名与普通员工薪酬差距最高值位于前五名的分别为金融保险类、综合类、采掘业、农林牧渔业、批发和零售贸易业，相应比值分别为 11 倍、8.5855 倍、7.4188 倍、7.2183 倍和 7.2183 倍；④董事、监事和高管薪酬与普通员工薪酬差距最高的前五位，依次为采掘业 3.308 倍、综合类 3.0514 倍、金融保险类 3.013 倍、农林牧渔业 2.863 和房地产业 2.6782 倍；⑤高管前三名最高的行业（金融保险业 479.57 万元）与最低的行业（农林牧渔业 69.5 万元）相差 5.90 倍；董事、监事和高管薪酬最高的行业（金融保险业 1560.60 万元）与最低的行业（农林牧渔业 184.55 万元）相差 7.4562 倍；⑥高管前三名与普通员工的薪酬差距，所在行业最高值与最低值分别为金融保险业 11 倍和电力、煤气及水的生产和供应业 4.0949 倍，相差 1.6863 倍；董事、监事和高管与普通员工的薪酬差距，所在行业最高值与最低值分别为采掘业 3.308 倍和电力、煤气和水的供应 1.4874 倍，相差 1.2240 倍。

表 3.4　　　　　　　主要变量于不同行业间的描述性统计

行业名称	变量	样本数	均值	中值	标准差	最小值	最大值
A 农、林、牧、渔业	Top3pay	141	69.50	50.97	67.37	8.97	369
	Toppay	141	184.55	123.74	171.52	22.9	943.26
	Emp3gap	140	7.2183	4.1411	7.9694	0.3793	36.5421
	Empgap	140	2.8630	1.7667	2.9698	0.1231	13.2136

行业名称	变量	样本数	均值	中值	标准差	最小值	最大值
B 采掘业	Top3pay	263	143.35	119.00	120.79	8.97	747.41
	Toppay	263	465.22	355.40	430.47	32.00	2303.40
	Emp3gap	258	7.4188	5.5541	6.0932	0.6776	36.5421
	Empgap	258	3.0308	2.2229	2.6865	0.6055	13.2136
C 制造业	Top3pay	4485	97.28	69.70	99.40	8.97	747.41
	Toppay	4485	257.05	176.63	278.46	22.90	2303.40
	Emp3gap	4412	6.2974	4.6329	5.7131	0.1494	36.5421
	Empgap	4412	2.4527	1.8091	2.1184	0.0556	13.2136
D 电力、煤气及水的生产和供应业	Top3pay	507	100.72	86.41	62.36	8.97	553.14
	Toppay	507	256.04	209.56	177.21	22.90	974.58
	Emp3gap	499	4.0949	3.5433	3.5312	0.1494	36.5421
	Empgap	499	1.4874	1.2390	1.2105	0.0556	12.6434
E 建筑业	Top3pay	223	121.31	900.00	106.03	10.97	690.00
	Toppay	223	384.72	242.41	368.09	29.47	2281.82
	Emp3gap	216	5.33	4.2292	4.7343	0.1494	27.3951
	Empgap	216	2.1760	1.4819	1.9780	0.0556	10.4997
F 交通运输、仓储业	Top3pay	464	129.45	105.64	104.64	13.52	726.10
	Toppay	464	344.53	264.21	314.28	29.93	2144.10
	Emp3gap	457	4.6024	3.7433	3.5654	0.1494	33.2042
	Empgap	457	1.7626	1.3799	1.3915	0.0556	13.2136
G 信息技术业	Top3pay	379	113.96	84.00	95.71	8.97	747.41
	Toppay	379	271.80	2025.00	257.19	22.90	2303.40
	Emp3gap	374	5.1715	3.7706	4.8105	0.1494	36.5421
	Empgap	374	1.8420	1.3826	1.6824	0.0556	13.2136

续表

行业名称	变量	样本数	均值	中值	标准差	最小值	最大值
H 批发和零售贸易	Top3pay	587	137.22	96.60	121.29	8.97	747.41
	Toppay	587	350.59	267.99	322.03	22.90	2303.40
	Emp3gap	583	6.7452	4.5788	6.6184	0.1925	36.5421
	Empgap	583	2.5522	1.8344	2.4112	0.0673	13.2136
I 金融、保险业	Top3pay	111	479.57	492.70	251.60	30.93	747.41
	Toppay	111	1560.60	1758.00	765.69	99.27	2303.40
	Emp3gap	111	11.00	7.7632	9.7245	0.6979	36.5421
	Empgap	111	3.0130	2.3707	2.5859	0.3287	13.1000
J 房地产业	Top3pay	250	194.67	124.74	185.50	22.96	747.41
	Toppay	250	581.30	358.76	621.06	35.41	2303.40
	Emp3gap	248	6.4893	2.8508	8.3771	0.1494	36.5421
	Empgap	248	2.6782	1.3131	3.2467	0.0556	13.2136
K 社会服务业	Top3pay	271	119.34	102.00	93.09	12.26	747.41
	Toppay	271	312.51	258.96	278.55	36.20	2303.40
	Emp3gap	269	6.5748	4.6160	6.1939	0.4450	36.5421
	Empgap	269	2.3837	1.6976	2.1774	0.2319	13.2136
L 传播与文化产业	Top3pay	39	130.41	106.60	67.81	45.68	268.49
	Toppay	39	404.31	252.48	299.62	120.71	1125.91
	Emp3gap	39	5.6832	3.9606	4.2073	0.9430	15.9599
	Empgap	39	2.2850	1.4803	1.8745	0.2397	7.1849
M 综合类	Top3pay	286	147.88	105.19	146.26	9.00	747.41
	Toppay	286	373.38	240.64	431.23	22.90	2303.40
	Emp3gap	281	8.5855	5.5726	8.5557	0.1494	36.5421
	Empgap	281	3.0514	2.2594	2.8792	0.0556	13.2136

注：高管前三名薪酬总额 Top3pay 和（董事、监事和高管）薪酬总额 Topgap 的计量单位均为万元，其余变量的计量单位为比值。

数据来源：由 CSMAR 数据库上市公司公开数据计算整理而得。

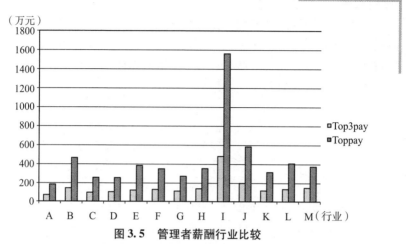

图 3.5　管理者薪酬行业比较

资料来源：由 CSMAR 数据库上市公司公开数据计算整理而得。

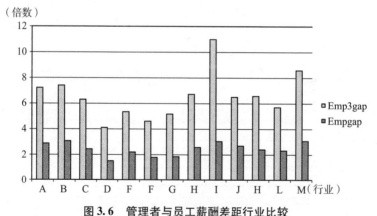

图 3.6　管理者与员工薪酬差距行业比较

资料来源：由 CSMAR 数据库上市公司公开数据计算整理而得。

　　表 3.5 报告了不同区域内国有企业管理者薪酬变量及管理者与普通员工薪酬差距变量的描述性统计，并以柱状图的形式对比了各变量的均值大小，如图 3.7、图 3.8 所示。笔者发现，经济发展水平较强、市场化程度较高的东部地区管理者薪酬水平也较高，中部

地区次之，西部地区最低；在薪酬差距对比中，高管前三名与普通员工薪酬差距东部地区最大，然后，为中部地区和西部地区，但全部董事、监事和高管人员与普通员工薪酬差距的比较中，中部略高于东部，西部薪酬差距相对最小。

表 3.5　　　　　　　　主要变量于不同区域内的描述性统计

区域	变量	样本数	均值	中值	标准差	最小值	最大值
东部 （East）	Top3pay	4560	139.59	100.00	135.38	8.97	747.41
	Toppay	4560	373.08	240.33	413.78	22.90	2303.40
	Emp3gap	4501	6.5035	4.4966	6.4993	0.1494	36.5421
	Empgap	4501	2.4260	1.7269	2.3279	0.0556	13.2136
中部 （Mid）	Top3pay	2210	84.60	64.97	81.47	8.97	747.41
	Toppay	2210	235.97	170.00	248.81	22.90	2303.40
中部 （Mid）	Emp3gap	2170	6.3293	4.6576	5.5995	0.1494	36.5421
	Empgap	2170	2.5045	1.8220	2.1605	0.0556	13.2136
西部 （West）	Top3pay	1236	84.02	63.95	87.15	8.97	747.41
	Toppay	1236	233.51	162.14	255.08	22.90	2303.40
	Emp3gap	1216	5.0172	4.0029	4.1714	0.1494	36.5421
	Empgap	1216	1.9992	1.6042	1.6148	0.0556	13.2136

注：高管前三名薪酬总额 Top3pay 和（董事、监事和高管）薪酬总额 Topgap 的计量单位均为万元，其余变量的计量单位为比值。

数据来源：由 CSMAR 数据库上市公司公开数据计算整理而得。

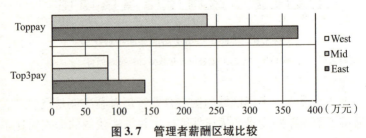

图 3.7　管理者薪酬区域比较

资料来源：由 CSMAR 数据库上市公司公开数据计算整理而得。

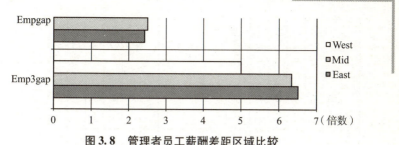

图3.8　管理者员工薪酬差距区域比较

资料来源：由 CSMAR 数据库上市公司公开数据计算整理而得。

（3）产权性质与垄断因素下企业薪酬的对比

表3.6对比了不同产权性质上市公司管理者薪酬和管理者与员工薪酬差距的均值差异，并进行了 T 值检验。结果显示：①国有企业前三名高管薪酬总额与非国有企业的相应值相差不大，但管理层薪酬总额显著高于非国有企业；②国有企业管理者与普通员工的薪酬差距，由于薪酬管制的存在，显著低于非国有企业；③央企管理者相比地方国企管理者拥有更为丰厚的薪酬回报；④央企管理者与普通员工的薪酬差距，显著高于地方国企。

表3.7分析了垄断因素在国有企业管理者薪酬及管理者与普通员工薪酬差距中所表现出的影响力。首先，垄断型国企较之竞争型国企，无论是高管前三名薪酬总额抑或董事、监事和高管薪酬总额都显著更高，但管理者与普通员工的薪酬差距却显著更低，笔者认为这可能受到两方面因素的影响：其一，垄断优势不仅为高层管理者带来了较高的薪酬激励，一定程度上也改善了普通员工的薪酬福利，可能使得高管、员工之间的薪酬差距得以缩小；其二，国有企业的薪酬管制政策可能会对垄断型国企管理者薪酬产生一定的抑制作用，高管层可能会响应政府号召有意识地缩减高管、员工差距。其次，垄断型国企与非国有企业相比，高管前三名薪酬及管理层薪酬总额均显著更高，而薪酬差距对比中均显著更低，表明垄断国企相比非国有企业拥有更高的薪酬、更低的薪酬差距。

表 3.6　主要变量于不同产权性质下的描述性统计

变量	国有企业 样本数	国有企业 均值	非国有企业 样本数	非国有企业 均值	T检验	中央企业 样本数	中央企业 均值	地方国企 样本数	地方国企 均值	T检验
Top3pay	8006	115.83	5271	113.74	0.98	1795	145.58	6211	107.23	12.12 ***
Toppay	8006	313.68	5271	289.73	3.79 ***	1795	392.88	6211	290.80	10.67 ***
Emp3gap	7887	6.2264	5205	7.5643	11.98 ***	1774	6.6072	6113	6.1159	3.05 ***
Empgap	7887	2.3818	5205	3.0237	15.51 ***	1774	2.4053	6113	2.3750	0.51

注：高管前三名薪酬总额 Top3pay 和（董事、监事和高管）薪酬总额 Toppay 的计量单位均为万元，其余变量的计量单位为比值。

数据来源：由 CSMAR 数据库上市公司公开数据计算整理而得。

表 3.7　主要变量于不同产权分样本间的描述性统计

变量	垄断型国企 样本数	垄断型国企 均值	竞争型国企 样本数	竞争型国企 均值	T检验	垄断型国企 样本数	垄断型国企 均值	非国有企业 样本数	非国有企业 均值	T检验
Top3pay	2661	130.44	5345	108.56	7.77 ***	2661	130.44	10616	111.13	7.41 ***
Toppay	2661	358.50	5345	291.37	7.90 ***	2661	358.50	10616	290.56	8.82 ***
Emp3gap	2619	5.6220	5268	6.5269	-6.35 ***	2619	5.6220	10473	7.0425	-10.38 ***
Empgap	2619	2.0320	5268	2.5557	-10.05 ***	2619	2.0320	10473	2.7883	-14.93 ***

注：高管前三名薪酬总额 Top3pay 和（董事、监事和高管）薪酬总额 Toppay 的计量单位均为万元，其余变量的计量单位为比值。

数据来源：由 CSMAR 数据库上市公司公开数据计算整理而得。

3.1.3　国企高管薪酬制度突出的问题

从上述对国有企业高管薪酬、普通员工薪酬的描述性分析中，笔者发现除制度变迁和传统计划经济体制导致的惯性因素对国企薪酬制度产生影响外，国有企业高管薪酬激励还存在如下突出的问题。

（1）高管任命行政主导痕迹重，薪酬市场化较难展开

处于市场化转型期的国有企业，高管薪酬体系的设计与管理仍遵循着行政主导的模式。中国职业经理人市场起步较晚，流动性、甄别性较差，个人能力与声誉无法通过完全竞争的市场环境传递出去，导致了人才选聘中的低效率与模糊识别。况且，国有企业的经理人市场在一定程度上受到政府的监管，大多数高管并非来自严格地层层选拔，而是由政府直接委派，其中，不乏管理经验缺乏、资质平庸的管理者；再者，某些高管还同时拥有行政身份，他们不仅是国有企业的管理者，更是具有行政身份的政府官员，"双重身份"不可能使他们全身心地投入企业的生产经营决策中，与业绩挂钩的薪酬激励可能不会对其起到积极地促进作用，政治晋升等行政奖励才可能是其努力奋斗的目标。当个人收益和政治抱负均不能实现时，其更可能利用手中权力攫取私利，甚至走向腐败和职务犯罪的道路。高管聘任的行政化，破坏了市场自发的人才选聘机制，也导致薪酬机制无法市场化。

（2）目标多元化，薪酬激励目标模糊

多元化的目标和多重社会责任的履行，使得利润最大化、企业价值最大化不再是国有企业追求的唯一标准，保障民生、促进就业、维护社会公平和稳定则成为国有企业政绩考核的主要指标。那么，国有企业在保值增值的同时，又要承担较重的社会责任，不可避免地舍弃了更多的经济资源以增大社会福利和保持社会安定，进而导致企业盈利能力的下降。高管究竟以何种目标为最终考核标准，是企业的盈利性还是社会责任？二者的权重又将如何？高管的

薪酬激励制度，又能否顺应并吻合国有企业的考核标准？对于我们来说，有很多未知数。因此，国有企业目标的多重性，高管任务完成后考核标准的双重性，又模糊了高管的薪酬激励目标，造成企业业绩与管理者努力程度之间的因果关系混乱不清。

（3）薪酬结构不合理，长期激励不足

高管薪酬结构，是由各种薪酬激励的类别、内容与所占比例大小构成的一个有机组合。高管薪酬结构的好坏，决定着整个薪酬体系的稳固及企业长远持续的发展。一般而言，合理的薪酬结构应做到短期激励与长期激励的有效融合，既要保证基本工资、奖金等短期激励的适宜配比、按时发放，又要保证股票期权、管理者持股、养老金计划等长期激励的推广实施。但现阶段，国有企业高管薪酬仍基本以短期激励为主，其中，固定薪酬比重大、业绩浮动薪酬比重小，结构单一；长期激励十分匮乏，多数国有上市公司未能实施股票期权激励机制，即便一些国有上市公司推行了股权激励计划，但效果甚微，个别上市公司甚至将其撤回。此外，与其他所有制性质企业不同，国有企业高管薪酬激励还有一个鲜明的特点，其不仅包括显性的货币薪酬，还包括较多的隐形福利，如在职消费、职位晋升等。在显性货币薪酬受到约束的情况下，隐形薪酬责无旁贷地成为国有企业管理者纷纷追逐的对象。虽然，中国相关的薪酬法规也对高管的职务消费进行了限定，但大都比较笼统，在职消费的量化与评定的困难性也阻碍了我们对证据的进一步获取。另一方面，具有行政职务的高管在现有收益和政治前途中选择了后者，不断增强的政治动机弱化了货币性薪酬对高管的激励。

（4）高管考核指标简单，奖惩机制不健全

国资委颁布的中央企业负责人经营业绩考核暂行办法及其修订文件指出，对负责人年度经营的考核应以年度利润总额（2003年，2009年）、净资产收益率（2003年）与经济增加值（2009年）指标为主，任期内经营业绩考核要依据国有资产保值增值率（2003年，2009年）和三年的主营业务收入平均增长率（2003年）、主营业务收入平均增长率（2009 年）来制定。不难看出，高管业绩考核指标主要以会计利润为主，而财务报表中的会计业绩反映的是历史信息，虽然稳健可靠，但无法反映企业现在的市场价值，并且以会计业绩为基础的考核指标容易造成管理者的短视行为，虚增利润、"洗大澡"等盈余管理行为较为常见，对企业的长期发展具有负面的影响。因此，对高管的考核指标除了要继续重视现有的盈利评价指标外，还要引入较多的关注企业长期成长性、企业长期价值的指标。

高管薪酬与企业业绩相挂钩的薪酬体系，不仅要做到考核标准、考核过程公平合理，更要重视考核结果的公开公正。经济发展水平的提高、市场化进程的加快，促使高管薪酬与企业业绩的联系愈发密切，形成了"业绩增、薪酬涨"的稳固格局，但遗憾的是，当业绩下降时，高管薪酬并未如期显著下降，由此产生了薪酬随业绩变动的非对称现象，并揭示出国企高管奖惩机制的不平衡，尤其体现在企业业绩变差，而高管并未受到相应的薪酬惩罚上。"只奖优、不惩劣"的薪酬制度，容易使高管存在侥幸心理，诱发其实施虚增利润的盈余操纵行为，这不仅对普通职工利益、企业价值造成损害，更违背了和谐公平的薪酬设计理念。同时，也从侧面反映出中国相关法律法规和监督措施的不力，事前未能对高管行为进行正确引导、事后未能及时对高管失职进行有效查处，来自市场和内部治理结构的约束也较为薄弱。

（5）垄断型国企与竞争型国企不能区别定价

国有企业中的垄断国企相比其他类型的国企掌握了更多的经济资源和政治优势，形成了高额的垄断利润，其高管人员也因此获得了较为丰厚的薪酬回报，很多企业中的高管薪酬已远远超过国家规定的高管员工薪酬差距的特定倍数，并且一直居高不下。而与之形成鲜明对比的是，一些国有企业中高管薪酬水平却普遍较低、激励不足，有些高管甚至"零薪酬"。"天价薪酬"与"冰点薪酬"共存的混乱现象，引起了社会公众的广泛热议。那么，中国国有企业高管薪酬是否应该不加区别地统一定价？抑或应该根据企业经营特点、行业属性实施针对性地薪酬管理制度？笔者认为，中国国有企业数量众多，但行业属性与经营规模有较大的区别，譬如电力、电信、铁道、民航、邮政、石油、金融和军工等关系国计民生的重要行业，因其固有的自然垄断属性或较强的外部性和战略重要性获得了市场资源中的支配地位，并取得了超过市场平均水平的超额收益，对这些企业引入市场竞争机制有较大困难，同时也不切合实际。我们只能根据中国当前具体的国情深层分析各个领域行业的走向、改革力度及政府行政控制的程度来作出符合国情民意、顺应经济发展潮流的优化决策，切忌不分轻重缓急、激进式的改革跃进。而对于处于竞争性行业的国有企业来说，逐步引入竞争机制，实行政企分开、促进股权多元化、鼓励民间资本的驻入对于提高国有企业的运转效率，增强国有企业活力，改善高管人员物质生活水平以及完善薪酬激励机制将有积极地促进作用。

3.2 管理层权力积聚的现实背景分析

3.2.1 管理层权力产生的根源

（1）内部公司治理机制的不健全

完善的公司治理机制，不仅要在形式上设立董事会、监事会等必备权力监督机构，更要在实质上保证其履行相应的职责，对管理层的权力进行及时的调整控制，既不压制权力的有效行使，又不导致权力的滥用，确保权力运用过程中的合理合法。委托代理理论指出，董事会与监事会的独立性，是规制管理层权力膨胀的重要因素。一旦独立性无法满足，管理层权力便会因监管缺乏而失去束缚。

2006 年 1 月 1 日起实施的《中华人民共和国公司法》明确规定，董事会成员要由股东大会选举产生，有限责任公司设置董事成员人数一般应在 3～13 人，两个以上的国有企业或两个以上的其他国有投资主体投资设立的有限责任公司，董事会成员中应当包含由公司职工代表大会、职工大会等其他形式民主选举产生的公司职工代表。有限责任公司设置监事会，成员不得少于 3 人（规模小的有限责任公司，可以设 1～2 名监事，不设监事会），监事会应当包括股东代表和适当比例的公司职工代表，且职工代表的比例不得低于 1/3，高级管理人员不得兼任监事。但实际操作中，却存在一定程度的偏离。首先，董事会成员的提名主要由大股东主导，企业高管选聘的决策权也由大股东控制，这样选举出的董事与管理层都服务于大股东，二者选取标准的相似性和利益目标的趋同性使得董事会较难独立发挥监管效力，导致董事会成为内部人控制的董事会。虽然根据规定，董事会中必须设有一定比例的独立董事，但他们多来自理论界或实务界的专家学者，并非全职参与企业的生产运作，由于精力和时间的制约，他们可能无法全身心投入，因此，董事会可能难以对管理层进行有效的约束和监督。同样，现实中监事会成员的监管机制也存在一定的漏洞。主要表现在以下几个方面：第一，监事会成员的提名大多由董事或高管控制，选聘出来的监事很可能成为他们的亲信；第二，监事虽具有对董事和高管人员的监督权力，但后续工作的保障措施并未跟上，易导致监事权力的虚设；第三，缺乏对监事会成员的二次监督。由于监事不在公司获取薪酬，这难以激起他们尽职的服务意识，此外，大多上市公司中并未确立对监事的考核机制，如果其不作为，我们无法观测，也难以对其行为进行评判。因此，上述情景下监事会的监管功效并未得到有效释放。

（2）外部市场运行环境的非效率

外部市场运行环境，主要包括控制权市场、债权市场与产品市场。拜伯切克和弗里德（Bebchuk，Fried，2004）指出，一个有效地控制权市场或股权市场可被视作联系高管与股东利益的重要纽带，能够对管理层权力形成有效制约。在控制权市场上，通过收购兼并、代理权争夺、直接购买股票等方式实现控制权的交易和转移，可以形成对不良管理者进行替代的持续性外部威胁。2005 年，中国开始的股权分置改革，一定程度上改变了资本市场的运行格局，对上市公司控制权市场的发展起到积极地推动作用，但不容忽视的是，上市公司高管的选聘、惩戒与解聘机制与控制权市场缺乏紧密的关联，控制权市场未能有效地甄别管理者的技能，惩罚机制薄弱，未能有效地筛选出绩效差的企业，通过替换高管人员而改善其公司业绩，同时控制权市场对管理层权力的规制效力也较为有限。首先，由于特殊的股权结构和相关法律法规的欠缺，中国上市公司内部人控制现象十分严重，对于数量众多的国有上市公司而言，其独特的"一股独大""所有者缺位"现象，使高管无形中获得较大的权限，加之其任免权主要由上级行政部门掌控，实际上剥夺了控制权市场对国企高管的任命权；其次，中国证券市场中流通股与非流通股并存的二元结构长期存在，非流通股高度集中无法自由交易，如果享有该部分股票的控股股东不愿出让，控股权将无法转移。尽管中国股权分置改革已基本完成，但内部人较高的持股比例一定程度上决定着"股改"后的一段时期仍存有大量的限售流通股，对公司高管而言，源自外部控制权市场的接管与收购风险依旧较小，对其权力的监管效果较弱。

由于中国控制权市场起步较晚，债权市场在较长时期成为公司融资的重要场所，多以银行、其他金融机构、财务公司等提供的商业贷款为主。着重考察企业日常现金流的运转能力、盈利能力、偿债能力等核心指标，各种债务性条款的确定与执行对管理层权力的行使也起到一定的约束作用。但近年来，随着融资渠道的不断拓展，融资方式的多样化，银行业等金融机构也在深化改革，为了吸引、争夺和留住优质客户，开发潜在的资源型客户，其纷纷采取措施，并对管理层给予一定的优惠，其提供的信贷协定与补充性的条款对管理层的强约束也已相对弱化，一定程度上助长了管理层权力的膨胀。

传统经济学理论认为，市场竞争能够建立企业优胜劣汰的机制，实现社会资源的优化配置。施莱费尔和威施尼（Shleifer, Vishny, 1986）研究指出，产品市场的竞争增大了企业破产的可能性，从而有力地激发了管理者努力经营以降低企业破产风险的斗志。由于信息不对称的客观存在，管理者的努力程度无法直接观测，只能通过企业绩效间接反映，因此，激烈的产品市场竞争环境能够督促管理者敬业工作，增大企业利润。然而，产品市场更多的是关注企业的整体销售水平和利润总额，高管获得的利润分配可能不会对该公司的经营产生过大影响（陈修德，2012），故企业对管理层获得的收益分配并未强加干预，这可能为管理层通过权力谋取高薪酬提供了契机。即使此时的薪酬安排可能较大程度地损害了企业业绩，但为了获取诱人的利益回报，高管很可能会铤而走险。事实也证明，实施此种行为对产品市场的总体影响相对较小。因此，产品市场对管理层权力的约束效果也并不明显。

3.2.2　不同产权性质下管理层权力的表现

中国企业管理层权力的形成，除了部分可以用西方学者提出的管理层权力理论予以阐述外，更多的是植根于中国特有的文化与经济背景，其中，差异化的产权性质天然决定了国有企业与非国有企业管理层权力的外在表现与内在机理存在着显著区别。

在高度集中的计划经济体制下，国有企业凭借政府的"父爱主义"（Paternalism），获得了其他企业无可比拟的优势，"平均主义思想""铁饭碗"的盛行、奖惩机制的匮乏成为当时国企运行的真实写照。国有企业更多时候是扮演着政府行政指令的宣传者和执行者，其具体行为则直接体现了政府的意志，严重缺乏自主经营权。随着国企改革的不断深入和现代企业制度的确定，政府权利逐步被下放，企业自主权与经营权也随之提升，尤其是两权分离以来，管理层权力得到不断扩大，而公司内部董事会、监事会监督机制的失衡和监督效力的弱化，又进一步助长了权力的滋生。可以说，政府放权让利的改革过程，亦是国有企业管理层权力逐步累积攀升的过程。而政府的"父爱主义"，可能对改革过程中存在的一些问题（譬如，规范国企高管的行为、约束管理层的权力等）并未采取有效的惩罚措施，从而进一步增强了高管向上的权力粘性。

此外，国有企业的产权性质也天然决定了其无法从根本上清除所有权缺位的内生现象，导致了管理层权力的滋生。从形式上来看，国有资产管理委员会接受全国人民的委托对国有企业进行监管，而国有企业则通过选聘上来的高管对企业日常生产经营进行运作，故实质而言，高管人员才是国有企业的终极代理者，此时，双重委托代理关系衍生出的代理问题与产生的代理成本十分突出，特别地，在大股东治理功能薄弱、公司内部监督机制失衡、国有产权缺位的前提下，高管将间接成为事实上的控制人，对于官本位或具有政治关联的高管，其对权力的获取更具有不可比拟的便利性。可见，不解决产权缺位、不触及核心利益的改革，将无法从根本上撼动国企内部的收益分配机制，导致剩余索取权和控制权掌握在内部人手中，而高管则成为内部人中的最大获益者。

改革开放的渐次深入，市场机制的逐步完善，也为非国有企业的发展创造了良好的经济与政策环境。以民营企业为代表的非国有企业，在规模、利润水平上都取得了迅猛的发展。卢锐（2008）指出，与国有企业高管相比，民营企业高管对权力追逐的欲望更加强烈。民营企业可能源于特定的血缘关系和朋友关系建立起来，这种基于特定关系形成的组织在利益诉求上具有较大的趋同性，他们在企业中占据了董事会和管理层的多数席位，对整个企业具有较强地控制能力（纳超洪，2009；陈修德，2012）。一旦上述成员兼任公司董事长、总经理等重要职位，其权力可能超过公司规定的最大限度，凌驾于公司权力制约机制之上。此外，尽管民营企业会从职业经理人市场挑选优秀的管理者进入公司管理层，但双方的价值取向、经营理念可能存在一定的偏离，加之民营企业更加推崇家族或亲情文化，一般倾向于将自己信任的亲戚朋友安排在管理层中的重要职位以消减外部管理者的经营风险，由此可见，民营企业管理层的权力可能在创立者的自发思考与决策中被显著放大。

3.3

基于高管薪酬契约的盈余管理动机分析

所有权与经营权的逐渐分离、市场进程的逐步加快、公司治理机制的不断完善，也在客观上推动了高管薪酬制度的确立与发展。根据最优契约理论，适宜的高管薪酬激励可以有效地缓解股东与管理者的代理冲突，降低代理成本，实现双方利益的共赢。而薪酬契约的确立又一般以企业盈余为基础，力求建立高管薪酬与企业业绩密切捆绑的机制来调动管理者的积极性，为股东效用最大化服务。在各种业绩指标的计量与评价中，会计盈余以其通用性、直观性、数据获取的便利性成为股东设计薪酬契约的主要标准，因此，以会计盈余为基础定价的高管薪酬契约在中国上市公司中被广泛应用。近些年，国内学者的大量实证检验也证明了，高管薪酬与公司会计业绩具有显著的正相关关系（杜兴强，王丽华，2007；辛清泉，谭伟强，2009；方军雄，2009）。然而，基于理性人的经济假设，每个人均有实现个人效用最大化的价值倾向，为了聚集更多的财富，管理者凭借自身的信息优势，利用公司内外部监管不力的漏洞，很可能会采取短视行为，通过变更会计政策、会计估计或构建真实交易来操纵盈余，肆意调增或调减，以期谋取私利。

由于中国上市公司大部分由国有企业改制而来，"产权缺位""内部人控制""一股独大"等历史遗留问题仍较为严重，管理者相对缺乏有效的监督，在一定程度上为其攫取私利创造了空间，易于诱发其薪酬激励下的盈余管理行为。在盈余管理方式的选择上，高管更倾向于成本低、可实施性强、对企业业绩损害程度较小的应计制盈余管理，对成本高、公司价值损害度较强的真实活动盈余管理手段的运用仍保持谨慎态度（李增福等，2013）。随着国有企业管理层权力的扩大，直接由权力导致的高管薪酬的增加将会一定程度阻碍高管实施盈余管理的动机（王克敏，王志超，2007），因为，此时由权力提升薪酬所付出的成本，将远低于运用盈余管理方式所需承担的成本。再者，考虑到国有企业经营目标的多元化，社会责任与政治责任多重履行的特殊治理背景，管理者在兼顾企业利润指标和自身收益的同时，亦会思考个人职位晋升等政治诉求，在上级主管部门政绩考核时期，一般不会冒着操纵利润的风险而实施盈余管理，因为此时运用权力对薪酬的调节行为可能更为隐蔽。

3. 4

薪酬管制背景分析

市场化进程的提高、国有企业改革的逐步深入促使国企薪酬制度日益成熟，已基本建立起基于业绩考核的薪酬激励机制，高管薪酬与企业业绩的敏感性也逐渐增强（辛清泉，谭伟强，2009；方军雄，2009），但同时也暴露出与宏观经济增长相悖的薪酬畸高、薪酬与业绩倒挂、高管与普通员工薪酬差距过大等不公平现象，为国企薪酬治理增加了难度。特殊的产权背景，决定了国企高管薪酬治理的异质性，也使其区别于主要依靠市场力量调节薪酬的非国有企业，那么，国有企业薪酬问题将如何解决？如何打破藩篱寻找到适合自身发展的优化路径？在理论与实践的不断探索中，国有企业相继制定和颁布了系列的薪酬规范条例、办法和指导意见，采取了明晰薪酬结构、确定薪酬（基本年薪和绩效年薪）比例、加强任期内业绩考核等措施对高管薪酬的总量进行限高，通过一定的薪酬管制手段来遏制超高薪酬的出现，规范职务消费等隐形福利以减小企业内部、行业和地域不同层级的薪酬差距，缓解薪酬问题引发的社会矛盾。下文将重点从薪酬管制的原因、中国国有企业薪酬管制原因的理论层面和经济后果层面进行分析阐述。

3.4.1 薪酬管制的原因

薪酬管制重在对薪酬制度的监管与规范，其中，管制（Regulation）是一种特定主体为达到某一目的而实施的专属行为。《新帕尔格雷夫经济学大词典》（*The New Palgrave：A Dictionary of Economics*，1987）将管制定义为政府因控制企业的价格、销售和生产决策而采取的各种行动，意在制止那些不充分重视社会效益的私人决策。政府通常以命令的方式或以制裁为手段，对个人或组织的自主决策实施强制性的干预，以实现改变或控制企业经济活动的目的（Samuelson，1992；Viscusi et al.，2004）。管制的起因分析，主要源自西方的"公众利益理论"和"利益集团理论"。公众利益理论在早期的管制经济学中较为流行，认为政府管制是解决市场失效问题的最佳途径，可以减少或消除因市场失效而导致的无效率，主要应用于成本与垄断（Locklin，1933）、价格歧视与管制研究（Friedman，1979）。然而，实证分析方法的崛起，对该理论的有效性产生了较大的冲击，以电话和电报行业为例，阿弗奇和约翰逊（Averch，Johnson，1962）研究发现，政府管制不但不能最小化社会成本，反而更易滋生垄断。随后，麦卡沃伊（Macavoy，1970）和斯蒂格勒（Stigler，1971）等的研究进一步对"利益集团理论"提出质疑，并逐渐发展成与之相对立的"利益集团理论"。该理论认为，某些经济利益集团有通过公众资源和公共权力提高经济效益的动机，而掌握社会资源终极分配权的政府可以通过手中权力制定符合该集团利益的管制条款，此时管制行为可能是该集团的主动诉求抑或政府的强制施压，但被管制者往往能获得较好的利润提升空间，而政府则被利益俘获成为该集团的"合伙人"参与利润分配。故"利益集团理论"又被称为"管制俘虏理论"，该理论也对政府管制以及管制范围的合理性提出挑战。派特斯曼（Peltsman，1976）和贝克尔（Becker，1983）从政府管制经济学意义上的均衡性角度，对斯蒂格勒（Stigler，1976）的观点进行拓展，从而突出并丰富了政府管制在政治领域的具体应用。

3.4.2　中国薪酬管制原因的理论分析

依据政府管制的经济理念与政治内涵，来分析指导中国的国企高管薪酬制度，并以政府强大的政治权利为后盾对企业高管人员的薪酬实施直接干预，对抑制和减少薪酬异象，规范高管个体行为、促进薪酬制度的完善具有一定的理论意义和实践价值。但由于国情、政治与经济制度背景的显著差异，西方国家的政府管制理念并不完全适合中国的土壤。中国国有企业的制度背景和目标导向，又使其高管薪酬管制显著区别于其他国家，主要可归结为以下几点：

（1）所有权性质与目标理念的客观约束

首先，国有企业是建立在社会主义全民所有制基础上的一种生产经营组织形式，兼具盈利性与公益性的特点。政府名义上作为国有企业的掌控人，实质上是以代理人的身份为广大人民群众的切身利益服务，而高管人员作为国有企业的代理人，也应该以全体公众的利益最大化为终极目标，同时接受人民群众的监督检验。与在市场化土壤成长起来、私有产权得到有效保护的非国有企业不同，国有企业的薪酬分配受制于特定的所有权性质，不能完全按照市场定价，并且高管薪酬制度作为收入分配领域的一项重要内容，社会关注度极高。如若高管人员的薪酬定价与自身能力贡献不符、与企业业绩脱离，那么，不仅国有企业的价值会下降，最终全体民众的利益也将受到损害。黄再胜和王玉（2009）指出，转型期政府对国有企业初次收入分配具有强烈的公平偏好，政府主管部门的这种公平偏好内生于转型期因收入分配失衡凸显而引发的社会压力机制。因此，政府部门存在着对国企高管薪酬进行管制的冲动或倾向，究其深层根源，国有企业的所有权性质起到决定性的作用。

其次，国有企业的目标理念也助推了薪酬管制的实施。睢国余和蓝一（2004）认为，政府的目标具有多重性，譬如为社会提供产品和服务、实现资本的快速积累、充分就业、维护社会稳定，等等，但由于政府没有其他手段可以完成这些目标，故这些目标均被赋予国有企业，因此国有企业承担了过多的非利润目标，且未因市场化进程的提高而减少（陈冬华等，2005）。政府对国有企业施加的制度约束不仅具有所有者的特点，亦具备社会事务管理者的特点，这使国有企业显著区别于非国有企业，承担了自保值增值外的维护社会稳定、保障收入分配公平、减少财政赤字、促进充分就业的多重社会责任，因此，国有企业经理人所面临的薪酬管制源自于企业目标多元化下的行政干预，同时又折射出多元化的社会目标，相互依存、相互制约。

（2）管理体制的不完善与激励机制的不健全

陈冬华等（2005）认为，薪酬管制内生于国有资产的管理体制和政府部门的行政干预。党的十六大确立国有资产管理体制后，国有企业高管人员薪酬长期无人监管、放任自流的状况得到一定的改观。然而，国有企业中的多层次委托代理关系阻碍了信息渠道的畅通，致使处于信息劣势的政府部门无法低成本地观察到高管人员的努力程度以及国有企业的经营绩效，进而难以制定与高管能力业绩匹配的薪酬契约，容易导致薪酬激励不足或激励过度，产权不明晰，政府官员考核制度欠缺与董事会的不作为又使得事后的监督工作失去了有效性。另外，由于国有企业经理人市场的选聘制度尚未成熟，经理的个人才能不能完全通过竞争性的市场环境来检验，并且国企高管的选聘过程在源头上就具有一定的垄断性，很多高管人员来自行政任命，部分甚至缺乏管理经验，这一点与西方国家高度市场化的、声誉导向的、激励机制健全的高管聘任制存在显著差异。因此，国有资产管理体制及其决定的高管人员选聘制度的弊端与信息不对称下高管薪酬的非优化激励共同导致了一些高管的负面逐利行为，他们不仅获得了较高的显性薪酬，更享受了丰厚的职务消费，腐败的概率也相应提升。国有企业的目标多元化与政策性负担，又进一步模糊了企业绩效与高管努力之间的相关性，迫使政府采取"一刀切"的方式将国企高管的保留收入维持在薪酬允许分布的较低水平。加之，政府作为所有者的不可退出，于是，制定并实施整齐划一的薪酬管制几乎是政府作为股东的唯一解（陈冬华等，2005；黄再胜，王玉，2009）。

基于此，薪酬管制的提出与国有企业的发展相伴而生，其中，国有企业的所有制性质是决定国企高管薪酬管制的内生根源，国有资产管理体制的不完善、薪酬激励机制的不健全，又成为国企高管薪酬管制的外在表现。

3.4.3 薪酬管制的经济后果分析

围绕薪酬管制的经济后果研究，主要表现为薪酬管制对企业高管薪酬水平、会计业绩、市场业绩、薪酬业绩敏感性、薪酬粘性以及管理者具体行为决策的影响。例如，在职消费、高管腐败、低效率投资行为与盈余管理的运用等，但多数文献都对薪酬管制的有效实施提出质疑，建议放松或者有计划地调整薪酬管制政策。

陈冬华等（2005）选用1999～2002年沪深两市上市公司为研究样本，发现国有企业高管薪酬的总量与非国有企业基本持平，但高管与普通员工的薪酬差距要显著低于非国有企业，由于薪酬管制方案常常规定高管薪酬要与本企业员工平均收入的一定倍数相挂钩，故推测出国有企业可能存在薪酬管制的证据。陈信元等（2009）选择1999～2003年沪深两地上市公司作为研究样本，进一步证明了薪酬管制的存在，其不仅表现为国有企业内部高管与普通员工间的薪酬差异，还表现为高管团队内部各层级间的薪酬差异。市场化程度较高的企业，高管间的薪酬差异也应较大，但薪酬受到管制的企业，高管间的薪酬水平则应体现出平等均衡、整齐划一的特点。数据显示，尽管不同地域、行业、企业规模及其负责人的岗位职责约定了不同的高管薪酬标准，但各岗位间的薪酬差距较小，表明国有企业中很可能已经实施了薪酬管制的政策。

薪酬管制的存在，使得国有企业的目标由企业价值最大化转变为目标多元化，并导致企业业绩与经营者付出之间的因果关系变得模糊，一方面，薪酬管制引起的低货币薪酬对管理者可能难以起到和市场为基础的自由契约相媲美的激励作用；另一方面，薪酬管制引起的负面成本（如，在职消费等）可能要远高于货币薪酬，并超过管理者自我激励带给企业的租金增长，最终导致企业的租金耗散、业绩下降（陈冬华等，2005）。陈信元和黄俊（2007）分析了政府干预下的公司多元化经营，发现地方国企可能更多地出于政治目标和社会职能的考虑而进行多元化，从而降低了企业的绩效。陈冬华等（2005）使用股票的年市场回报率来表示公司业绩，相对薪酬（高管与普通员工的薪酬差距）表示薪酬管制程度，研究发现相对薪酬没有对公司业绩产生显著的促进作用，表明薪酬管制未能起到激励高管提高经济效益的动力，并降低了薪酬作为高管契约激励的运行效率。

薪酬管制除了能单独影响高管薪酬与企业业绩之外，还能显著干预高管薪酬与业绩的敏感性。蔡地和万迪昉（2012）研究发现，地方政府干预降低了由地方国资委所控制的国企高管薪酬业绩敏感性，但对当地由国务院国有资产监督管理委员会所控制的国有企业高管薪酬业绩敏感性并无显著影响。进一步地，薪酬管制还能延伸影响高管薪酬随业绩变动的非对称性，又称之为薪酬粘性。方军雄（2009）较早地发现，中国上市公司高管薪酬具有粘性特征，表现为业绩上升时薪酬增加的幅度显著高于业绩下降时薪酬减少的幅度。陈冬华等（2010）通过对中国国有非上市公司普通职工的工资情况进行分析，发现普通职工工资既有向下的刚性又有向上的刚性，且工资刚性不利于职工的激励，对企业业绩也产生了消极的影响。刘星和徐光伟（2012）指出，薪酬管制造成国有企业高管薪酬随业绩的升降呈现出向上或向下的刚性，薪酬管制能够显著减弱高管薪酬业绩敏感性，薪酬管制越强，高管薪酬向上的刚性越大，但没有证据表明薪酬管制进一步对高管薪酬向下的刚性产生影响。

笔者不否认薪酬管制的初衷和设计理念是良好的，但经济环境的波动、隐形机制及人为因素的存在可能使薪酬管制脱离了其运行轨迹的最佳状态，长时间的偏离和力度的累计导致薪酬管制出现了某种刚性特征，对薪酬契约的指导逐渐脱离实际，并诱发了管理者多元化的逆向选择，开辟了某些管制者无法察觉的灰色地带，出现了在职消费、职务腐败、利润操纵等牟利行为。当然，在职消费也包含合理的在职消费和非合理的在职消费，合理的在职消费能够调动管理者的工作热情和自我激励，但现阶段在中国国有企业改制背景下，在职消费的数量却只增不减，大大跃过规定的红线，形成了高额的"寻租"成本。陈冬华等（2005）研究发现，薪酬管制可能确实管住了货币化薪酬，但货币化薪酬可能只是高管薪酬体系中的一小部分，在更多的非货币化支付方式中，在职消费成为管理者的替代性选择。陈信元等（2009）更进一步发现，薪酬管制会滋生高管的腐败行为，薪酬管制与高管腐败发生的概率正相关。他们认为，薪酬管制实现了基于政府干预的多元化目标，却未必实现对经理人的"社会正义"，在法律上不合理的高管腐败，在经济学上却可能仅仅是处于规避薪酬管制行为的一种自然反抗。

薪酬管制下的货币性薪酬激励不足，除了诱发管理者使用多种替代手段外，更容易导致企业投资的低效率和盈余管理行为。辛清泉等（2007）研究发现，当薪酬契约无法对高管实施激励和价值补偿时，地方政府控制的上市公司存在着因薪酬契约失效而导致的过度投资现象。王新（2009）从盈余管理的角度，对政府实施薪酬管制的政策效果进行评价，作者结合中央政府与地方政府财政分权的特殊制度背景，针对经理人薪酬管制对盈余管理的影响进行了系统分析和探讨，发现经理人并非是现有政策的被动接受者，而是积极主动地通过操纵会计盈余来影响上级主管部门对其业绩评价和薪酬水平的设定，并进一步指出，薪酬管制对央企高管实施盈余管理的影响较地方国有企业更为显著，央企高管更容易采用操纵性应计平滑盈余，以减弱其在不同年份的波动性。

4

管理层权力与高管薪酬：实证检验

4.1
引言

　　现代企业制度下，所有权与经营权的逐渐分离日益暴露出股东与管理者在信息获取途径、信息处理能力、公司经营理念、权力影响深度、自身价值取向等多方面的决策偏差与利益冲突。如何有效地降低信息不对称、化解矛盾、减少代理成本，如何有效地激励与约束管理者个人行为，使其更好地为股东利益与公司价值最大化服务，已成为完善公司治理机制的重大命题。詹森和麦克林（Jensen，Meckling，1976）、詹森和墨菲（Jensen，Murphy，1990a，1990b）指出，适宜的管理层薪酬契约，可视为有效缓解股东与管理者代理冲突，降低代理成本及实现二者目标相容的一个最佳解决路径。这种从委托代理理论衍生出的、以注重薪酬契约安排、强调薪酬契约激励有效性的理论，称之为"最优契约理论"（Optimal Contract）。最优契约理论假设股东大会选举出的董事会能独立考核管理者的经营业绩，通过最优无偏的薪酬契约吸引、激励管理者最大化股东利益和公司价值，最大限度地将管理者薪酬与公司业绩挂钩来提高薪酬业绩敏感性。该理论成立的基础，取决于董事会的有效谈判、市场的有效约束及股东权力的正常行使（Bebchuk et al.，2002，2003，2004），然而，最优契约理论在公司治理实践中的具体操作往往脱离最佳状态，代表全体股东利益的董事会并不能充分行使薪酬裁定权，客观上纵容了管理层自定薪酬的利己行为，薪酬与公司业绩也并未呈现出明显的同向联动关系（Bebchuk，Fried，2004）。在中国，探讨上市公司治理水平、管理层薪酬问题的研究起步较晚，针对不同产权性质下薪酬契约结构、薪酬各组成部分的关联关系挖掘不深，而对薪酬水平与公司业绩间的连带关系也并无一致结论，这可能与中国特殊的资本市场环境、公司治理模式及信息披露制度的不完善有关。基于此，为深化企业体制改革、规范薪酬制度，证监会自1998年开始强制要求上市公司披露高管人员的薪酬信息。2003年以来，政府从宏观调控层面陆续出台了针对国有企业，特别是中央企业负责人经营业绩考核、薪酬管理、股权激励、职务消费等若干管理办法、条例、修订文件和指导意见，提出对企业负责人实行以业绩为导向的年薪制，规定央企负责人的整体薪酬由基本年薪、绩效年薪和中长期激励收益构成。基本年薪依据企业规模、收入状况、经营水平、所在地区、所处行业国有企业职工平均工资水平等因素综合确定，强调绩效薪金与年度经营业绩考核结果挂钩，试图缩小高管人员与普通员工的薪酬差距，积极探索中长期激励机制，不断完善对职务消费的监管与约束，这表明中国已经初步建立起央企负责人薪酬分配制度规范，从制度层面对高管薪酬与企业业绩的变动关系施加了正向影响，并陆续影响其他产权性质的不同企业，向业界传递出薪酬与业绩相匹配的良好信号，但是事实似乎并非如此，在高管薪酬大幅提升的同时，企业业绩并未呈现出应有的同比例增长态势，[①] 尤其在2008年金融危机爆发，各国经济普遍衰退的宏观背景下，中国管理层薪酬却有增无减，"零薪酬""天价薪酬"频繁曝光，与公司业绩倒挂的管理层薪酬逆增现象较为严重。一时，最优契约理论指导下的薪酬契约体系遭到理论家的纷纷质

---

① 参见王珍.《国企高管薪酬：双轨制下两难抉择》,《第一财经日报》, 2009 - 04 - 08 其中表示：2009年，已经公布的一些上市公司的年报显示，高管薪酬增长高于公司利润增长，甚至出现公司利润负增长而高管薪酬增长的"倒挂"现象。

疑，并引发学者们探寻隐匿在经济现象下的其他理论释义，而从管理层权力视角探究薪酬契约有效性的研究不断涌现。该理论提出，管理层会通过自身较强的控制权超越董事会的监管，干预操纵薪酬的制定过程，攫取权力租金，并最终会损害公司价值（Bebchuk，Fried，2003，2004）。与"最优契约理论"相仿，"管理层权力理论"植根于委托代理理论，认为管理层权力越大，对薪酬契约的影响力越强，自我裁定薪酬的动机就越明显，此时董事会的薪酬谈判能力、监督执行能力大幅降低。面对利益诱导，董事会很可能被"俘获"，放松对管理层权力"寻租"的监管，致使薪酬契约失去应有的正向激励效果，成为代理成本的一部分。

由于中国上市公司相当一部分来自国企改制，管理层大多由控股股东委派，总经理、董事长兼任现象较为普遍，股权集中，所有者缺位，内部人控制现象严重，容易形成高管自己聘用自己，自己监督自己的局面（方军雄，2009），管理层权力在缺乏有效监管的情况下被自由放大，利用权力"寻租"提升薪酬空间的动机较为强烈。然而，薪酬契约结构较为复杂，量化指标也具有多维性，先前学者对薪酬的研究多限于货币性薪酬，忽略了对隐形薪酬（魏刚，2000；罗宏，黄文华，2008；陈冬华等，2005，2010）、超额薪酬（Core et al.，2008；吴育辉，吴世农，2010）、激励性薪酬及薪酬差距（刘春，孙亮，2010）等问题的深入挖掘。而本章欲从薪酬静态、动态，薪酬公平性角度，结合产权性质，综合运用"最优契约理论"与"管理层权力理论"首先，考察管理层权力对高管薪酬体系的作用机理，检验管理层权力是否对显性薪酬、超额薪酬、隐形薪酬、薪酬差距施加影响，是否有通过自身权力增加显性薪酬、攫取超额薪酬、提高隐形薪酬、拉大企业内部管理层与普通员工薪酬差距的动机？随着管理层权力的增大，管理者是否有从显性薪酬过度到隐形薪酬的动机，二者的交互关系随管理层权力的变化又具有怎样的变动趋势？其次，进一步分析不同产权性质下管理层权力对薪酬业绩敏感性的冲击效果。最后，拓展了管理层权力对薪酬差距与企业业绩领域的研究，区别于其他学者单纯检验薪酬差距对企业业绩的作用效果，本书以管理层权力契入，结合产权性质，依次检验了不同强度的管理层权力对薪酬差距业绩敏感性的实施效果以及不同业绩水平下管理层权力对各产权分样本薪酬差距业绩敏感性的影响与对比研究。

本章利用 2004～2011 年沪深两地 A 股上市公司数据，以高管的行为决策与薪酬机制为逻辑起点，从公司治理层面探讨了不同产权背景下管理层权力、高管薪酬与公司业绩的相关关系，实证检验了公司治理中人本要素管理的突出问题及中国薪酬制度改革的实践效果，力求为不同产权公司高管薪酬制度的完善、公司治理效率的提高及公司业绩的提升提供理论依据与经验启示。本章其余部分安排如下：第二部分为文献回顾与理论假设，第三部分为研究设计与样本选取，第四部分为实证研究，第五部分为稳健性测试，最后，为本章小结。

4.2
文献回顾与理论假设

4.2.1　管理层权力与高管薪酬

最优契约理论，将薪酬契约激励视作缓解代理问题的一座天然桥梁（Jensen，Murphy，1990a，1990b），一份公平、合理、高效的薪酬契约能够提高管理者的积极性，主动减少道德风险与逆向选择，与公司业绩密切捆绑的薪酬契约更有利于管理者与股东的目标融合，实现双方财富的共赢。最优契约理论下，董事会在协调股东与管理者委托代理关系中起到良好的媒介作用，作为薪酬的制定机构，董事会的内部治理机制、执法力度至关重要。董事会成员能否保持独立性，积极履行自身职责，能否具备较强的与管理者讨价还价的能力（Bargaining power），能否公平有效地制定薪酬契约并完善后续监管机制，都不同程度地考核着最优契约理论的可适用性。拜伯切克等（Bebchuk et al.，2002）从管理层权力层面对董事会的有效性提出质疑，他认为 CEO 在提名董事过程中具有较大的影响力和控制权，会任命与之利益不相冲突的董事进入董事会。被提名的董事为了保住职位、利益需求及个人发展会迎合 CEO 或放松对 CEO 决策的监管，致使薪酬契约的制定朝着有利于管理者的方向发展。独立董事制度一般可认为用来制衡 CEO 权力，避免 CEO 的渎职行为，但由于没有足够的财务激励和信息渠道不够畅通，独立董事在 CEO 薪酬问题的监督上不会投放过多精力，高额的职场斗争成本及自身职业声誉的考虑也制约了独立董事挑战 CEO 的对峙行为。2003～2005 年，拜伯切克（Bebchuk）与其合作者陆续发表文章指出，最优契约理论在公司治理实践中存在诸多制约因素，不能有效地解决代理问题，转而从管理层权力视角分析委托代理关系，逐步形成管理层权力理论。该理论认为，现实中，管理层往往利用手中权力影响干预薪酬契约的制定与执行，通过利益诱导俘获董事会成员，与其结成利益同盟，提高薪酬水平或攫取超额薪酬来实现自身效用的最大化。拉姆波特等（Lanmbert et al.，1993）研究发现，当 CEO 在董事会中具有较高提名权时，其获得的薪酬也越高。科尔等（Core et al.，1999）通过研究 CEO 薪酬与所有制结构的相互关系，发现高管在弱势公司治理下会得到更高的薪酬。亚当斯等（Adams et al.，2005）运用理论推导与实证检验证实 CEO 权力与薪酬水平正相关。法伦布拉什（Fahlenbrach，2009）采用 CEO 从业年限、两职合一、董事会规模与独立性、机构投资者比例等指标来衡量高管权力，发现 CEO 权力越大，高管薪酬越高。莫斯等（Morse et al.，2011）发现，当董事会规模越大，由 CEO 任命的外部董事越多时，CEO 可以获得较高的薪酬。与国外的公司治理模型不同，中国上市公司尤其是国有上市公司由于制度缺陷普遍存在着因"所有者缺位""内部人控制"而诱发的管理层权力膨胀、操纵薪酬、利用权力"寻租"的问题。张必武和石金涛（2005）认为，如果董事会受制于高管，其监督机制就会形同虚设，很可能诱发高管自定薪酬。王克敏和王志超（2007）研究发现，高管控制权与薪酬水平正相关，当高管控制权缺乏有效约束与监督时，总经理权力"寻租"空间大幅提升。吕长江和赵宇恒（2008）实证表明，权力大的国有企业高管存在自定薪酬的现象，在获取控制权收益的同时提高了薪酬水平。吴育辉和吴世农（2010）研究显示，高管薪酬水平随其控制权增加而显著提高，对比国有公司，非国有公司的高管更利用其控制权来提升自身的薪酬水平。故提出假设1：

假设1：在其他条件既定的情况下，管理层权力越大，其获取的显性货币性薪酬越高。

单纯地从静态薪酬水平考量薪酬契约的适用情况，并不能全面反映薪酬契约设置机制的合理性。不同区域、不同行业、企业规模、偿债能力、经营业绩与运行环境等因素，都在一定程度上左右着薪酬水平（Core et al.，2008；吴联生，2010）。因此，从动态薪酬角度，考察由正常经济因素决定的、利用模型推导出的高管超额薪酬，能够辅助性地评判薪酬契约的公平性与稳健性。拜伯切克和弗里德（Bebchuk，Fried，2004）指出，在薪酬契约的实践过程中，管理者随着权力膨胀，有强烈的动机操控薪酬，使其获取的实际薪酬有高于由经济因素决定的合理薪酬水平的迹象。权小锋等（2010）、代彬等（2011）、陈修德（2012）研究了高管权力与超额薪酬间的关系，表明管理层凭借权力获取了较高的超额薪酬。基于以上分析，提出假设2：

假设2：在其他条件既定的情况下，管理层权力越大，其获取的超额薪酬越大。

拜伯切克和弗里德（Bebchuk，Fried，2002）指出，愤怒成本（Outrage costs）和伪装（Camouflage）构成管理层权力理论的两大基石。外部利益相关者对薪酬缔约过程的质疑与抱怨，会使董事与管理层局促不安（Embarrassment）或使其声誉受到损害，并可能导致股东在管理层代理竞争（Proxy contests）及收购竞拍中（Take-over bid）减少对现任管理层的支持率。为避免或降低愤怒成本，管理层具有强烈的动机通过伪装隐藏权力租金，使外部利益相关者相信这是在最优契约安排下的行为结果。在薪酬管制与信息披露制度的强约束下，隐形薪酬成为管理者谋取福利的又一选择，其表现形式有多种，主要包括职务消费（Jensen，Meckling，1976；Yermack，2006；Rajan，Wulf，2006），养老金计划（Bebchuk，Fried，2004；Bebchuk，Jackson，2005）及补偿协议（Severance agreement，Yermack，2006）。叶马克（Yermack，2006）认为，CEO 在大型公司中倾向于增加对私人飞机配置的比率，享受职务消费，该费用与高管的薪酬、持股比例关联不大，但却与 CEO 的某些个人特质相关。拉詹和沃夫（Rajan，Wulf，2006）研究显示，在职消费对经理人起到积极的正面激励作用，可以提高管理层的工作效率。在中国上市公司特殊的产权治理背景下，由于薪酬管制的存在，显性薪酬水平相对偏低，寻求隐形薪酬的动机较为强烈，特别是国有企业的在职消费问题甚受关注。陈冬华等（2005）基于中国国有企业存在薪酬管制的特殊背景，对上市公司高管人员的在职消费行为进行理论分析和实证检验，发现在职消费内生于国有企业面临的薪酬管制约束中，成为国企管理者的替代性选择。卢锐等（2008）通过研究管理层权力、在职消费与产权效率间的关系，发现管理层权力大的企业，在职消费更大，相对国有控股上市公司，非国有控股上市公司的管理层权力更大，管理层在职消费更高。证明在职消费容易成为管理层获取控制收益，弥补自己薪酬损失的一种"寻租"手段。权小锋等（2010）探讨了不同产权下管理层权力与其获得的私有收益间的相互关系，发现国有企业高管权力越大，其获得的私有收益越高，央企高管偏好隐形的非货币私有收益，而地方国企高管更偏好显性的货币性私有收益。树友林（2012）研究表明，高管权力对其在职消费水平具有显著的正向影响，高管货币报酬与在职消费并不存在显著的替代关系。

假设3：在其他条件既定的情况下，管理层权力越大，其获取的隐形薪酬越大。

假设4：在其他条件既定的情况下，管理层权力的增大促使管理者在显性薪酬与隐形薪酬上作出选择。

综观薪酬研究的发展脉络，构建整体的薪酬契约体系是未来发展的一个重要趋势，这需要我们不仅关注薪酬设置的合理性，更要关注薪酬履行的公平性，以便更好地发挥薪酬制度在公司治理实践中的激励作用。改革开放以来，中国社会财富、综合国力显著增强，随之产生的财富分配不均、两极分化、收入差距过大等问题日益加剧。随着上市公司改制的不断深化，薪酬的层级分化现象十分突出，不同产权、行业背景下高管与普通员工间的薪酬差距也在扩大，容易激化员工间的矛盾，影响企业团结，并对股东利益、公司价值产生逆向冲击，特别在高管享有企业内部资源配置的控制权，管理层权力不断增长的特定情境下，基于对高薪酬的追逐，薪酬差距将可能被进一步拉大。卢锐（2007）研究表明，在管理层权力大的企业中，核心高管与全体员工的薪酬差距更大。代彬（2011）研究证实，国企高管控制权越强，高管层与企业员工间的薪酬差距也越大。黎文靖、胡玉明（2012）通过对制造行业国有上市公司内部薪酬差距与管理层权力的研究表明，管理层权力与薪酬差距正相关，内部薪酬差距可能并不激励高管，其在一定程度上反映了管理层的权力。基于以上分析，笔者提出假设5，探讨管理层权力对薪酬差距的作用效力。

假设5：在其他条件既定的情况下，随着管理层权力的增大，高管与普通员工的薪酬差距也随之扩大。

4.2.2 管理层权力、高管薪酬与公司业绩

最优契约理论与管理层权力理论，在高管薪酬与公司业绩敏感

性关系问题的研究上存在差异。最优契约理论认为,管理者在薪酬激励下会尽职工作,从而使公司业绩提升,二者间具有较强的正向敏感变动关系(Core et al.,1999;Bushman,Smith,2001;Jackson et al.,2008)。经过多年的公司治理革新和薪酬管理的逐步规范,中国上市公司高管薪酬市场化水平日益提高(辛清泉等,2007),与先前学者得出的薪酬水平与公司绩效无显著关系的结论不同(魏刚,2000;李增泉,2000),后续研究普遍认为管理层薪酬与企业业绩存在显著的正向关系(杜兴强,王丽华,2007;辛清泉,谭伟强,2009;周仁俊等,2010)。诚然,市场化改革的脚步已然印证了中国上市公司高管薪酬激励的阶段性成果,但不可回避的是,高管在获得高薪的同时也掌控了更多的权力,衍生出更多的权力型高管。管理层权力理论的日渐兴起,也引发了学术界对管理层权力影响下的薪酬业绩研究的重新认识。拜伯切克等(Bebchuk et al.,2002,2003,2004,2007)认为,高管权力的提高将降低货币薪酬与业绩的敏感性,可能导致公司业绩的下滑。卢锐(2007)从两职兼任、股权分散和高管长期在外三个层面,构建了管理层权力单维及多维综合衡量指标,发现相对于其他企业,管理层权力大的企业,高管货币薪酬显著增大,但企业业绩并未更好,并且,国有企业与非国有企业、央企与地方政府企业在薪酬业绩敏感性的经济表现效果上也不同。辛清泉等(2007)认为,央企经理一般同政府官员保持更为紧密的联系,更关注政治前途,可能存在对上级政府指令的服从和对自身机会主义行为的自我节制,削弱由货币薪酬激励扭曲导致的代理问题,换言之,相对集中的权力可能促进了高管与企业业绩敏感性的提高。蔡地和万迪昉(2011)发现,对地方国有企业而言,独立董事比例越高,高管薪酬业绩敏感性越低,并没有发现两职合一对薪酬业绩敏感性的显著影响。对央企而言,独立董事比例与两职合一均未对薪酬业绩敏感性产生显著影响。以上学者对管理层权力作用下的高管薪酬业绩敏感性的研究并未达成共识,笔者认为可能的缘由如下,首先,管理层权力指标的构建较为简单，无法系统多维地衡量出高管权力的重要特征，可能导致结果的片面与不稳定；其次，没有对管理层权力强度与公司业绩的优劣程度予以甄别细分，而是单一地将管理层权力变量直接引入模型，考察管理层权力与业绩的交互项对薪酬的反应强度，这可能弱化了结论的有效性与说服性。而本章则细致区分了不同权力强度以及业绩强度下高管薪酬业绩敏感性的具体应对形态。笔者认为，拥有较高权力的高管可能会主动干预薪酬的设置并调节薪酬业绩敏感性的变化幅度。普遍而言，权力越大，操控薪酬业绩敏感性指标的源发动力越强。对于业绩优良的企业而言，公司治理可能更为成熟规范，管理层权力滥用过界的现象可能较少，此时，管理层权力的适宜增大，有可能推动薪酬业绩敏感性的进一步提升；对于业绩滞后的企业而言，管理层权力的增强有可能弥补由业绩疲软而导致的薪酬业绩敏感性的降低。具体到国有企业，面对"业绩上、薪酬上，业绩下、薪酬下"的考核政策，其管理者更倾向于运用权力实现薪酬业绩的同步提升，特别地在企业业绩处于低位时，高管可能会凭借手中权力挽救薪酬业绩敏感性的下跌，以释放出企业运转良好的积极信号。故假设如下：

假设6a： 在其他条件既定的情况下，管理层权力的增大将促进高管薪酬业绩敏感性的提升。

假设6b： 在其他条件既定的情况下，企业低业绩水平时，与非国有企业相比，国有企业管理层权力对高管薪酬业绩敏感性的提升幅度更大。

在探讨薪酬差距与企业绩效的敏感关系层面，西方学者着手较早，主要围绕锦标赛理论和行为理论展开研究。锦标赛理论将管理人员视作公司晋升机制中的竞赛者，按照夺冠的先后顺序，赢者获得更大收益。罗森（Rosen，1986）认为，锦标赛理论下，随着监控难度的提升，我们无法确切得知管理者的边际贡献是否处于最优状态，此时拉开薪酬差距可以降低监控成本，激励不同层级的管理者为提高公司绩效努力工作，差距越大，业绩上升的锦标赛效应越明显。林浚清等（2003）较早地对中国企业高管团队薪酬差距与企业绩效展开研究，结果表明高管团队内部薪酬差距与公司未来绩效存在正相关。王浩和黄小玲（2010）通过对完成股改且实施高管人员长期激励的 A 股上市公司进行实证研究表明，高管团队长期薪酬差距与企业价值之间具有显著的正相关关系，且不存在区间效应。刘春和孙亮（2010）研究显示，中国企业内部高管与员工间的薪酬差距与企业价值显著正相关，这种正相关关系不随企业价值和薪酬差距的不同衡量方法而改变，在控制内生关系后仍然成立。与锦标赛理论结论相左，行为理论则认为公平薪酬可以促进有效合作，合作增强的前提在于鼓励薪酬差距的缩小。较大的薪酬差距会影响员工工作情绪，阻碍企业价值的提高。张正堂（2008）实证发现，高管团队薪酬差距对组织未来绩效（ROA）有负向影响，高管员工薪酬差距对组织未来绩效无显著影响，当企业最终控制人为国有企业时，高管、员工薪酬差距和组织未来绩效表现出负向关系，表明薪酬差距的激励效果具有滞后性。近年来，由于高管控制权的不断扩大，管理层权力引致的薪酬差距与企业业绩敏感性关系研究也受到学者的关注。鲁海帆（2012）通过对比财务困境公司与财务健康公司 CEO 权力影响下的高管层薪酬差距对公司业绩的影响，发现 CEO 权力与薪酬差距在财务困境公司之间存在互补作用，较大的薪酬差距有利于减少 CEO 强权所带来的代理问题，进而提升公司业绩；相反，财务健康公司中 CEO 权力与薪酬差距对公司业绩存在替代作用。较大的薪酬差距容易被 CEO 视为以权谋私的产物，在一定程度上会抵消掉一部分 CEO 强权对公司业绩的促进作用，使公司绩效下降。龚永洪和何凡（2013）考察了 2006 年以来首次实施股权激励计划的上市公司高管权力、管理层股权薪酬差距与企业绩效间的关系，发现高管权力和股权薪酬差距的综合效应，在提升企业绩效水平的正向影响效应方面更加明显。结合先前文献，笔者发现尽管有学者将管理层权力、薪酬差距及公司绩效放置在同一层进行考察，但较多研究并未直接给出高管权力增大引发的不同产权背景下薪酬差距与企业业绩敏感性变动的经验证据，而基于本章之前的分析，管理层权力的增大能显著地增强高管员工薪酬差距，而薪酬差距与公司业绩又往往表现出正相关，故笔者推断，管理层权力在提升薪酬差距与公司业绩敏感性上扮演着积极的角色，并且在中国特殊的产权背景下，管理层权力影响下的高管与普通员工薪酬差距对公司绩效的实施效果也可能会有所不同。特别是当企业业绩持续低迷，且高管与员工薪酬差距较大时，国有企业与其下属的地方国企高管在政绩考核的强约束下，将有强烈的动机通过权力资源干预薪酬业绩敏感性，并相应影响到薪酬差距与业绩的敏感性，笔者仿照上述管理层权力与高管薪酬业绩敏感性的实证研究方法，分析了不同权力强度以及不同业绩程度下，管理层权力对高管员工薪酬差距的作用效果，提出以下假设：

假设7a：在其他条件既定的情况下，管理层权力的增大促使薪酬差距与业绩敏感性增强。

假设7b：在其他条件既定的情况下，企业低业绩水平时，与非国有企业相比，国有企业管理层权力对高管薪酬差距与企业业绩敏感性的提升强度更大。

4.3

研究设计

4.3.1 样本选取与数据来源

本章选取 2004～2011[①] 年沪深两地上市公司 A 股数据，探讨高管薪酬契约体系（显性薪酬、隐形薪酬、超额薪酬、薪酬差距）、

---

① 鉴于本章中模型需要相关指标上一年的数据，故本章实际数据跨度区间为 2003～2011 年。

管理层权力与企业绩效的互动关系，参照其他学者的研究，依据如下标准对初始样本进行筛选。①删除金融类上市公司；②删除2005年以后上市的公司；① ③删除连续经营年限低于5年的公司；④剔除总资产为负的公司；⑤为消除极端值对样本的影响，对连续变量进行收尾各1%的WINSORIZE处理。所选数据除管理者任职年限、在职消费数据通过手工收集整理外，其他数据均来源于CSMAR数据库。

4.3.2 变量定义

（1）高管薪酬变量

①高管显性薪酬（Lncompen）。

选取上市公司年报中披露的"薪酬最高的前三位高管"薪酬总额的自然对数，作为高管显性薪酬的衡量指标。

②高管隐形薪酬（Lnperk）。

本章高管隐形薪酬的衡量指标，为上市公司高管人员在职消费水平。由于在职消费数据并未直接列示于财务报表中，且不同产权、不同行业的上市公司对此数据的信息披露数量、计量口径不一致，迫使我们只能从宏观上加以把握，对涉及在职消费相关科目的数据进行加减调整，计算整理得出。现有文献对在职消费的计量方法主要有两种：第一，通过查阅年末财务报表附注"支付的其他与经营活动有关的现金流量"明细项目分析得出。由于管理费用包含在该项目下，在职消费又属于管理费用的一种表现形式，且报表披露规则要求对该项目中涉及大额的明细项进行及时披露，因此，可能从中获取关于在职消费的相关数据。陈冬华等（2005），罗宏和黄文华（2008）将在职消费项目细分为八类，包括：办公费、差旅

---

① 2005年后，政府逐步增强了对高管薪酬的管制力度，使得原本相关性较强的变量因政府的行政干预变得不显著，并可能导致回归结果偏离实际。为净化数据、消除外界干扰，本章将2005年以后的上市公司剔除。

费、业务招待费、通信费、出国培训费、董事会费、小车费和会议费，对各项数据加总得到绝对金额或用总额除以公司的销售规模（资产规模）得到相对形式予以表征。卢锐等（2008）在上述方法中扣除了争议较大的办公费、会议费和董事会费，并以年度销售收入进行平减处理。第二，利用年报中披露的管理费用项目扣除董事、高管及监事会成员薪酬、当年计提的坏账准备、当年计提的存货跌价准备和当年无形资产摊销额等明显不属于在职消费项目后的金额作为间接衡量指标（权小锋等，2010；代彬，2011；陈修德，2012）。笔者对这两种计量口径都进行了尝试，发现两种方法都存在一定的弊端。第一种方法下，通过对年报的查阅，笔者发现不同的公司、同一公司不同的年份对在职消费信息的披露存在差异，例如，某些公司当年在职消费明细项目的披露数量较上年度发生较大变更，明显增加或减少，不利于前后的对比，某些公司某些年份在职消费项目没有归入"支付的其他与经营活动有关的现金流量"科目，而是列于"管理费用"项目下，但该公司其他年份在职消费信息的归置却发生置换，"管理费用"明细下无任何在职费用的披露信息，甚至报表附注中"管理费用"一项并未列示。按照其他学者的处理方法，若将这些计量范式不一致、缺失的数据剔除后，有效样本量明显下降，而存余样本虽然在形式上符合要求，但实际上大大低估了在职消费的水平。而第二种通过间接地扣减不属于在职消费类目方法的弊端在于，没有考虑2007年《企业会计准则》下相关科目计量范围变更产生的影响。2007年《企业会计准则》实施后，当年计提的坏账准备、存货跌价准备都计入资产减值损失科目，而在2007年以前，该项目被归入管理费用科目。所以，综合比较，本章对在职消费的计量选用改良后的间接扣减法，2007年及以后，在职消费指标为当年年报披露的管理费用扣除董事、高管及监事后的薪酬与当年无形资产摊销等其他明显不属于该项目金额后的差值，并对其进行对数化处理；2007年前，在职消费指标的计量方法和文献中归纳的第二种绝对量统计方法相同，并对其数值对数化。

③高管超额薪酬（Overcomp）。

超额薪酬的计算，借鉴科尔等（Core et al.，2008）、权小锋等（2010）、吴育辉和吴世农（2010）、代彬（2011）和陈修德（2012）的研究方法，采用高管实际显性货币薪酬与除了由经济因素决定外的、超出正常预期的正向薪酬之间的差额来衡量。

④薪酬差距（Empgap）。

本章将薪酬差距定位于核心高管与普通员工的薪酬差距（Empgap）。计量方法参考卢锐（2007）、代彬（2011）的基本思路，具体测算方法如下：

高管与普通员工薪酬差距＝前三名高管平均薪酬/普通员工薪酬差距

其中，前三名高管平均薪酬＝薪酬最高的前三名高管薪酬合计/3；普通员工平均薪酬＝（支付给职工以及为职工支付的现金 – 年报中披露的所有董事、监事以及高管年度报酬总额）/（所有员工数 – 3）。

（2）管理层权力变量

管理层权力，代表了其执行自身意愿的能力，是一个较为综合的概念，管理层权力指标在某种程度上类似于公司治理指标，但二者又有一定的区别。简化来说，公司治理更强调对经营者的监督与制衡，通过一定的制度安排来合理界定所有者和经营者之间的利益关系，以最大化企业价值为终极目标。而管理层权力的主要施动者是高层管理者，主要围绕管理层的行为决策、背景特质展开，目的是最大化个人收益，故其可能建立在弱化企业绩效、牺牲企业价值的基础之上。该指标的构建，仿照卢锐等（2008）、樊等（Fan et al.，2010）、权小锋等（2010）、代彬（2011）等的研究方法，通过主成分分析法从管理层结构权力、高管背景特征、董事会治理结构三大方面、七个层面予以细致考察：

①董事长与总经理是否兼任（Dual）。

若两职合一时，表明总经理具有较高的影响权和控制权，取值为1，否则为0。

②股权分散度（Dispersion）。

股东持股比例越分散，其个人拥有的权力越少，对管理层的监督和约束越弱，导致高管权力被异常放大，获取私利的投机行为显著提升。故将第一大股东持股比例与第二大股东至第十大股东持股比例之和的比值与1进行比较，若比值小于1，则表明股权较为分散，高管权力越大，0时，为其他。

③高管是否持股（Option）。

当高管同时拥有公司的股权和管理权时，对日常经营决策的话语权提升，影响力增大。故 Option 为1时，表示高管持有本公司股票，0时为其他。

④总经理从职年限（Tenure）。

总经理任期越长，经验积累越丰富，自身影响力与威信越高，手中权力也越大。

⑤总经理年龄（Age）。

总经理的年龄，是对其过去工作经历的一个综合写照，普遍认为总经理年龄越长、资历越深，地位及人脉关系越稳固，权力越大。

⑥董事会规模（Boardsize）。

阿尔伯克基和苗（Albuquerque，Miao，2008），李维安等（2010），莫斯等（Morse et al.，2011）研究表明，董事会规模越大，管理层权力越大。

⑦内部董事比例（Insider）。

内部董事比例越高，表明董事会的独立性越弱，管理层权力越大。故内部人比例超过行业中值时，该指标为1，否则为0。

上述细化指标，也从不同层面反映出高管权力的特质，但缺乏整体宏观描述，在具体模型中亦可能与其他变量存在较高的相关性，故本书对管理层权力指标的构建，主要借鉴白重恩等（2005）、权小锋等（2010）、代彬（2011）的研究方法，运用主成分分析法，将七项分指标合成管理层权力综合指标 Power，该值越大，表明管理层权力越大。

（3）公司绩效变量

公司绩效变量，选取指标有二，其一为公司息税前利润（EBIT）与资产总额的比例（Roa），该指标较为完整地反映公司总资产的资金来源，即所有者权益和负债。所有者的投入最终体现为利润，而债权人的投入则表现为利息收入，此外，该指标较好地表征了投资者、债权人与政府的三方利益，因此，本章模型在涉及管理层权力对高管薪酬的回归中，选用 Roa 作为公司业绩的替代变量；其二，公司绩效变量亦可用公司净利润（NI）与资产总额的比例（Roani）来衡量，该指标主要基于股东利益，为普通股股东每持有一股所享有的公司净利润或需要承担的公司净亏损，是证监会重点的观测指标。由于其综合地反映了公司的实际盈利能力，现成为学者们普遍采用的计量指标之一。本章在考察管理层权力对薪酬（薪酬差距）业绩敏感性影响时，选用此指标对业绩进行替代。

（4）控制变量

控制变量，主要包括股票回报率（Ret）、公司成长性（Growth，Mb）、第一大股东持股比例（Share）、全体普通职工的平均薪酬（Lnavgemp）、各省区市职工的平均工资（Lnwage）、公司规模（Size）、财务杠杆（Lev）、地域（East，Mid）、行业（Industry）、年份（Year）。主要变量定义，见表4.1。

表4.1 主要变量定义

变量名称	变量符号	变量定义
高管显性薪酬	Lncompen	薪酬最高的前三位高管薪酬总额
	Avgcompen	薪酬最高的前三位高管平均薪酬
	Lncompen	薪酬最高的前三位高管薪酬总额自然对数
隐形薪酬	Lnperk	在职消费，计量口径详见研究设计
超额薪酬	Overcomp	高管显性薪酬实际值与模型预期值之差的正向金额

续表

变量名称	变量符号	变量定义
薪酬差距	Employgap	前三名高管与全体普通员工平均薪酬比值
管理层权力	Dual	董事长与总经理是否两职合一，是取1，否取0
	Dispersion	第一大股东持股比例与第二大股东至第十大股东持股比例之和的比值小于1时，取1，否取0
	Incen	管理层是否持股，是取1，否取0
	Tenure	总经理任职年限
	Age	总经理年龄
	Boardsize	董事会规模，当年该届董事会总人数
	Insider	内部人比例
	Power	主成分分析法构建的管理层权力综合指标
会计业绩	Roa	息税前总资产收益率＝息税前利润/年末总资产
	Roani	总资产收益率＝净利润/年末总资产
市场业绩	Ret	公司股票年回报率
普通职工平均薪酬	Lnavgemp	全体普通职工平均薪酬
各省区市平均在岗职工工资	Lnwage	各省区市在岗职工平均工资
第一大股东持股比例	Share1	第一大股东持股比例
公司成长性（市场业绩）	Mb	公司市场价值与账面价值之比
公司成长性（会计业绩）	Growth	主营业务收入增长率
财务杠杆	Lev	资产负债率＝年末负债/年末总资产
公司规模	Size	公司总资产的自然对数
区域	East	按公司注册地划分为东部地区
	Mid	按公司注册地划分为中部地区
年份	Year	年份虚拟变量，2004～2011年
行业	Industry	按照证监会2001年行业分类标准划分至12类行业

资料来源：作者综合国内外相关核心文献，对变量进行定义而得。

4.3.3 模型构建

（1）管理层权力与高管显性薪酬

$$\text{Lncompen}_{it} = \alpha_0 + \alpha_1 \text{Power}_{it} + \alpha_2 \text{Roa}_{it} + \alpha_3 \text{Ret}_{it} + \alpha_4 \text{Share1}_{it}$$
$$+ \alpha_5 \text{Lnavgemp}_{it} + \alpha_6 \text{Growth}_{it} + \alpha_7 \text{MB}_{it}$$
$$+ \alpha_8 \text{Lev}_{it} + \alpha_9 \text{Size}_{it} + \alpha_{10} \text{East}_{it} + \alpha_{11} \text{Mid}_{it}$$
$$+ \alpha_{12} \sum \text{Year}_{it} + \alpha_{13} \sum \text{Industry}_{it} + \varepsilon_{it} \qquad (4-1)$$

（2）管理层权力与高管超额薪酬

$$\text{Lncompen}_{it} = \alpha_0 + \alpha_1 \text{Roa}_{it} + \alpha_2 \text{Roa}_{it-1} + \alpha_3 \text{Ret}_{it} + \alpha_4 \text{Lnwage}_{it}$$
$$+ \alpha_5 \text{Growth}_{it} + \alpha_6 \text{MB}_{it} + \alpha_7 \text{Lev}_{it}$$
$$+ \alpha_8 \text{Size}_{it} + \alpha_9 \text{East}_{it} + \alpha_{10} \text{Mid}_{it}$$
$$+ \alpha_{11} \sum \text{Year}_{it} + \alpha_{12} \sum \text{Industry}_{it} + \varepsilon_{it}$$
$$\text{Overcomp}_{it} = \text{Lncompen}_{it} - \widehat{\text{Ln compen}}_{it}$$
$$\text{Overcomp}_{it} = \alpha_0 + \alpha_1 \text{Power}_{it} + \alpha_2 \text{Roa}_{it} + \alpha_3 \text{Ret}_{it} + \alpha_4 \text{Share1}_{it}$$
$$+ \alpha_5 \text{Lnavgemp}_{it} + \alpha_6 \text{Growth}_{it} + \alpha_7 \text{MB}_{it}$$
$$+ \alpha_8 \text{Lev}_{it} + \alpha_9 \text{Size}_{it} + \alpha_{10} \text{East}_{it} + \alpha_{11} \text{Mid}_{it}$$
$$+ \alpha_{12} \sum \text{Year}_{it} + \alpha_{13} \sum \text{Industry}_{it} + \varepsilon_{it} \qquad (4-2)$$

（3）管理层权力与高管隐形薪酬

$$\text{Lnperk}_{it} = \alpha_0 + \alpha_1 \text{Power}_{it} + \alpha_2 \text{Roa}_{it} + \alpha_3 \text{Ret}_{it} + \alpha_4 \text{Share1}_{it}$$
$$+ \alpha_5 \text{Growth}_{it} + \alpha_6 \text{MB}_{it} + \alpha_7 \text{Lev}_{it} + \alpha_8 \text{Size}_{it}$$
$$+ \alpha_9 \text{East}_{it} + \alpha_{10} \text{Mid}_{it} + \alpha_{11} \sum \text{Year}_{it}$$
$$+ \alpha_{12} \sum \text{Industry}_{it} + \varepsilon_{it} \qquad (4-3)$$

（4）管理层权力、高管显性薪酬与高管隐形薪酬

$$\text{M\_Lnperk}_{it} = \alpha_0 + \alpha_{1\,M}\_\text{Lncompen}_{it} + \alpha_2 \text{State}_{it} + \alpha_3 \text{State}_{it}$$
$$\times \text{M\_Lncompen}_{it} + \alpha_4 \text{Share1}_{it} + \alpha_5 \text{Growth}_{it}$$
$$+ \alpha_6 \text{MB}_{it} + \alpha_7 \text{Lev}_{it} + \alpha_8 \text{Size}_{it} + \alpha_9 \text{East}_{it} + \alpha_{10} \text{Mid}_{it}$$

$$+ \alpha_{11} \sum \text{Year}_{it} + \alpha_{12} \sum \text{Industry}_{it} + \varepsilon_{it}$$

$$\begin{aligned}
\text{M\_Lnperk}_{it} &= \alpha_0 + \alpha_1 \text{M\_Lncompen}_{it} + \alpha_2 \text{Local}_{it} + \alpha_3 \text{Local}_{it} \\
&\quad \times \text{M\_Lncompen}_{it} + \alpha_4 \text{Share1}_{it} + \alpha_5 \text{Growth}_{it} \\
&\quad + \alpha_6 \text{MB}_{it} + \alpha_7 \text{Lev}_{it} + \alpha_8 \text{Size}_{it} + \alpha_9 \text{East}_{it} + \alpha_{10} \text{Mid}_{it} \\
&\quad + \alpha_{11} \sum \text{Year}_{it} + \alpha_{12} \sum \text{Industry}_{it} + \varepsilon_{it} \quad (4-4)
\end{aligned}$$

（5）管理层权力与薪酬差距

$$\begin{aligned}
\text{Empgap}_{it} &= \alpha_0 + \alpha_1 \text{Power}_{it} + \alpha_2 \text{Roa}_{it} + \alpha_3 \text{Ret}_{it} + \alpha_4 \text{Share1}_{it} \\
&\quad + \alpha_5 \text{M\_Lnavgemp}_{it} + \alpha_6 \text{Growth}_{it} + \alpha_7 \text{MB}_{it} + \alpha_8 \text{Lev}_{it} \\
&\quad + \alpha_9 \text{Size}_{it} + \alpha_{10} \text{East}_{it} + \alpha_{11} \text{Mid}_{it} + \alpha_{12} \sum \text{Year} \\
&\quad + \alpha_{13} \sum \text{Industry}_{it} + \varepsilon_{it} \quad (4-5)
\end{aligned}$$

（6）管理层权力与薪酬业绩敏感性

$$\begin{aligned}
\text{Lncompen}_{it} &= \alpha_0 + \alpha_1 \text{Power}_{it} + \alpha_2 \text{Roani}_{it} + \alpha_3 \text{Power}_{it} \times \text{Roani}_{it} \\
&\quad + \alpha_4 \text{State}_{it} + \alpha_5 \text{State}_{it} \times \text{Power}_{it} \times \text{Roani}_{it} + \alpha_6 \text{Ret}_{it} \\
&\quad + \alpha_7 \text{Share1}_{it} + \alpha_8 \text{Lnavgemp}_{it} + \alpha_9 \text{Growth}_{it} + \alpha_{10} \text{MB}_{it} \\
&\quad + \alpha_{11} \text{Lev}_{it} + \alpha_{12} \text{Size}_{it} + \alpha_{13} \text{East}_{it} + \alpha_{14} \text{Mid}_{it} \\
&\quad + \alpha_{15} \sum \text{Year}_{it} + \alpha_{16} \sum \text{Industry}_{it} + \varepsilon_{it}
\end{aligned}$$

$$\begin{aligned}
\text{Lncompen}_{it} &= \alpha_0 + \alpha_1 \text{Power}_{it} + \alpha_2 \text{Roani}_{it} + \alpha_3 \text{Power}_{it} \times \text{Roani}_{it} \\
&\quad + \alpha_4 \text{Local}_{it} + \alpha_5 \text{Local}_{it} \times \text{Power}_{it} \times \text{Roani}_{it} + \alpha_6 \text{Ret}_{it} \\
&\quad + \alpha_7 \text{Share1}_{it} + \alpha_8 \text{Lnavgemp}_{it} + \alpha_9 \text{Growth}_{it} + \alpha_{10} \text{MB}_{it} \\
&\quad + \alpha_{11} \text{Lev}_{it} + \alpha_{12} \text{Size}_{it} + \alpha_{13} \text{East}_{it} + \alpha_{14} \text{Mid}_{it} \\
&\quad + \alpha_{15} \sum \text{Year}_{it} + \alpha_{16} \sum \text{Industry}_{it} + \varepsilon_{it} \quad (4-6)
\end{aligned}$$

（7）管理层权力与薪酬差距业绩敏感性

$$\begin{aligned}
\text{Empgap}_{it} &= \alpha_0 + \alpha_1 \text{Power}_{it} + \alpha_2 \text{Roani}_{it} + \alpha_3 \text{Power}_{it} \times \text{Roani}_{it} \\
&\quad + \alpha_4 \text{State}_{it} + \alpha_5 \text{State}_{it} \times \text{Power}_{it} \times \text{Roani}_{it} + \alpha_6 \text{Ret}_{it} \\
&\quad + \alpha_7 \text{Share1}_{it} + \alpha_8 \text{Lnavgemp}_{it} + \alpha_9 \text{Growth}_{it} + \alpha_{10} \text{MB}_{it} \\
&\quad + \alpha_{11} \text{Lev}_{it} + \alpha_{12} \text{Size}_{it} + \alpha_{13} \text{East}_{it} + \alpha_{14} \text{Mid}_{it} \\
&\quad + \alpha_{15} \sum \text{Year}_{it} + \alpha_{16} \sum \text{Industry}_{it} + \varepsilon_{it}
\end{aligned}$$

$$\begin{aligned}
\text{Empgap}_{it} =\ & \alpha_0 + \alpha_1 \text{Power}_{it} + \alpha_2 \text{Roani}_{it} + \alpha_3 \text{Power}_{it} \times \text{Roani}_{it} + \alpha_4 \text{Local}_{it} \\
& + \alpha_5 \text{Local}_{it} \times \text{Power}_{it} \times \text{Roani}_{it} + \alpha_6 \text{Ret}_{it} + \alpha_7 \text{Share1}_{it} \\
& + \alpha_8 \text{Lnavgemp}_{it} + \alpha_9 \text{Growth}_{it} + \alpha_{10} \text{MB}_{it} + \alpha_{11} \text{Lev}_{it} \\
& + \alpha_{12} \text{Size}_{it} + \alpha_{13} \text{East}_{it} + \alpha_{14} \text{Mid}_{it} + \alpha_{15} \sum \text{Year}_{it} \\
& + \alpha_{16} \sum \text{Industry}_{it} + \varepsilon_{it}
\end{aligned} \tag{4-7}$$

4.4

描述性统计

表 4.2 列示了全样本主要变量的描述性统计结果。该数据显示，前三名高管显性薪酬合计均值为 92.01 万元，中值为 70 万元，整体分布趋于偏左；最小值为 8.28 万元，最大值达到 497 万元，标准差较大，表明高管薪酬分布具有较强的不平衡态势，两极分化现象十分严重。隐形薪酬均值为 16383.63 万元，中值为 6638.76 万元，最小值为 0.37 万元，最大值为 836035.85 万元，分布状态与显性薪酬较为一致，但标准差更大、波动性更强，且其绝对数量远远超过了显性薪酬，二者均值之比高达 178.06 倍，[①] 证明隐形薪酬已构成显性薪酬的必要补充，成为上市公司高管人员获取私利的重要途径。正向超额薪酬均值为 0.4665，表明中国上市公司高管薪酬设置机制与市场运营环境的契合度较弱，高管人员实际薪酬水平高过预期，存在攫取超额薪酬的动机。而公司内部前三名高管与普通员工平均薪酬差距的分布也存在较大差异，最高值与最低值的比例将近 30 倍，凸显了行业、地域与公司治理模式的异质性。薪酬

[①] 隐形薪酬数据获取的难度与模糊性，无法使本书具体分离前三名高管的具体隐形薪酬数值，只能以全部的隐形薪酬数额进行计量。一般而言，权力地位越高，其享有的职务消费越大，所以显性薪酬最高的前三名高管可能拥有绝大部分的隐形薪酬。鉴于公司高管人员某种程度上可能共享有一定数量的隐形薪酬，如果用隐形薪酬总额的均值与全部高管人员显性薪酬的均值（表 4.2 中略去）比例计算，此数值应为：16383.63/234.84 = 69.76。

设置的公平性问题甚为突出，适当的薪酬管制与市场自发调节机制的有机结合，不失为一条解决路径。管理层权力统计指标显示，尽管同属于高管行列，但其权力影响程度却具有显著差别，本章后续部分将按照不同产权性质与管理层权力分布的强弱程度予以细化对比。D 值数据显示，有将近一半的上市公司存在业绩下滑的现象，表明公司内外部经营环境具有较强的不确定性，业绩波幅较大。

表 4.2　　　　　　　　全样本主要变量描述性统计

变量	样本数	均值	中值	标准差	最小值	最大值
Compen（万元）	7852	92.01	70.00	79.55	8.28	497
Lncompen	7852	13.4206	13.4588	0.8059	11.3242	15.4189
Perk（万元）	4629	16383.63	6638.76	38417.52	0.37	836035.85
Lnperk	4629	18.0727	18.0110	1.2358	8.2055	22.8468
Overcomp	3987	0.4665	0.3898	0.3482	0	2.0198
Employgap	7744	5.9843	4.5350	5.2104	0.1172	30.0946
Power	7735	0.0121	−0.0558	0.3638	−0.9296	1.8137
Roa	7835	0.0528	0.0497	0.0654	−0.1944	0.2508
Roani	7852	0.0306	0.0292	0.0602	−0.2155	0.2008
D	7852	0.4884	0	0.4999	0	1
Ret	7768	0.4383	0.0302	1.0557	−0.7575	4.1805
Share1	7852	0.3800	0.3607	0.1544	0.1006	75.00
Lnavgemp	7726	10.8811	10.7915	0.8895	8.9823	14.1310
Lnwage	7852	10.2368	10.2535	0.4321	9.3805	11.2520
Growth	7745	0.2372	0.1502	0.5850	−0.6555	4.4643
MB	7851	3.5683	2.4527	3.4354	0.7222	21.5436
Lev	7852	0.5067	0.5190	0.1890	0.0557	0.9410
Size	7852	21.5672	21.4642	1.1302	19.1565	26.2620
East	7852	0.5661	1.00	0.4956	0	1
Mid	7852	0.2604	0	0.4389	0	1

注：数据来源由 CSMAR 数据库上市公司公开数据计算整理而得。

　　表 4.3a 和表 4.3b 分别对不同产权性质下高管薪酬、管理层权力与业绩变量进行了均值 T 检验和中值 Wilcoxon 秩和检验比较。结

果显示，在薪酬与管理层权力变量中，国有企业的显性薪酬、隐形薪酬与管理层权力的均值与中值均显著高于非国有企业，但超额薪酬与薪酬差距则显著低于非国有企业；而相应指标在央企与地方政府企业的对比中，除显性薪酬、隐形薪酬与薪酬差距变量于 1% 或 10% 的水平上显著高于地方政府企业外，超额薪酬与管理层权力变量的均值与中值皆显著低于地方政府企业。业绩指标的对比显示，国有企业业绩普遍低于非国有企业，而央企业绩略低于地方政府企业，不具有较强的显著性。

表 4.2、表 4.3a 和表 4.3b 分别从全样本和产权性质分样本的角度，对管理层权力变量的整体分布及演变趋势进行了描述，为了更好地研究与对比不同权力强度下高管薪酬与业绩变量的变化情况，表 4.4 进一步按照管理层权力的强弱程度对整体样本进行划分，当管理层权力高于当年所属行业的中值时，将其视为强管理层权力组，否则为弱管理层权力组。结果表明，无论是均值抑或中值检验，管理层权力越高，显性薪酬、隐形薪酬、超额薪酬及薪酬差距皆越大，企业业绩也越好，此结论初步支持了本章所提出的 1~4 研究假设，即随着管理层权力的增大，高管在获得较高显性薪酬和隐形薪酬的同时，还拥有较高的超额薪酬，薪酬差距也随之增大。

表 4.5a 和表 4.5b 针对高管薪酬、管理层权力与公司业绩变化性态进行统计检验，分别考察不同业绩强度与业绩升降变动情况下，高管薪酬与管理层权力各变量的变化趋势。当公司当年业绩高于所属行业中值时，将其划分为高业绩组，否则为低业绩组；当公司当年业绩高于去年业绩时，表示业绩升，否则为业绩降。结果显示，首先，表 4.5a 内，高业绩组中高管显性薪酬、隐形薪酬、超额薪酬、薪酬差距及管理层权力皆显著高于低业绩组，表明业绩越好，薪酬静态、动态水平均越高，管理层权力也越大。其次，在表 4.5b 内，当业绩上升时，只有高管显性薪酬与超额薪酬显著高于业绩下降时的对应指标，其余变量均不显著，表明业绩升降的动态变化对隐形薪酬、薪酬差距及管理层权力作用不大。

表4.3a 不同产权性质下高管薪酬、管理层权力与业绩变量均值分组检验

变量	国有企业		非国有企业		T检验	中央政府企业		地方政府企业		T检验
	样本数	均值	样本数	均值		样本数	均值	样本数	均值	
Lncompen	5202	13.4480	2650	13.3670	4.22***	1220	13.6376	3982	13.3899	9.70***
Lnperk	3004	18.2943	1625	17.6629	17.11***	717	18.5631	2287	18.2101	6.72***
Overcomp	2699	0.4418	1288	0.5183	-6.53***	721	0.4220	1978	0.4490	-1.90*
Power	5120	0.0058	2615	-0.0114	1.98**	1200	-0.0118	3920	0.0083	-1.84*
Employgap	5130	5.5259	2614	6.8839	-10.93***	1204	5.7269	3920	5.4643	1.69*
Roa	5197	0.0504	2638	0.0574	-4.47***	1220	0.0474	3977	0.0514	-1.94*
Roani	5202	0.0287	2650	0.0344	-3.92***	1220	0.0273	3982	0.0292	-0.97

注：表中分别对不同产权性质样本进行均值T检验，"***"、"**"、"*"分别表示统计变量在1%、5%和10%的水平上显著。
数据来源：由CSMAR数据库上市公司公开数据整理计算而得。

表4.3b 不同产权性质下高管薪酬、管理层权力、业绩变量中值分组检验

变量	国有企业		非国有企业		Wilcoxon秩和检验	中央政府企业		地方政府企业		Wilcoxon秩和检验
	样本数	中值	样本数	中值		样本数	中值	样本数	中值	
Lncompen	5202	13.4987	2650	13.3730	5.74***	1220	13.7031	3982	13.4533	-6.87***
Lnperk	3004	18.2370	1625	17.6593	14.43***	717	18.4103	2287	18.2032	-3.30***
Overcomp	2699	0.3722	1288	0.4367	-4.01***	721	0.3548	1978	0.3777	1.34
Power	5120	-0.0314	2615	-0.0567	2.61***	1200	-0.0341	3920	-0.0299	0.33

续表

变量	国有企业 样本数	国有企业 中值	Wilcoxon 秩和检验	非国有企业 样本数	非国有企业 中值	中央政府企业 样本数	中央政府企业 中值	地方政府企业 样本数	地方政府企业 中值	Wilcoxon 秩和检验
Employgap	5130	4.2405	-8.79 ***	2614	5.3342	1204	4.5598	3926	4.1098	-3.76 ***
Roa	5197	0.0472	-6.22 ***	2638	0.0550	1220	0.0460	3977	0.0476	1.37
Roani	5202	0.0278	-4.68 ***	2650	0.0331	1220	0.0270	3982	0.0280	0.98

注：表中分别对不同产权性质样本进行中值 Wilcoxon 秩和检验，"***、**、*" 分别表示统计变量在1%、5%和10%的水平上显著。

数据来源：由 CSMAR 数据库上市公司公开数据计算整理而得。

表 4.4 不同强度管理层权力下高管薪酬、业绩变量分组检验（根据 Power 分组）

变量	强管理层权力组 样本量	强管理层权力组 均值	强管理层权力组 中值	弱管理层权力组 样本量	弱管理层权力组 均值	弱管理层权力组 中值	T 值检验 均值检验	Wilcoxon 值 中值检验
Lncompen	3844	13.4909	13.5281	4008	13.3533	13.3849	7.59 ***	6.83 ***
Lnperk	2253	18.1223	18.1024	2376	18.0256	17.9563	2.66 ***	3.63 ***
Overcomp	2065	0.4877	0.4136	1922	0.4437	0.3611	4.00 ***	3.66 ***
Employgap	3829	6.4086	4.8509	3915	5.5693	4.2146	7.11 ***	6.53 ***
Roa	3832	0.0553	0.0511	4003	0.0504	0.0485	3.34 ***	2.50 ***
Roani	3844	0.0328	0.0306	4008	0.0285	0.0280	3.21 ***	2.53 ***

注：按照管理层权力强弱程度对 Power 进行分组，Power 大于中值的样本被认定为强管理层权力组，其余为弱管理层权力组。表中分别对两组变量的均值与中值进行了 T 检验与 Wilcoxon 秩和检验，"***、**、*" 分别表示统计变量在1%、5%和10%的水平上显著。

数据来源：由 CSMAR 数据库上市公司公开数据计算整理而得。

表 4.5a　不同公司业绩下高管薪酬、管理层权力变量分组检验（分组变量：Roani）

变量	高业绩组			低业绩组			T值检验	Wilcoxon 值
	样本量	均值	中值	样本量	均值	中值	均值检验	中值检验
Lncompen	3901	13.6392	13.6790	3951	13.2048	13.2421	24.80***	-19.26***
Lnperk	2290	18.2654	18.2208	2339	17.8839	17.8649	10.63***	-9.36***
Overcomp	2121	0.5006	0.4347	1866	0.4277	0.3491	6.63***	-6.08***
Employgap	3848	6.7623	5.2080	3896	5.2159	4.0470	13.20***	-11.41***
Power	3849	0.0214	-0.0471	3886	0.0030	-0.0666	2.23***	-2.49***

注："*""**""***"分别表示双尾检测在 10%、5% 和 1% 的统计水平上显著。

数据来源：由 CSMAR 数据库上市公司公开数据计算整理而得。

表 4.5b　业绩变动下高管薪酬、管理层权力变量分组检验（分组变量：Roani）

变量	业绩升			业绩降			T值检验	Wilcoxon 值
	样本量	均值	中值	样本量	均值	中值	均值检验	中值检验
Lncompen	4017	13.4398	13.4736	3835	13.4006	13.4372	2.15**	1.96**
Lnperk	2330	18.0634	18.0173	2299	18.0820	18.0070	-0.51	0.31
Overcomp	2053	0.4768	0.4110	1934	0.4555	0.3693	1.93*	-2.46***
Employgap	3960	6.0538	4.5987	3784	5.9116	4.4715	1.20	1.36
Power	3960	0.0103	-0.0553	3775	0.0140	-0.0566	0.45	0.14

注："*""**""***"分别表示双尾检测在 10%、5% 和 1% 的统计水平上显著。

数据来源：由 CSMAR 数据库上市公司公开数据计算整理而得。

4. 5
相关性分析

　　表 4.6a、表 4.6b 和表 4.6c 分别报告了全样本中高管薪酬与其他主要解释变量之间以及模型中各主要解释变量之间的 Pearson 与 Spearman 相关性检验。[①] 结果表明，管理层权力与高管显性薪酬、隐形薪酬、超额薪酬以及薪酬差距均呈显著正相关，较好地支持了假设命题，为下一节的具体模型回归提供直观的经验证据。此外，高管薪酬与其他主要变量间的相关系数也具有不同程度的显著性，并且表 3.6c 的报告结果显示，各主要解释变量之间也不存在较高的相关性，膨胀因子检验得到的 VIF 值均低于 5，这表明，所选取的控制变量是可行稳健的。

4. 6
多元回归分析

4.6.1　管理层权力与高管显性薪酬

　　依据模型（4-1），表 4.7 分别列示了全样本以及产权分样本下管理层权力对高管显性薪酬的回归结果。总体来看，基于管理层权力的高管显性薪酬增长效应十分显著。全样本下，Power 回归系数为 0.1166，于 1% 的水平上显著；从产权分样本回归结果来看，Power 回归系数依然正向显著，但其作用强度在各产权分样本中存在一定差异。通过对比发现，非国有企业 Power 系数为 0.1731（T 值于 1% 水平上显著）远高于国有企业的 Power 系数 0.0696（T 值

---

　　① 各产权分样本的相关性检验结果与全样本较为一致，故省略。

表 4.6a　薪酬变量和其他主要变量 Pearson 相关性检验

	Power	Roa	Roani	Ret	Share1	Lnavgemp	Growth	MB	Lev	Size
Lncompen	0.1611 ***	0.2976 ***	0.2994 ***	0.0346 *	-0.0416 ***	0.4452 ***	0.0201 *	-0.0077	0.0308 ***	0.4454 ***
Lnperk	0.0718 ***	0.1796 ***	0.1605 ***	-0.0069	0.2167 ***	0.2714 ***	0.0112	-0.1028 ***	0.2076 ***	0.7410 ***
Overcomp	0.0770 ***	0.0116	0.0127	0.0311 **	-0.0660 ***	0.0488 ***	0.0340 **	0.0202	-0.0106	-0.0026
Empgap	0.1006 ***	0.1613 ***	0.1530 ***	0.0283 *	-0.0919 ***	-0.3901 ***	0.0180	-0.0260 **	0.0076	0.1597 ***

表 4.6b　薪酬变量和其他主要变量 Spearman 相关性检验

	Power	Roa	Roani	Ret	Share1	Lnavgemp	Growth	MB	Lev	Size
Lncompen	0.1892 ***	0.3192 ***	0.3311 ***	0.0171	-0.0319 ***	0.4980 ***	0.0770 *	0.0692 *	0.0378 ***	0.4374 ***
Lnperk	0.1014 ***	0.2191 ***	0.2031 ***	-0.0260 *	0.2149 ***	0.3122 ***	0.1056 ***	-0.0954 ***	0.2138 ***	0.7282 ***
Overcomp	0.0684 ***	0.0707 ***	0.0880 ***	0.0270 *	-0.0624 ***	0.0414 ***	0.0301 *	0.0249	-0.0169	-0.0006
Empgap	0.1027 ***	0.1772 ***	0.1754 ***	0.0229 *	-0.0983 ***	-0.4617 ***	0.0731 ***	0.0186	-0.0063	0.1321 ***

注："*"、"**"、"***"分别表示双尾检测在10%、5%和1%的统计计水平上显著。
数据来源：由 CSMAR 数据库上市公司公开数据计算整理而得。

表 4.6c 模型中主要解释变量相关性检验

	Power	Roa	Ret	Share1	Lnavgemp	Growth	MB	Lev	Size
Power	1	0.0297 ***	-0.0127 ***	-0.2732 ***	0.0407 ***	-0.0737 ***	0.0258 **	-0.0236 **	0.0208 *
Roa	0.0483 ***	1	0.1447 ***	0.1024 ***	0.1297 ***	0.2095 ***	0.0114	-0.2836 ***	0.1796 ***
Ret	0.0001	0.1675 ***	1	-0.0438 ***	-0.0174	0.0935 ***	0.4250 ***	0.0144	-0.0223 **
Share1	-0.3003 ***	0.0990 ***	-0.0336 ***	1	0.0763 ***	0.0900 ***	-0.1118 ***	0.0103	0.2626 ***
Lnavgemp	0.0784 ***	0.1519 ***	-0.0487 ***	0.0890 ***	1	0.0213 *	0.0177	0.0294 ***	0.2779 ***
Growth	-0.0345 ***	0.3157 ***	0.0829 ***	0.0996 ***	0.0077	1	0.0603 ***	0.0699 ***	0.0650 ***
MB	0.0587 ***	0.1769 ***	0.4950 ***	-0.1373 ***	0.0652 ***	0.0593 ***	1	0.1517 ***	-0.2792 ***
Lev	-0.0058	-0.2427 ***	-0.0152	0.0090	0.0284	0.0655 ***	0.0560 ***	1	0.2895 ***
Size	0.0572 ***	0.1774 ***	-0.0340 ***	0.2389 ***	0.2987 ***	0.1437 ***	-0.2912 ***	0.2997 ***	1

注：表格中对角线上方为主要解释变量的 Pearson 相关性检验，下方为 Spearman 相关性检验。"*、**、***"分别表示双尾检测在10%、5%和1%的统计水平上显著。

数据来源：由 CSMAR 数据库上市公司公开数据计算整理而得。

表4.7 管理层权力与高管显性货币薪酬回归

被解释变量：Lncompen

自变量	全样本	国有企业	非国有企业	中央企业	地方国企
截距	5.2295*** (26.88)	5.9587*** (25.59)	4.7409*** (11.76)	8.0846*** (19.81)	6.0468*** (20.67)
Power	0.1166*** (5.58)	0.0696** (2.53)	0.1731*** (5.47)	0.0974* (1.71)	0.0663** (2.13)
Roa	2.4864*** (18.23)	2.5640*** (14.58)	2.1926*** (10.01)	2.9851*** (9.76)	2.4078*** (11.28)
Ret	-0.0221* (-1.68)	-0.0078 (-0.48)	-0.0524** (-2.34)	-0.0419 (-1.39)	0.0027 (0.14)
Share1	-0.3957*** (-7.69)	-0.4278*** (-6.98)	-0.2853*** (-2.97)	-0.1924 (-1.51)	-0.5105*** (-7.28)
Lnavgemp	0.1853*** (18.69)	0.1874*** (14.61)	0.1832*** (11.85)	0.1851*** (7.76)	0.1911*** (12.72)
Growth	-0.0384*** (-2.72)	-0.0205 (-1.05)	-0.0607*** (-3.04)	-0.0348 (-0.77)	-0.0185 (-0.88)
MB	0.0079*** (2.64)	0.0068* (1.81)	0.013*** (3.02)	-0.0034 (-0.50)	0.0093** (2.10)
Lev	-0.1213*** (-2.60)	-0.1615*** (-2.90)	-0.1386 (-1.59)	0.0376 (0.35)	-0.2149*** (-3.23)
Size	0.2354*** (27.14)	0.2129*** (21.00)	0.3080*** (17.21)	0.1718*** (10.69)	0.2119*** (16.29)
East	0.2586*** (13.85)	0.2083*** (9.24)	0.3373*** (10.25)	0.1369*** (3.12)	0.2272*** (8.80)
Mid	0.0301 (1.45)	-0.0053 (-0.22)	0.0880** (2.25)	-0.1356*** (-2.93)	0.0387 (1.36)
Year	控制	控制	控制	控制	控制
Industry	控制	控制	控制	控制	控制
有效样本	7576	5052	2524	1192	3858
调整 R²	44.09%	44.98%	43.93%	51.27%	42.98%
F值	200.14	138.64	69.16	44.20	97.92

注：括号内为变量回归系数经 White 异方差修正后的双尾 T 值检验，"***、**、*"分别表示统计量在1%、5%和10%的水平上显著。

数据来源：由 CSMAR 数据库上市公司公开数据计算整理而得。

于 5% 水平上显著）；地方政府企业的 Power 系数 0.0663 低于央企的对应系数 0.0974，但显著性水平较高，由此可以推断：（1）管理层权力的增大，确实提高了高管的显性薪酬水平；（2）非国有企业高管较之国有企业高管，通过权力影响自身薪酬定价的能力更强；（3）央企高管与地方政府企业高管相比，通过权力获取的显性薪酬更大。笔者认为，造成管理层权力对不同产权分样本中高管显性薪酬的影响差异，可主要归结为以下两点：

第一，随着市场化机制的逐步健全和政府监管力度的增强，在经历一系列产权改革后，国有企业"产权不明""所有者"缺位、管理层权力过大的现象有所缓解，特别是政府行政管制的强力介入，增强了对高管高薪的严格监控，使得国企高管通过权力提高显性薪酬的行为在一定程度上得以削弱。而非国有企业在不断发展的市场经济中孕育而生，受到政府的行政干预较少，管理者一般具备较强的公司治理技能，在公司股权分散的情况下，其个人权力更有可能迅速膨胀；此外，对于家族式企业来说，管理者本身就是公司所有者，权力集于一身，故非国有企业高管通过权力影响显性薪酬的动机更为强烈。第二，央企较之于地方国企拥有较多的经济资源，其下属的垄断企业数量也相对较多；再者，一些央企高管可能身居政府要职，容易产生自己监督自己的局面，故同级别的高管享有的权力可能相对更高，继而对等值的货币性薪酬诉求更强。但不容忽视的是，央企高管在拥有强权高薪的同时，利用权力上调货币性薪酬的难度、风险和成本都大幅提升，尤其是具有政治关联性的高管，为政治升迁和仕途顺畅，很可能会放弃对高薪的追逐，故使得央企样本管理层权力与显性薪酬相关系数的统计水平受到影响，T 值显著性程度较弱。

公司业绩变量（Roa）与高管显性薪酬显著正相关，表明中国上市公司已建立起基于会计业绩的薪酬激励机制，公司业绩越好，高管薪酬激励效应越强，但市场业绩（Ret）与高管显性薪酬大多负相关，除全样本和非国企样本 T 值显著为负外，其他均不具显著性，从侧面可以推出中国上市公司高管显性薪酬只与会计业绩挂钩紧密，但与市场业绩的互动性较差。其他控制变量中，上市公司大股东持股比例、公司主营业务收入增长率及资产负债率与高管显性薪酬大多负相关，职工平均年度工资、公司市值与账面价值比及资产规模与高管显性薪酬较多正相关，显著程度各异，处于东部地区的上市公司高管显性薪酬水平更高。

4.6.2　管理层权力与高管超额薪酬

表 4.8 报告了采用模型（4-2）管理层权力对高管超额薪酬的回归结果。不难发现，管理层权力越高，高管获取的超额薪酬越大。在各产权分样本中，首先，非国有企业高管因权力而攫取的超额薪酬要高于国有企业，这与表 4.7 非国有企业与国有企业管理层权力对显性薪酬的回归结论保持一致；其次，地方国企高管通过权力谋取了更多的超额薪酬，但央企高管基于权力谋取私利的动机并未得到有效认证，权小锋等（2010）指出，央企与地方国企的高管人员在利用权力获取私利的行为策略上会表现出显著的差异，主要从制度约束、舆论压力以及不同的行政干预程度方面进行解释。央企高管为避免权力"寻租"引致的较高审查风险，可能偏好更为隐蔽、稳健的手段扩大利益，例如，加大职务消费，实现行政升迁等。而地方国企一般由当地政府和国有资产监管机构协同管理。当二者经营理念与目标导向发生冲突时，其对上级政策的贯彻与执行效率将大幅降低，一定程度上松懈并滞后了对地方国企的监管，为高管攫取私利提供了较大空间。此外，地方国企较之央企承担了更多的政策性负担，其引发的管理层道德风险与逆向选择问题可能更为严重，因此，对显性薪酬的增量需求更为强烈。

表 4.8　　　管理层权力与高管超额薪酬回归

被解释变量：Overcomp

自变量	全样本		国有企业		非国有企业		中央企业		地方国企	
截距	-0.3379**	(-2.27)	0.0100	(0.06)	-1.6803***	(-5.13)	0.2899	(0.91)	-0.0562	(-0.27)
Power	0.0670***	(4.06)	0.0474**	(2.29)	0.0782***	(2.99)	-0.0156	(-0.40)	0.0587**	(2.46)
Roa	-0.0749	(-0.73)	0.1508	(1.17)	-0.6571***	(-4.00)	0.2486	(1.09)	0.0053	(0.03)
Ret	0.0066	(0.64)	0.0102	(0.83)	-0.0080	(-0.45)	-0.0338	(-1.62)	0.0274*	(1.88)
Share1	-0.1636***	(-3.92)	-0.1701***	(-3.62)	0.0326	(0.39)	-0.0610	(-0.63)	-0.1950***	(-3.56)
Lnavgemp	0.0366***	(4.89)	0.0252***	(2.84)	0.0507***	(3.90)	0.0622***	(4.27)	0.0100	(0.92)
Growth	0.0286**	(2.26)	0.0401**	(2.39)	0.0145	(0.81)	0.0786***	(2.92)	0.0341*	(1.82)
MB	0.0052**	(2.34)	0.0042	(1.46)	0.0104***	(2.65)	-0.0026	(-0.47)	0.0079**	(2.46)
Lev	-0.0592	(-1.56)	-0.0200	(-0.46)	-0.2540***	(-3.43)	0.1635**	(2.16)	-0.1017*	(-1.94)
Size	0.0163**	(2.51)	0.0099	(1.36)	0.0684***	(4.78)	-0.0154	(-1.19)	0.0208***	(2.25)
East	0.0648***	(4.26)	0.0445**	(2.53)	0.0908***	(3.02)	-0.0708**	(-1.99)	0.0855***	(4.29)
Mid	0.0555***	(3.26)	0.0502***	(2.59)	0.0825**	(2.37)	-0.0671*	(-1.91)	0.0881***	(3.86)
Year	控制		控制		控制		控制		控制	
Industry	控制		控制		控制		控制		控制	
有效样本	3905		2643		1262		708		1935	
调整 R²	3.41%		4.41%		7.82%		10.45%		5.25%	
F值	5.76		5.20		4.69		3.84		4.69	

注：括号内为变量回归系数经 White 异方差修正后的双尾 T 值检验，"***、**、*"分别表示统计变量在 1%、5% 和 10% 的水平上显著。

数据来源：由 CSMAR 数据库上市公司公开数据计算整理而得。

4.6.3 管理层权力与高管隐形薪酬

从表4.9中管理层权力对高管隐形薪酬的回归结果来看，除央企样本外，其他各样本内管理层权力与高管隐形薪酬显著正相关，表明管理层权力越大，对隐形薪酬的追逐欲望越强。其中，国有企业高管在权力驱动下谋取的隐形福利显著高于非国有企业；国有企业内，地方国企因权力而攫取隐形薪酬的动机最强，在所有样本中回归系数最高（0.2143），而央企高管在权力增大的同时并没有显著提高自身的隐形薪酬。通过对比表4.7~表4.9的回归结果，笔者发现国有企业高管在权力提升的情况下，显性薪酬水平及超额薪酬均显著低于非国有企业，抛开产权与公司治理模式差异，政府的薪酬管制政策很可能起到关键性的作用，国企高管面对诸多限薪政策，通过手中权力增大显性薪酬的行为有所收敛，更倾向于较为隐蔽的、信息披露不透明的隐形薪酬，所以导致国企高管权力影响下的隐形薪酬高于非国有企业高管。对于央企高管而言，管理层权力与隐形薪酬虽然正相关但不显著，其原因可能追溯为政府针对央企负责人过高的货币性薪酬与职务消费出台的系列限薪政策，为降低政治风险、避免"顶风作案"的行政处罚，央企高管不会贸然行使权力提升隐形薪酬，故可能导致Power回归系数失去显著性。地方国企高管所受的隐形薪酬监督要弱于显性薪酬，故在显性薪酬遭到严格管制的情况下，隐形薪酬随即成为其替代性的薪酬补偿方式。

4.6.4 管理层权力、高管显性薪酬与高管隐形薪酬

表4.9的研究结果显示，在国有企业高管普遍面临薪酬管制的政策背景下，以在职消费为主的隐形薪酬很可能成为高管显性薪酬的重要补充。那么，在高管权力不断增加的情况下，二者的相互关系是否会发生改变？不同产权性质样本高管显性薪酬与隐形薪酬的

表4.9　管理层权力与高管隐形薪酬回归

被解释变量：Lnperk

自变量	全样本		国有企业		非国有企业		中央企业		地方国企	
截距	-0.1350	(-0.52)	0.1645	(0.51)	0.3930	(0.89)	-0.4420	(-0.92)	0.8995**	(2.12)
Power	0.1675***	(5.19)	0.1946***	(4.16)	0.0811**	(2.00)	0.0854	(1.11)	0.2143***	(4.05)
Roa	0.4009*	(1.82)	0.2714	(0.94)	0.8307**	(2.47)	0.6327	(1.23)	0.1905	(0.55)
Ret	-0.0166	(-0.85)	-0.0135	(-0.55)	-0.0357	(-1.22)	-0.0167	(-0.41)	-0.0088	(-0.30)
Share1	0.1911**	(2.12)	0.2792**	(2.49)	-0.4792***	(-3.53)	0.7358***	(3.87)	0.2140*	(1.65)
Growth	-0.0959***	(-2.97)	-0.0810*	(-1.69)	-0.0696**	(-2.00)	-0.1202	(-1.39)	-0.0751	(-1.34)
MB	0.0374***	(9.04)	0.0384***	(6.92)	0.0352***	(5.72)	0.0436***	(5.01)	0.0330***	(4.64)
Lev	-0.3273***	(-4.15)	-0.3915***	(-4.10)	-0.2502**	(-1.92)	-0.6650***	(-3.86)	-0.3039***	(-2.69)
Size	0.8441***	(64.66)	0.8464***	(52.64)	0.8092***	(36.50)	0.8663***	(35.94)	0.8209***	(39.58)
East	0.0830***	(2.67)	0.0288	(0.72)	0.1479***	(3.17)	-0.0126	(-0.17)	0.0117	(0.25)
Mid	-0.0940***	(-2.62)	-0.1635***	(-3.69)	-0.0699	(-1.19)	-0.1059	(-1.33)	-0.2154***	(-4.07)
Year	控制		控制		控制		控制		控制	
Industry	控制		控制		控制		控制		控制	
有效样本	4508		2941		1567		706		2235	
调整 R^2	62.58%		63.35%		58.85%		75.81%		59.15%	
F值	260.96		176.21		80.97		82.82		112.53	

注：括号内为变量回归系数经 White 异方差修正后的双尾 T 值检验，"***、**、*"分别表示统计变量在1%、5%和10%的水平上显著。

数据来源：由 CSMAR 数据库上市公司公开数据计算整理而得。

关系，又会如何演变？表4.10通过模型（4-4）的回归结果对其进行了解答。为了避免同一模型中管理层权力可能与显性薪酬、隐形薪酬及其他控制变量产生的共线性，笔者对先前模型中的被解释变量与解释变量分别进行了中值化技术调整，剔除了可能同时影响管理层权力与高管显性薪酬的业绩变量Roa、Ret，并加入产权虚拟变量，按照管理层权力的强弱将全样本进行细分。回归结果显示：当样本位于高管理层权力区间时，显性薪酬与隐形薪酬的回归系数为0.1548，反之在低管理层权力区间时，此值升至0.1720，所对应的T值均于1%的水平上显著，表明随着管理层权力的提高，隐形薪酬对显性薪酬的替代性增强，呈现出此升彼降的现象。在不区分权力强弱的全样本下，国有企业与非国有企业相比，高管隐形薪酬更大，但隐形薪酬对显性薪酬的替代性较弱；地方国企与央企相比，高管隐形薪酬总量较低，隐形薪酬对显性薪酬的替代性同样不强。在区分管理层权力强弱程度的子样本中，同属于高权力组下的国有企业高管较之非国有企业高管，隐形薪酬对显性薪酬的替代性增强，系数为-0.0720，T值于10%的水平上显著，但低权力组下，此种替代关系不具有显著性；而同属于高权力组的地方国企高管与央企高管相比，隐形薪酬差距较低，隐形薪酬对显性薪酬也不具有替代性，但与之相反的是，低权力组下，地方国企高管与央企高管相比，对隐形薪酬的需求欲望更强，隐形薪酬对显性薪酬的替代程度也更高。上述回归结果充分说明，制度约束、政策压力、风险机制与契约成本差异对不同产权性质下的公司高管决策将产生一定的影响。在多重因素的合力冲击下，隐形薪酬对显性薪酬的替代性随着管理层权力的增强而提高，假设5得以印证，表明隐形薪酬已成为高管获利的另一重要途径，而隐形薪酬对显性薪酬的替代幅度因不同产权性质而异。总体而言，当管理者位于较高的权力层级上，国企高管更偏好隐形薪酬，并使其对显性薪酬的替代程度有所增强；当管理者位于较低的权力层级上，地方国企高管更倾向于获取较为隐蔽的隐形薪酬，并相应地提高了其对显性薪酬的替代程度。

表4.10

管理层权力与高管显性薪酬和隐形薪酬回归

被解释变量：M_Lnperk

自变量	高权力	低权力	全样本	高权力	低权力	全样本	高权力	低权力
截距	-16.0090*** (-43.90)	-16.8492*** (-43.67)	-15.5897*** (-57.42)	-15.7322*** (-42.84)	-16.5538*** (-42.75)	-17.0048*** (-53.41)	-17.1713*** (-38.59)	-16.7618*** (-36.01)
M_Lncompen	0.1548*** (6.58)	0.1720*** (6.87)	0.1966*** (7.86)	0.1983*** (5.75)	0.1823*** (4.95)	0.1879*** (5.12)	0.0972* (1.90)	0.2502*** (4.75)
State			0.2024*** (8.29)	0.2153*** (5.98)	0.2028*** (6.07)			
State* M_Lncompen			-0.0402 (-1.30)	-0.0720* (-1.72)	-0.0177 (-0.39)			
Local						-0.0639** (-2.12)	-0.0374 (-0.89)	-0.1156*** (-2.66)
Local* M_Lncompen						-0.0650 (-1.53)	0.0139 (0.23)	-0.1292** (-2.15)
Share1	0.1401 (1.22)	0.2571* (1.95)	0.0497 (0.59)	0.0276 (0.24)	0.1303 (1.00)	0.2540** (2.41)	0.2313* (1.66)	0.3924** (2.40)
Growth	-0.1238* (-1.86)	-0.0814*** (-2.78)	-0.0941*** (-3.25)	-0.1219* (-1.82)	-0.0739** (-2.57)	-0.0942** (-2.21)	-0.1609* (-1.70)	-0.0465 (-1.23)
MB	0.0402*** (8.25)	0.0284*** (5.05)	0.0343*** (9.04)	0.0428*** (8.73)	0.0285*** (5.07)	0.0325*** (6.30)	0.0410*** (5.71)	0.0288*** (3.91)

续表

被解释变量：M_Lnperk

自变量	高权力	低权力	全样本	高权力	低权力	全样本	高权力	低权力
Lev	-0.1950** (-2.00)	-0.3822*** (-3.69)	-0.3031*** (-4.34)	-0.2219** (-2.30)	-0.3985*** (-3.87)	-0.3544*** (-4.18)	-0.3432*** (-2.90)	-0.3703*** (-2.91)
Size	0.8157*** (46.31)	0.7789*** (41.26)	0.7818*** (60.10)	0.8026*** (45.11)	0.7638*** (40.07)	0.8064*** (52.62)	0.8253*** (38.93)	0.7853*** (35.04)
East	0.0723 (1.64)	-0.0129 (-0.30)	0.0309 (1.01)	0.0673 (1.55)	-0.0050 (-0.12)	-0.0045 (-0.11)	0.0498 (0.83)	-0.0601 (-1.15)
Mid	-0.0841* (-1.66)	-0.1235** (-2.55)	-0.1198*** (-3.45)	-0.1250** (-2.45)	-0.1284*** (-2.69)	-0.1515*** (-3.53)	-0.1462** (-2.33)	-0.1694*** (-2.91)
Year	控制	控制	控制	控制	控制	控制	控制	控制
Industry	控制	控制	控制	控制	控制	控制	控制	控制
有效样本	2229	2356	4585	2229	2356	2996	1467	1529
调整 R²	59.69%	56.87%	58.81%	60.38%	57.44%	58.80%	60.67%	57.12%
F 值	123.21	120.43	224.21	118.07	114.53	151.23	81.78	73.70

注：括号内为变量回归系数经 White 异方差修正后的双尾 T 值检验，"***"、"**"、"*" 分别表示统计变量在 1%、5% 和 10% 的水平上显著。
数据来源：由 CSMAR 数据库上市公司公开数据计算整理而得。

4.6.5 管理层权力与高管员工薪酬差距

表4.11的回归结果显示，在所有样本中管理层权力均显著提升了高管与普通员工的薪酬差距，说明高管运用权力干预薪酬的痕迹十分明显，在逐利动机的强势推动下，高管除获得由业绩水平决定的正常薪酬外，还获得了由权力滋生的超额薪酬，导致了高管薪酬与普通员工的薪酬差距越拉越大，薪酬公平性严重缺失、薪酬差距的锦标赛激励效果亦无法顺利实现。

具体而言，央企高管基于权力提升的薪酬差距最大，二者相关系数为0.9917（T值在5%的统计水平上显著），国有企业高管通过权力影响薪酬差距的程度要高于非国有企业高管，其原因可能与国企的垄断优势、高管的选聘机制及其薪酬激励的有效性有关，高管可能并不是公司业绩的忠实支持者，业绩也不再是衡量国企高管薪酬的唯一标准。

4.6.6 管理层权力与薪酬业绩敏感性

表4.12a和表4.12b依次揭示了不同权力强度与不同业绩强度下管理层权力对高管薪酬业绩敏感性的影响。从表4.12a按照管理层权力强度进行划分的全样本和各产权分样本下薪酬业绩敏感性回归结果来看，随着管理层权力的增大，高管薪酬业绩敏感性显著提升，表明高管通过权力影响薪酬定价的同时，也相应改善了公司业绩。表4.12b中，按照业绩强度进行划分的全样本回归（第二栏）结果也为此提供了佐证，即Power与Roani的交互变量与Lncompen显著正相关，并且无论高业绩还是低业绩，显著性均较强。全样本下，国有企业高管权力对薪酬业绩敏感性的回归系数略低于非国有企业，但不具显著性；高业绩下，国企高管权力对薪酬业绩敏感性

表4.11 管理层权力与高管员工薪酬差距回归

被解释变量：Empgap

自变量	全样本		国有企业		非国有企业		中央企业		地方国企	
截距	16.3318**	(2.25)	20.4374**	(2.48)	2.1380***	(0.15)	26.1611	(1.44)	17.6600**	(1.98)
Power	0.7967***	(4.46)	0.8414***	(4.01)	0.6773**	(2.31)	0.9917**	(2.23)	0.7527***	(3.19)
Roa	12.5890***	(11.37)	9.7766***	(7.74)	12.6169***	(6.71)	9.9792***	(5.09)	9.4329***	(5.97)
Ret	0.0340	(0.30)	0.0874	(0.69)	-0.2191	(-1.04)	-0.1110	(-0.49)	0.1191	(0.79)
Share1	-5.2014***	(-12.45)	-4.8486***	(-9.86)	-2.5387**	(-2.66)	-3.8092***	(-3.68)	-5.4396***	(-10.05)
M_Lnavgemp	-3.2027***	(-4.65)	-3.1968***	(-4.13)	-3.3063**	(-2.58)	-2.7909*	(-1.72)	-2.9632***	(-3.48)
Growth	-0.0542	(-0.48)	0.0344	(0.25)	-0.2185	(-1.19)	-0.0133	(-0.05)	0.0537	(0.34)
MB	0.0046	(0.24)	-0.0077	(-0.36)	0.0907**	(2.48)	-0.0555	(-1.31)	0.0030	(0.12)
Lev	0.5681	(1.58)	0.3836	(0.96)	-0.1010	(-0.14)	2.7652***	(3.86)	-0.2117	(-0.43)
Size	0.9461***	(12.36)	0.7943***	(9.36)	1.8801***	(11.11)	0.6023***	(5.26)	0.7978***	(7.29)
East	0.7667***	(5.44)	0.4762***	(3.20)	1.1633***	(4.29)	2.7652***	(3.86)	0.4710***	(2.86)
Mid	0.9038***	(5.68)	1.2284***	(7.12)	0.2057	(0.67)	-0.1905	(-0.61)	1.6041***	(8.00)
Year	控制		控制		控制		控制		控制	
Industry	控制		控制		控制		控制		控制	
有效样本	7592		5057		2535		1192		3863	
调整R²	10.57%		9.86%		14.97%		15.95%		11.23%	
F值	30.90		19.44		16.39		8.80		17.28	

注：括号内为变量回归系数经White异方差修正后的双尾T值检验，"***"、"**"、"*"分别表示统计变量在1%、5%和10%的水平上显著。
数据来源：由CSMAR数据库上市公司公开数据计算整理而得。

表4.12a 管理层权力与高管薪酬业绩敏感性回归

被解释变量：Lncompen，分组变量：Power

自变量	全样本		国有企业		非国有企业		中央企业		地方国企	
	高权力	低权力	高权力	低权力	高权力	低权力	高权力	低权力	高权力	低权力
截距	4.8898*** (16.70)	6.8317*** (26.37)	5.5662*** (16.04)	7.4279*** (23.23)	4.3094*** (7.22)	5.2614*** (9.46)	7.1105*** (11.43)	8.0845*** (11.08)	5.5031*** (12.96)	7.7397*** (19.54)
Roani	2.7282*** (13.93)	2.1540*** (11.16)	2.6200*** (10.96)	2.4033*** (9.39)	2.6170*** (7.74)	1.6751*** (5.87)	3.1122*** (7.31)	2.7710*** (6.80)	2.4215*** (8.58)	2.3089*** (7.21)
Ret	-0.0242 (-1.27)	-0.0182 (-1.04)	0.0050 (0.22)	-0.0180 (-0.81)	-0.0771** (-2.39)	-0.0253 (-0.87)	-0.0773 (-1.60)	-0.0178 (-0.51)	0.0282 (1.04)	-0.0195 (-0.73)
Share1	-0.6202*** (-8.52)	-0.1634** (-2.24)	-0.5122*** (-6.02)	-0.3030*** (-3.38)	-0.6412*** (-4.45)	0.0379 (0.28)	-0.4110** (-2.14)	0.0018 (0.01)	-0.5562*** (-5.87)	-0.4233*** (-4.02)
Lnavg	0.1935*** (12.64)	0.1827*** (14.19)	0.1875*** (9.28)	0.1879*** (11.46)	0.2114*** (8.84)	0.1781*** (8.87)	0.2473*** (5.00)	0.1605*** (5.88)	0.1866*** (8.36)	0.1921*** (9.46)
Growth	-0.0134 (-0.52)	-0.0482*** (-2.92)	0.0171 (0.54)	-0.0315 (-1.32)	-0.0535 (-1.26)	-0.0648*** (-2.96)	-0.0063 (-0.09)	-0.0699 (-1.19)	0.0108 (0.31)	-0.0238 (-0.93)
MB	0.0089* (1.94)	0.0059 (1.48)	0.0104* (1.77)	0.0032 (0.66)	0.0142* (1.90)	0.0143** (2.26)	0.0237** (2.01)	-0.0181** (-2.25)	0.0066 (1.01)	0.0093 (1.53)
Lev	-0.0596*** (-0.88)	-0.2008*** (-3.10)	-0.0823 (-1.04)	-0.2633*** (-3.35)	-0.1321 (-1.01)	-0.1274 (-1.07)	0.0473 (0.31)	0.0243 (0.16)	-0.1037 (-1.09)	-0.3501*** (-3.78)

续表

被解释变量：Lncompen，分组变量：Power

自变量	全样本		国有企业		非国有企业		中央企业		地方国企	
	高权力	低权力	高权力	低权力	高权力	低权力	高权力	低权力	高权力	低权力
Size	0.2522*** (20.27)	0.2183*** (18.34)	0.2370*** (15.40)	0.1956*** (14.48)	0.3152*** (12.78)	0.2874*** (10.85)	0.1944*** (8.20)	0.1582*** (6.94)	0.2419*** (12.59)	0.1845*** (10.68)
East	0.3016*** (10.84)	0.2167*** (8.70)	0.2072*** (6.05)	0.1924*** (6.40)	0.4497*** (9.69)	0.2450*** (5.29)	0.1551** (2.46)	0.0740 (1.10)	0.2235*** (5.49)	0.2078*** (6.20)
Mid	0.0191 (0.60)	0.0427 (1.57)	-0.0525 (-1.41)	0.0281 (0.87)	0.1343*** (2.21)	0.0375 (0.75)	-0.1771*** (-2.73)	-0.1183* (-1.84)	-0.0073 (-0.17)	0.0620* (1.67)
Year	控制	控制	控制	控制	控制	控制	控制	控制	控制	控制
Industry	控制	控制	控制	控制	控制	控制	控制	控制	控制	控制
有效样本	3766	3850	2517	2562	1249	1288	564	633	1952	1928
调整 R^2	45.25%	42.51%	46.48%	43.59%	44.61%	41.84%	56.06%	48.34%	43.96	41.76%
F值	108.29	102.64	76.36	71.69	38.23	34.06	26.66	22.12	53.78	50.35

注：括号内为变量回归系数经 White 异方差修正后的双尾 T 值检验，"***"、"**"、"*"分别表示统计变量在 1%、5% 和 10% 的水平上显著。

数据来源：由 CSMAR 数据库上市公司公开数据计算整理而得。

表4.12b

管理层权力与高管薪酬业绩敏感性（Roani 分组变量）

被解释变量：Lncompen

自变量	全样本	高业绩	低业绩	全样本	高业绩	低业绩	全样本	高业绩	低业绩
截距	5.2457*** (26.94)	5.8174*** (21.44)	6.6225*** (24.80)	5.2290*** (26.34)	5.9718*** (21.48)	6.5518*** (24.04)	5.2476*** (26.93)	5.8104*** (21.41)	6.6198*** (24.77)
Power	0.0870*** (3.67)	0.0140 (0.23)	0.0751** (2.58)	0.0874*** (3.68)	0.0154 (0.26)	0.0744** (2.56)	0.1205*** (4.21)	0.0504 (0.79)	0.1200*** (3.13)
Roani	2.8131*** (18.17)	2.6698*** (7.61)	1.0656*** (5.19)	2.8042*** (18.01)	2.7736*** (7.77)	1.0578*** (5.20)	2.7841*** (18.06)	2.6439*** (7.51)	1.0804*** (5.27)
Power * Roani	0.9665*** (2.69)	1.7312** (2.15)	0.7837* (1.73)	1.0407** (2.01)	2.3662*** (2.73)	-0.3983 (-0.55)	0.9475*** (2.67)	1.6524** (2.06)	0.7942* (1.68)
State				-0.0103 (-0.61)	0.0663 (2.72)	-0.0420* (-1.84)			
State * Power * Roani				-0.1436 (-0.23)	-1.4239* (-1.93)	2.1331** (2.29)			
Local							-0.0700*** (-4.88)	-0.0315 (-1.48)	-0.0760*** (-3.96)
Local * Power * Roani							-0.0736* (-1.84)	-0.0781 (-1.39)	-0.1000* (-1.81)
Ret	-0.0236* (-1.79)	-0.0203 (-1.14)	-0.0415** (-2.15)	-0.0236 (-1.79)	-0.0210 (-1.18)	-0.0400** (-2.08)	-0.0226* (-1.71)	-0.0201 (-1.13)	-0.0392** (-2.03)
Share1	-0.3994*** (-7.78)	-0.3638*** (-5.02)	-0.4558*** (-6.40)	-0.3926*** (-7.54)	-0.4040*** (-5.45)	-0.4318*** (-6.02)	-0.3676*** (-7.14)	-0.3477*** (-4.78)	-0.4240*** (-5.93)

续表

被解释变量：Lncompen

自变量	全样本	高业绩	低业绩	全样本	高业绩	低业绩	全样本	高业绩	低业绩
Lnavgemp	0.1849*** (18.68)	0.1345*** (9.33)	0.2163*** (16.32)	0.1854*** (18.44)	0.1279*** (8.73)	0.2185*** (16.24)	0.1867*** (18.75)	0.1354*** (9.32)	0.2171*** (16.29)
Growth	-0.0383*** (-2.71)	-0.0827*** (-4.60)	0.0023 (0.10)	-0.0384*** (-2.72)	-0.0825*** (-4.61)	0.0011 (0.05)	-0.0389*** (-2.75)	-0.0824*** (-4.59)	0.0001 (0.01)
MB	0.0090*** (2.99)	0.0066 (1.28)	0.0001 (0.03)	0.0089*** (2.98)	0.0068 (1.31)	-0.0004 (-0.11)	0.0078*** (2.59)	0.0062 (1.18)	-0.0012 (-0.31)
Lev	-0.0391 (-0.81)	0.1431* (1.86)	0.0086 (0.14)	-0.0394 (-0.81)	0.1554** (2.01)	0.0153 (0.24)	-0.0326 (-0.67)	0.1397* (1.81)	0.0271 (0.43)
Size	0.2326*** (26.87)	0.2267*** (18.74)	0.2146*** (17.70)	0.2333*** (26.82)	0.2222*** (18.29)	0.2169*** (17.78)	0.2332*** (26.98)	0.2277*** (18.82)	0.2142*** (17.71)
East	0.2582*** (13.82)	0.3058*** (11.05)	0.2164*** (8.81)	0.2580*** (13.80)	0.3087*** (11.18)	0.2164*** (8.81)	0.2586*** (13.85)	0.3060*** (11.05)	0.2183*** (8.91)
Mid	0.0335 (1.62)	0.1075*** (3.50)	-0.0240 (-0.88)	0.0345* (1.66)	0.1025*** (3.34)	-0.0206 (-0.76)	0.0412** (1.98)	0.1117*** (3.62)	-0.1471 (-0.54)
Year	控制	控制	控制	控制	控制	控制	控制	控制	控制
Industry	控制	控制	控制	控制	控制	控制	控制	控制	控制
有效样本	7576	3739	3837	7576	3739	3837	7576	3739	3837
调整 R^2	44.30%	40.05%	43.08%	44.29%	40.21%	43.19%	44.50%	40.09%	43.34%
F 值	195.37	81.56	97.78	183.51	77.18	92.13	185.01	76.80	92.69

注：括号内为变量回归系数经 White 异方差修正后的双尾 T 值检验，"***"、"**"、"*"分别表示统计量在1%、5%和10%的水平上显著。
数据来源：由 CSMAR 数据库上市公司公开数据计算整理而得。

的影响于 10% 的水平上显著低于非国有企业，但低业绩下，上述关系却发生逆转，与非国企高管相比，国企高管凭借权力优势扭转了业绩不振的局面，显著增大了薪酬业绩敏感性；地方国企高管权力与央企高管权力对薪酬业绩的对比中，全样本及低业绩样本下，地方国企高管权力影响下的薪酬业绩敏感性显著低于央企，而高业绩样本下上述关系虽然为负，但显著性较差，表明央企高管在公司业绩低迷期间，运用权力对薪酬业绩敏感性干预的力度更强，以确保并达到薪酬业绩敏感性整体上的显著。

4.6.7　管理层权力与薪酬差距业绩敏感性

表 4.13a 和表 4.13b 分别从管理层权力与公司业绩强度角度考察了管理层权力对高管员工薪酬差距与公司业绩敏感性的作用效果。从表 4.13a 全部回归结果与表 4.13b 第 2 ~ 4 栏全样本回归结果可以发现，管理层权力越大，薪酬差距与业绩的敏感性也越强。表 4.13b 第 5 栏结果显示，国有企业高管、员工薪酬差距显著低于非国有企业，管理层权力对薪酬差距业绩敏感性的影响程度也相对较弱；同样，地方国企高管与员工薪酬差距显著低于央企，管理层权力对薪酬差距业绩敏感性的影响也与央企中二者的表现区别不大。但是，当公司业绩处于较低水平时，国有企业较之非国有企业、地方国企较之央企，管理层权力对薪酬差距与公司业绩敏感性的贡献程度显著提高，而业绩较高时，此种关系并不明显，说明管理层权力可以有效地弥补低业绩时因薪酬差距拉大而导致的其与公司业绩间敏感性下降的不足。当公司业绩持续处于低位且高管与员工薪酬差距较大时，国有企业与其范畴内的地方国企高管在政绩考核的强约束下，将有强烈的动机通过权力资源干预薪酬业绩敏感性，并相应影响薪酬差距与业绩的敏感性，而反观非国有企业与央企，其市场运行机制效率较高，在有效的薪酬激励下，高管与员工薪酬差距将会客观地持续放大，继

表4.13a 管理层权力与高管薪酬员工薪酬差距业绩敏感性回归

被解释变量：Empgap，分组变量：Power

自变量	全样本		国有企业		非国有企业		中央企业		地方国企	
	高权力	低权力	高权力	低权力	高权力	低权力	高权力	低权力	高权力	低权力
截距	14.2715*** (1.33)	21.5380** (2.10)	23.9717* (1.97)	20.4478* (1.85)	-2.7081 (-0.12)	6.4067 (0.33)	25.4790 (1.01)	27.2441 (1.06)	18.3094 (1.34)	21.0487* (1.81)
Roami	14.7905*** (9.31)	9.6926*** (6.34)	11.7556*** (6.68)	7.1451*** (3.89)	15.0258*** (5.35)	9.0628*** (3.73)	15.3770*** (5.60)	3.9438 (1.29)	9.4231*** (4.29)	7.9539*** (3.45)
Ret	-0.0135 (-0.08)	0.1060 (0.71)	0.2335 (1.16)	-0.0276 (-0.19)	-0.5533** (-1.96)	0.1931 (0.64)	0.0259 (0.07)	-0.3401 (-1.20)	0.2673 (1.11)	0.0168 (0.10)
Share1	-7.3062*** (-11.16)	-3.1205*** (-5.17)	-5.9616*** (-8.02)	-3.6453*** (-5.39)	-6.1951*** (-4.77)	1.1275 (0.82)	-3.7209** (-2.27)	-3.0433** (-2.34)	-6.6438*** (-8.04)	-4.2467*** (-5.81)
M_Lnavgemp	-3.7382*** (-3.63)	-2.5356*** (-2.83)	-4.0894*** (-3.48)	-2.3978** (-2.48)	-3.7349* (-1.91)	-2.4749 (-1.50)	-2.6412 (-1.17)	-3.1356 (-1.41)	-3.8234*** (-2.92)	-2.1345** (-2.09)
Growth	0.1081 (0.55)	-0.1233 (-0.90)	0.4493* (1.77)	-0.0924 (-0.57)	-0.4093 (-1.28)	-0.2107 (-0.94)	0.0434 (0.09)	-0.0880 (-0.28)	0.5630** (2.16)	-0.0721 (-0.39)
MB	0.0470 (1.57)	-0.0436* (-1.84)	0.0179 (0.54)	-0.0330 (-1.21)	0.1563*** (2.79)	-0.0163 (-0.35)	-0.0333 (-0.47)	-0.0635 (-1.21)	0.0432 (1.12)	-0.0368 (-1.10)

续表

被解释变量：Empgap，分组变量：Power

自变量	全样本		国有企业		非国有企业		中央企业		地方国企	
	高权力	低权力	高权力	低权力	高权力	低权力	高权力	低权力	高权力	低权力
Lev	0.7205 (1.37)	0.2558 (0.52)	0.7107 (1.20)	-0.1481 (-0.28)	-0.1978 (-0.18)	0.2128 (0.22)	3.2695*** (3.44)	0.8122 (0.76)	-0.2373 (-0.32)	-0.3871 (-0.61)
Size	1.3339*** (11.56)	0.5854*** (5.90)	1.1040*** (8.21)	0.5325*** (5.05)	2.3299*** (10.01)	1.2573*** (5.05)	0.5684*** (3.45)	0.7523*** (4.56)	1.2541*** (7.32)	0.3736*** (2.72)
East	1.0134*** (4.93)	0.6774*** (3.55)	0.3821* (1.66)	0.5178*** (2.70)	1.8299*** (4.86)	0.6863* (1.81)	0.2754 (0.57)	-0.4099 (-0.81)	0.3600 (1.34)	0.5171*** (2.59)
Mid	1.0607*** (4.38)	0.8386*** (4.04)	1.1587*** (4.30)	1.2110*** (5.37)	0.4750 (0.99)	-0.0912 (-0.23)	-0.0596 (-0.14)	-0.4482 (-1.03)	1.5006*** (4.72)	1.5403*** (5.98)
Year	控制	控制	控制	控制	控制	控制	控制	控制	控制	控制
Industry	控制	控制	控制	控制	控制	控制	控制	控制	控制	控制
有效样本	3771	3861	2517	2567	1254	1294	564	633	1953	1933
调整 R^2	13.46%	7.45%	11.45%	7.21%	20.46%	11.61%	17.71%	18.84%	13.09%	7.88%
F 值	21.22	12.10	12.22	8.12	12.94	7.07	5.33	6.24	11.13	6.90

注：括号内为变量回归系数经 White 异方差修正后的双尾 T 值检验，"***"、"**"、"*"分别表示统计变量在 1%、5% 和 10% 的水平上显著。

数据来源：由 CSMAR 数据库上市公司公开数据计算整理而得。

表 4.13b　管理层权力与高管员工薪差距业绩敏感性回归

被解释变量：Empgap　分组变量：Roani

自变量	全样本	高业绩	低业绩	全样本	高业绩	低业绩	全样本	高业绩	低业绩
截距	16.3524** (2.26)	22.7991** (2.03)	17.4665* (1.77)	14.8413** (2.07)	20.1955* (1.82)	16.7891* (1.71)	16.7702** (2.34)	21.9509* (1.98)	18.4969* (1.89)
Power	0.4391*** (2.53)	0.2752 (0.53)	0.3389* (1.67)	0.4854*** (2.84)	0.4346 (0.86)	0.3475* (1.72)	0.4957*** (2.88)	0.3733 (0.74)	0.3553* (1.75)
Roani	12.2461*** (11.09)	16.1899*** (5.54)	3.3606** (2.42)	11.1530*** (10.37)	13.9317*** (4.89)	3.3051** (2.42)	11.8103*** (10.79)	15.1099*** (5.22)	3.4458** (2.48)
Power * Roani	11.9832*** (4.57)	12.7601* (1.82)	8.4704*** (2.80)	10.8847*** (2.51)	13.0204* (1.88)	0.3931 (0.08)	10.7261*** (3.12)	12.7910* (1.78)	2.8805 (0.75)
State				-1.3841*** (-9.84)	-1.4834*** (-6.79)	-1.0437*** (-6.04)			
State * Power * Roani				2.4437 (0.47)	-2.4511 (-0.35)	14.5553*** (2.59)			
Local							-1.0008*** (-8.46)	-1.1031*** (-5.81)	-0.7305*** (-5.11)
Local * Power * Roani							3.8712 (0.76)	-0.5374 (-0.08)	13.8905** (2.48)
Ret	0.0432 (0.38)	0.1678 (0.97)	-0.0698 (-0.53)	0.0403 (0.36)	0.1660 (0.96)	-0.0599 (-0.45)	0.0547 (0.48)	0.1797 (1.03)	-0.0523 (-0.39)
Share1	-5.1241*** (-11.56)	-5.5327*** (-7.75)	-4.6682*** (-9.03)	-4.2102*** (-9.33)	-4.4868*** (-6.14)	-4.0360*** (-7.65)	-4.6619*** (-10.37)	-5.0432*** (-6.95)	-4.3169*** (-8.24)

续表

被解释变量：Roani　分组变量：Empgap

自变量	全样本	高业绩	低业绩	全样本	高业绩	低业绩	全样本	高业绩	低业绩
M_Lnavgemp	-3.2011***	-4.0421***	-2.2670***	-3.2409***	-3.9856***	-2.3418***	-3.2359***	-3.9662***	-2.3554***
	(-4.66)	(-3.80)	(-2.59)	(-4.77)	(-3.79)	(-2.70)	(-4.75)	(-3.77)	(-2.71)
Growth	-0.0353	-0.3411***	0.3349	-0.0573	-0.3481***	0.3085	-0.0474	-0.3278**	0.3080
	(-0.31)	(-2.64)	(1.62)	(-0.51)	(-2.69)	(1.49)	(-0.42)	(-2.53)	(1.48)
MB	-0.0002	-0.1080**	-0.0258	-0.0058	-0.1052**	-0.0303	-0.0143	-0.1213***	-0.0372*
	(-0.01)	(-2.55)	(-1.25)	(-0.31)	(-2.52)	(-1.46)	(-0.77)	(-2.88)	(-1.78)
Lev	0.5896	2.1634***	0.7752*	0.5524	1.8671***	0.8403**	0.6386*	1.9804***	0.9431**
	(1.64)	(3.45)	(1.83)	(1.56)	(3.02)	(2.00)	(1.79)	(3.17)	(2.22)
Size	0.9353***	0.9760***	0.6764***	1.0346***	1.0906***	0.7531***	0.9504***	1.0109***	0.6739***
	(12.28)	(8.29)	(7.51)	(13.48)	(9.19)	(8.28)	(12.46)	(8.53)	(7.49)
East	0.7471***	1.1796***	0.3787**	0.7382***	1.1497***	0.3778**	0.7430***	1.1537***	0.3965**
	(5.30)	(5.12)	(2.31)	(5.30)	(5.04)	(2.34)	(5.33)	(5.06)	(2.45)
Mid	0.8939***	1.0492***	0.7813***	1.0109***	1.1840***	0.8541***	0.9672***	1.1306***	0.8427***
	(5.63)	(4.05)	(4.04)	(6.44)	(4.60)	(4.48)	(6.13)	(4.37)	(4.40)
Year	控制	控制	控制	控制	控制	控制	控制	控制	控制
Industry	控制	控制	控制	控制	控制	控制	控制	控制	控制
有效样本	7561	3746	3846	7592	3746	3846	7592	3746	3846
调整 R^2	10.82%	11.31%	7.92%	12.13%	12.52%	9.01%	11.65%	12.07%	8.61%
F 值	30.72	16.40	12.02	32.76	17.24	12.90	31.33	16.57	12.32

注：括号内为变量回归系数经 White 异方差修正后的双尾 T 值检验，"***"、"**"、"*" 分别表示统计变量在 1%、5% 和 10% 的水平上显著。

数据来源：由 CSMAR 数据库上市公司公开数据计算整理而得。

而薪酬差距与业绩的敏感性也将显著提升（见表4.13a，非国有企业回归结果），高管无须运用权力对薪酬差距业绩敏感性进行强势推进；央企内，高管对薪酬差距业绩敏感性的影响具有区间效应，高权力管理者影响下的薪酬差距业绩敏感性回归结果与其他样本结论保持一致，但低权力管理者影响下的薪酬差距业绩敏感性在所有样本中最低，已然失去显著性，故形成了4.13b中最后一栏的回归结果，这亦从侧面反映出低权力的央企高管试图通过权力干预薪酬差距业绩敏感性的成本较高，概率较小。

4.7

稳健性测试

为了验证上述结论的可靠性与稳定性，笔者进行了如下稳健性测试：（1）使用上市公司财务报告中"董事、监事及高管前三名薪酬总额"替代"高管前三名薪酬总额"作为高管薪酬的度量指标代入模型重新进行检验；（2）采用高管员工薪酬差距的绝对量，Ln（高管前三名平均薪酬－普通员工平均薪酬）替代高管员工薪酬差距的相对量进行检验；（3）考虑到本期高管薪酬可能受到上期公司业绩的影响，笔者使用滞后一期的公司业绩变量替代本期公司业绩代入模型重新检验，结论均未发生实质性的改变，证明本章的结论是稳健的。

本章小结

本章依循委托代理理论的指导思想，结合中国转轨经济中不同产权下特殊的高管薪酬治理背景，深层次考察了管理层权力因素对薪酬体系的重要影响，为理解高管的权力行为以及权力行使后的经济后果提供了较为清晰的逻辑线索。通过对2004～2011年沪深两地 A 股上市公司样本数据的分析，笔者发现：①管理层权力的增大，不仅导致高管获得了较高的显性货币薪酬，更攫取了较多的超额薪酬，获得了更大的隐形福利，高管与普通员工间的薪酬差距也愈发扩大。②制度约束、政策压力、风险机制与契约成本差异等多因素的合力冲击，导致不同产权性质公司的高管薪酬偏好表现出较大的差异，特别是管理层权力较大的公司，隐形薪酬对显性薪酬的替代性更强。当管理者位于较高的权力层级时，国企高管更偏好隐形薪酬，并使其对显性薪酬的替代程度有所提高；当管理者位于较低的权力层级时，地方国企高管更倾向于获取较为隐蔽的隐形薪酬，并相应地提高了其对显性薪酬的替代程度。③管理层权力的膨胀，总体上提升了不同产权性质公司的高管薪酬业绩敏感性，其中，按照权力强度划分的分样本中，国有企业较之非国有企业、央企较之地方国企管理层权力增大导致的薪酬业绩敏感性增速更快；在按照业绩强度划分的产权分样本中，业绩越好、管理层权力越大，薪酬业绩敏感性越高，且低业绩下，国有企业管理层权力的增大能弥补业绩低迷而导致的薪酬业绩敏感性的下降。④管理层权力的增强，也促进了高管员工薪酬差距对公司业绩的正向激励作用，通过不同权力强度与不同业绩强度的细化对比，笔者发现国有企业管理层权力影响下的薪酬差距业绩敏感性的上升幅度更显著。

本章的研究结论，对于深刻理解市场进程不断提升下的公司内部治理机制、管理层权力决策行为与高管薪酬机制，具有较好的理论指引和实践指导意义。权力是一把"双刃剑"，合理合法地行使权力能够达到管理者与股东的"双赢"，企业绩效的提高，但权力天秤一旦失衡，利益博弈的角逐将永无停止，长期的失衡状态最终将导致两败俱伤的惨烈结局。因此，依据产权性质和企业治理背景，如何寻求到代理双方的合意制衡点至关重要。这不仅需要企业的规范管理，如明确高管的权力行使范围、权力强度，完善薪酬契约激励、增强董事会和监事会的治理机制以提升公司治理机制，同时，还需要政府相关部门的大力支持和制度保障，笔者相信在坚持市场化改革的大方向下，外部适度的行政指引与内部良好的公司治理机制的紧密配合，势必达到并促进改革开放的进一步深化。

5

高管薪酬与盈余管理：
基于管理层权力的检验

5. 1
引言

    委托代理理论分析框架下，基于公司治理的高管薪酬研究占据了重要的地位。随着社会经济的不断发展和信息披露制度的日臻完善，围绕高管薪酬的研究也日趋成熟。近年来，社会各界对高管薪酬畸高、薪酬业绩倒挂、管理层权力"寻租"的质疑声不绝于耳。如何对高管实施有效的激励，减弱高管与股东间的利益冲突，从而最大化股东财富和公司价值成为完善公司治理机制的终极目标。詹森和麦克林（Jensen，Meckling，1976）、墨菲（Murphy，1999）等学者从前人研究基础上，总结提炼出最优契约理论，认为与公司业绩紧密挂钩的薪酬契约可视为有效解决代理问题，降低代理成本的最佳路径，即公司业绩越好，管理者薪酬越高，高管因薪酬动机增大业绩的动机也越强。实践业已证明，随着市场化进程的逐步提高，高管薪酬与公司业绩的敏感性也在显著提升（辛清泉，谭伟强，2009；杜兴强，王丽华，2007；陈冬华等，2009；陈信元等2010；方军雄，2011）。然而，由于高管与股东间的信息不对称和监督成本的存在，股东无法全面观测和评判管理者的努力程度和行为决策，致使公司通过最终取得的会计利润对高管能力甄别、尽职程度及薪酬水平进行评价的机制可能存在一定的偏差。为了最大化个人效用，获取更高的薪酬补偿，逐利性的管理者很可能会利用会计政策选择、会计估计变更或构建真实交易操纵盈余，通过盈余管理手段虚增利润。而已有文献也证实，薪酬动机确实成为诱发高管实施盈余管理的重要因素（Watt，Zimmerman，1978；Healy，1985；Holthausen et al.，1995；Gaver et al.，1995；Bergstresser，Philippon，2006）。但是，大部分研究仍以应计制盈余管理（Accrual-based Earnings Management）为主，对真实活动盈余管理的（Real Earnings Management）的探讨还为数不多、剖析得不够深入。实际上，真实活动盈余管理与应计制盈余管理可能共存于同一会计期间（Zang，2012），并可能具有某种转换关系（Cohen et al.，2010；Zang，2012）。真实活动盈余管理，主要通过适时性的财务决策构建真实交易来改变报告盈余，促使股东相信既定的盈余目标是在正常的生产经营模式下实现的（Roychowdhury，2006），不易被审计师察觉，具有较强的隐蔽性。真实活动盈余管理一般通过销售操控、费用操控和扩大生产三种途径展开，不同于应计制盈余管理，真实活动盈余管理直接作用于现金流，不受会计政策选择、会计估计变更的束缚，可于一年中的任何时点发生，审计监管风险较低（Gunny，2005；Roychowdhury，2006；Cohen et al.，2008，2010；Zang，2012；李增福等，2012），但实施成本相对较高（Graham et al.，2005），对公司的长期业绩也可能产生一定的负面影响（Gunny，2005；Chapman et al.，2011；Zang，2012；Kim，Sohn，2013）。那么，高管在高薪诱导下，是否会实施真实活动盈余管理？其实施幅度又将如何？这是本书旨在探究的第一个命题。随着所有权与经营权的日渐分离，股东对优秀职业经理人的需求日益增大。当度过磨合期后，股东、董事会成员对高管能力的认可与信赖也进一步推进了公司的"管理权力下放"，对高管的监管力度可能被弱化，高管决策的裁量性空间得以提升，这使得高管在获得较高薪酬激励的同时也获取了较大的权力，并可能出现利用权力"寻租"，攫取超额利润的自利行为。王克敏和王志超（2007）指出，高管凭借较高的控制权，完全可以绕过盈余管理，而直接利用权力获取超额薪酬，因为这可能远比使用盈余管理增加自身薪酬的风险和成本要低。故此，若将管理层权力纳入高管薪酬与盈余管理活动的研究框架，考察管理层权力对高管薪酬诱发盈余管理的影响机理则实为必要。

与先前学者研究不同，为防止高管薪酬、管理层权力与盈余管理变量在同一维度下的共线性，笔者对模型进行了优化，首先，利用排除权力后的初始模型对高管薪酬进行回归，得到真实薪酬的预测值。其次，在初始模型中引入管理层权力变量再进行回归，得到包含权力薪酬的预测值，二者之间的差额即为权力引发的薪酬，如果权力引发的薪酬越大，那么，高管进行盈余管理的动机将显著减弱。随后，本章进一步探讨了现有学者较少涉及的应计制盈余管理和真实活动盈余管理的经济后果检验，考察公司业绩与公司价值在短期和长期内的变化趋势，以期更为连续、全面、完整地揭示盈余管理对公司与股东财富的影响。

本章以 2005 ~ 2011 年沪深 A 股上市公司为主要样本，在盈余管理经济后果分析中，继续引入 2012 年的数据，首先，检验高管薪酬对两种盈余管理的诱发机制是否成立。其次，考察管理层权力对高管薪酬诱发其实施盈余管理的影响效果。最后，本章进一步分析了盈余管理后公司业绩与公司价值在短期和长期内的变化轨迹。本章其余部分安排如下：第二部分为文献综述与理论假设，第三部分为研究设计与样本选取，第四部分为实证研究，第五部分为稳健性测试，最后为本章小结。

5.2
文献综述与理论假设

5.2.1　高管薪酬与盈余管理

在实施盈余管理的诸多动机中，薪酬契约动机便是其一

（Watts, Zimmerman, 1986），这种假说建立在代理理论和激励理论的基础上。由于两权分离，委托人和代理人在信息渠道和利益选择中存在冲突，委托人为了更好地激励代理人努力工作，与代理人签订契约，以公司的未来业绩决定代理人的薪酬，而对公司日常经营活动和管理者会计政策的选择上并不起决定作用，这恰恰为追逐高薪酬的代理人调控盈余，寻求私人利益最大化提供了契机。哈格曼等（Hagerman et al., 1979）、霍尔特豪森（Holthausen, 1981, 1995）、希利（Healy, 1985）、瓦特和齐默曼（Watts, Zimmerman, 1986）、盖弗等（Gaver et al., 1995）分别提到存在报酬契约（薪酬、奖金、公司红利）的公司经理为提高个人效用，具有盈余管理动机，会不同程度地对会计盈余进行操控。鲍尔萨姆（Balsam, 1998）认为，可操控性应计利润与 CEO 现金报酬正相关。博格斯特莱斯等（Bergstresser et al., 2006）研究显示，CEO 会利用可操作性应计来操纵盈余，当 CEO 的潜在薪酬与所持有的股票期权紧密相连时，盈余管理程度越显著。与西方成熟的市场机制不同，中国资本市场起步较晚，在薪酬契约中，以基本工资、奖金为基础的会计薪酬仍占据主导地位，而权益薪酬（股权、期权、限制性股票、长期股权激励）的数量还很少，管理者持股比例普遍较低、"零持股"现象较为严重。股权激励等长期薪酬激励机制难以有效发挥，尤其是国有企业，行政干预痕迹较强，其承担的社会责任与经营目标的多重性无法使其完全依靠市场的力量自由行权，致使高管长期激励的实施效果大打折扣、并不乐观。虽然在职消费也可视作高管的一项隐形福利，成为货币性薪酬的重要补充，但碍于在职消费的隐蔽性、计量上的模糊性与实际披露中的不透明等诸多困难，使我们无法较为准确地获取在职消费的数据；再者，股权激励与在职消费都具有较大的风险性，会随着资本市场的震荡与政府监管水平的提高而大幅波动，稳定性较差，在职消费在某种程度上易成为政府治理腐败、打击职务犯罪的重要观测点与考核指标，过大的在职消费不仅会遭受行政处罚，更可能导致高管行政生涯的终止与政治生命的结束。故此，量化简单、数据翔实的货币性薪酬成为高管的主要诉求，在中国，高管实施盈余管理的薪酬契约动机也主要以货币性薪酬为主。早期研究中，由于经济发展水平落后、薪酬契约不完善以及研究数据的匮乏，学者们并未发现高管薪酬诱发管理者实施盈余管理的显著证据（王跃堂，2000；陈小悦等，2000）。随着市场化进程的加快，薪酬激励与信息披露制度的发展与完善，一些学者逐渐发现高管薪酬诱发盈余管理的实证依据。王克敏和王志超（2007）、朱星文等（2008）、戴云和刘益平（2010）研究表明，高管薪酬与盈余管理显著正相关。具体到产权性质对管理者诱发盈余管理的影响上，宋德舜（2006）指出，国有控股公司中的政治晋升对于管理者的激励效果要大于薪酬激励，因此国有控股公司中的高管薪酬激励可能不会引发盈余管理；薄仙慧和吴联生（2009）实证研究表明，国有产权对于公司的盈余管理具有一定的制约作用，戴云和刘益平（2010）表明，与非国有企业相比，国有企业高管诱发盈余管理的程度有所下降。

上述对高管薪酬引致的盈余管理研究均以应计制盈余管理为主，而忽视了对真实活动盈余管理的分析与探讨。真实活动盈余管理实施灵活，可于一年中的任何时点进行，其构建的"真实交易"与正常经营活动通常难以区分（Zang，2012），具有较强的迷惑性与隐蔽性。随着法律制度的日渐规范、外部审计与政府监督力度的大幅提升，相比真实活动盈余管理，应计制盈余管理操纵将受到一定的束缚，使用频率与实施幅度会相应降低，但这并不意味着盈余管理总水平的下降，甘尼（Gunny，2005）、格雷厄姆等（Graham et al.，2005）、罗楚德（Roychowdhury，2006）、科恩等（Cohen et al.，2008，2010）、藏（Zang，2012）等学者通过对盈余管理领域的深入挖掘，发现高管在使用应计制盈余管理的同时，还可能采用真实活动盈余管理操纵业绩。格雷厄姆等（Graham et al.，2005）对高管的调查问卷显示，相比应计制盈余管理，高管更倾向于采用真实活动盈余管理手段，80%的受测者表明他们会降低可操纵研发费用、广告费和维护费来达到盈余目标，55.3%的受测者表明会递延新项目投资，尽管递延会导致一定量的盈利损失。罗楚德（Roychowdhury，2006）研究发现，具有保盈动机的公司高管会采用销售操控、费用操控以及生产操控方式构建真实交易进行盈余管理。科恩等（Cohen et al.，2008）通过分析 SOX 法案颁布后，美国上市公司实施盈余管理程度的变化情况，发现应计制盈余管理活动显著下降，而真实活动盈余管理程度却显著增加。科恩和扎罗文（Cohen，Zarowin，2010）对股权再融资前后上市公司的盈余管理活动进行研究，发现实施股权再融资计划的公司会同时使用应计制与真实活动盈余管理两种方式，当采用真实活动盈余管理方式后，公司业绩下滑的幅度更显著。臧（Zang，2012）研究表明，高管在操纵公司利润时，会权衡两种盈余管理方式的实施风险和相对成本，替代性地使用应计制盈余管理与真实活动盈余管理，当公司所面临的诉讼风险增大时，会更偏好后者。而国内学者对真实活动盈余管理的研究尚处于起步阶段，张俊瑞等（2008）仿照罗楚德（Roychowdhury，2006）的研究，以中国 A 股市场的上市公司为研究对象证实微盈公司存在利用销售操控、费用操控和生产操控来实现保盈目标的真实活动盈余操纵行为。李增福等（2011）以 2007 年所得税改革为背景，研究了中国上市公司盈余管理方式的选择策略，发现预期税率上升将促使高管实施真实活动盈余管理，而当预期税率下降时，公司则更倾向于实施应计制盈余管理。李增福等（2013）研究了企业在应计制与真实活动盈余管理两种操控方式间的权衡以及两种盈余管理方式对企业经营绩效的影响，发现企业会同时采用两种方式进行盈余操控，外部监督有助于抑制应计制盈余管理，但可能会促使高管实施真实活动盈余管理，而内部约束有助于抑制真实活动盈余管理，却可能会增大高管应计制盈余管理的概率，进一步地，应计项目操控仅会导致企业经营业绩在短期内出现反转，而真实活动操控则会使企业业绩出现长期严重滑坡。林永坚等（2013）研究了上市公司发生总经理变更后的盈余管理行为，发现新上任的总经理在上任当年存在调减利润的负向盈余管理行为，但不存在真实活动操控的盈余管理行为，在新任总经理上任后第一、第二个完整会计年度，上市公司存在利用应计项目和真实活动调增利润的盈余管理行为。如果董事长与总经理于当年同时变更，则上市公司在变更后第一、第二个完整会计年度利用应计项目和真实活动调增利润的程度也更为显著。那么，作为公司治理机制中的高管薪酬契约是否会影响高管从事真实活动盈余管理，实施幅度如何？遗憾的是，鲜有文献提及。笔者认为，由于真实活动盈余管理能够对公司真实业绩进行干预，对现金流产生较强的冲击，使得上期调整的利润无法在后续经营期间回转，故其不仅不会增加公司的价值，长期来看，很可能会大幅提升公司的资本成本，甚至更可能损害公司和股东的利益。因此，股东为防止高管短视行为而带来的利益损害，更希望与高管达成长期合作的意愿，在薪酬契约中明确权责与奖惩，同时不断推进与货币薪酬配套的长期薪酬激励计划，使高管薪酬与公司未来年度的绩效密切捆绑。对高管而言，如果运用两种盈余管理方式都能达到高薪酬的期望目标，而实施真实活动盈余管理的成本与风险的整体加权值又显著高于应计制盈余管理时，那么，理智的高管则会选择成本低、风险小、收益大的应计制盈余管理。马永强和张泽南（2013）研究发现，高管薪酬更易诱发高管实施应计制盈余管理，高管薪酬与真实活动盈余管理呈显著负相关，故假设1如下：

假设1：在其他条件既定的前提下，高管薪酬会诱发其实施应计制盈余管理，却抑制其实施真实活动盈余管理。

5.2.2 高管薪酬、管理层权力与盈余管理

理想化的薪酬契约理论与市场交易环境的不完美无法导致高管薪酬激励始终处于最佳状态，拜伯切克和弗里德（Bebchuk，Fried，2003）、拜伯切克等（Bebchuk et al.，2004）从公司内部治理结构不完善与外部市场约束失效的层面上对最优契约理论提出质疑，总

结提出了管理层权力理论，指出高管实质上拥有较大的权力，能够影响自身薪酬的制定，从而导致力图降低代理成本的薪酬契约严重失真，甚至沦为管理层攫取私利、权力"寻租"的工具。董事会名义上应该保持较高的独立性，切实履行监督权，遏制高管权力的膨胀，但事实上，由于信息不对称和高昂的监督成本，董事在激励不足的前提下一般难以有效地施展监督权，同时高管很可能通过利益诱导俘获董事会成员，并通过自身的投票权影响干预董事的选聘，最终妨碍了董事会的独立性，减弱了其对高管的监管力度。王志超（2007）指出，基于会计利润的高管薪酬激励模式会导致高管追求薪酬最大化的盈余管理行为，但这种行为模式是管理者权力受到股东和董事会制约、外部监督压力较大的环境下作出的次优选择，而一旦高管权力增大，将改变公司内部股东、董事会和管理者的权力分布，打破三者权力制衡的格局。监督约束机制的失灵，促使高管有能力通过权力谋取高额薪酬，当凭借权力影响薪酬契约所付出的成本和风险都较低时，高管完全可以避开盈余管理，直接利用权力获取高薪。

在中国，上市公司大多由国有企业改制而生，实际控制人多为政府或各地国资委等非实体经营性机构，所有者缺位、内部人控制现象较为突出。首先，产权不明晰、自上而下的多层级关系与利益链条的复杂性使得公司治理机制并未发挥应有的效果，高管的具体行为决策也缺乏有效的制约与监管。无形中，高管获取了较大的权力，能够按照自己的意愿直接调节薪酬。其次，国有企业更多承担了稳定就业、维系民生的社会责任，利润指标并不是考核国有企业经营状况的唯一标准，因此，高管对业绩的追逐可能并不敏感，通过盈余管理提高公司绩效的动机也可能相对较弱，故高管更倾向于权力获取报酬的便捷途径，因而也减少了操纵业绩间接牟利的盈余管理行为。笔者推断，一定程度上，管理层权力会制约高管通过盈余管理获取薪酬的利己行为，假设2如下：

假设2： 在其他条件既定的前提下，管理层权力阻碍了高管薪酬激励下的盈余管理行为，管理层权力越大，盈余管理程度越弱。

5.2.3　盈余管理实施后的经济后果检验

(1) 盈余管理与未来公司业绩

如前所述，应计制盈余管理主要针对账面利润进行调整，在利润变更的同时，资产项目、负债项目会相应改变。整体来看，当期收益的调高，会被未来期间的盈余反转所抵消。由于应计制盈余管理中应收账款、应付账款与存货等应计项目具有一定的短期流动性，操控手段基于会计处理，不会改变企业的真实经营活动，因此其多干预企业的短期业绩，对长期业绩的影响较弱（李增福等，2013）。而真实活动盈余管理旨在构建真实交易，实施成本较高，短期内可能会向上粉饰利润，但可能会破坏企业的长期业绩（Gunny，2005；Cohen，Zarowin，2010；Zang，2012；Kothari et al.，2012；李增福等，2013）。现有文献在探讨盈余管理后期公司长期业绩的演变路径时，主要选取了股权再融资（Cohen，Zarowin，2010；Kothari et al.，2012）、是否实现保盈目标（Gunny，2005；2010）、实现上年度盈余目标（Gunny，2010）以及是否达到或超过审计师的盈余预测目标（Chen，2010；Zang，2012）等特殊事件予以考察，较少涉及对公司正常运转中盈余管理实施后的未来业绩和价值变化轨迹的细致阐述。而国内对真实活动盈余管理引起的公司业绩变化的文献屈指可数，较有代表性的如李增福等（2013）。作者利用多元回归模型比较了两种盈余管理方式对公司未来 3 年业绩的影响，发现正向应计制盈余操控的系数在未来 1 年和 2 年内显著为负，在第 3 年的回归模型中系数为负，但不显著；对于负向应计操控项目，盈余管理程度在后 2 年中的回归系数均显著为正，但在第 3 年为正但不显著，因此，应计制盈余管理会导致公司业绩在短期内发生反转，从长期看影响不大。而真实活动盈余管理指标与公司未来三年业绩的系数均显著为负，故其认为真实活动盈余管理会导致公司长期严重滑坡，假设 3 如下：

假设3： 在其他条件既定的前提下，应计制盈余管理后公司短期业绩会上升，长期业绩变化不大，而真实活动盈余管理后短期与长期公司业绩均显著下降。

（2）盈余管理与未来公司价值

进一步地，本章在考察盈余管理后期会计业绩的调整轨迹外，又将市场的调节因素融入其中，鉴于股票市场可能会对盈余管理后公司的价值走向产生一定推动或抑制作用，笔者继续分析了盈余管理后公司价值的演变路线，上市公司在股票市场中能否因一时的盈余操控而获得短期或长久的增值，抑或股票市场能否甄别真实盈余与操控盈余的特质，从而体现为价值的下降？由于现有文献较多采用事件研究法，利用盈余反应系数来体现市场对盈余信息的反馈，发现盈余反应系数会随着应计制盈余管理程度的增加而降低，即会计信息的价值相关性可能因应计制盈余管理程度的提高而下降，少有文献直接对盈余管理与公司未来价值走向提供经验支持，而真实活动盈余管理对公司未来价值的影响结果更缺乏实证检验，笔者决定为填补该领域的研究做出一定的增量贡献，以为后继者提供一定的数据支撑。笔者选用 Tobin_Q 来表征公司价值，该指标虽然存在一定争议，但考虑到 2005 年后，中国股权分置改革业已起步，2006 年底（本章公司价值选取数据的初始年份）已初见成效，股票市场法律法规日益完善，发展态势良好、秩序井然，加之，该指标不仅考虑了公司的股价变动、流通股的数量等市场表现还囊括了公司的会计业绩，能够较为全面地衡量公司的价值变动。综合先前学者的研究，中国上市公司的盈余管理行为，既有导致盈余信息与价值相关性下降的机会主义动机，兼有提高盈余信息价值相关性的较为积极的信号传递动机，但从实务层面而言，管理者为获取私利，侵害投资者利益的动机可能占据上风，这样将导致盈余信息质量的降低，公司价值显著下降。由于真实活动盈余管理对公司业绩的腐蚀能力要强于应计制盈余管理，故真实活动盈余管理对公司未来价值的影响力度可能更强。假设 4 如下：

假设 4：在其他条件既定的前提下，无论是应计制盈余管理还是真实活动盈余管理对公司价值都具有负面影响，公司价值短期内可能会大幅下降，长期内向下调整的动力可能有所减弱。

5.3

研究设计

5.3.1 数据来源与样本选择

本章主要选取沪深两地上市公司 A 股 2005～2011 年数据为初始研究样本，在涉及未来公司高管薪酬、公司业绩与公司价值回归部分继续引入 2012 年数据。为了保证数据的可靠、可比，依次剔除金融保险类上市公司、2005 年以后上市的公司、当年 IPO 公司、2005～2012 年退市的公司、被证监会 ST、*ST 和 PT 等易于诱发盈余管理的公司、高管薪酬、公司治理指标等重要数据缺失的公司，最后对连续变量收尾数值的 1% 进行 WINSORIZE 处理。本章中除城镇职工平均工资数据取自国家统计局网站，其余研究数据均来源于 CSMAR 数据库。

5.3.2 变量定义与构建

（1）高管薪酬变量

高管薪酬（Lncompen）的定义同第 4 章，为上市公司年报中前三名高管薪酬之和的自然对数。高管真实薪酬（Pure_Lncompen）为公司在常态经营环境下由经济因素决定的预期高管正常薪酬值（Firth，2006；Core et al.，2008；权小锋等，2010；吴育辉，吴世农等，2010；杜修德，2012），由模型（5-1）推导得出。高管权力薪酬变量（Power_Lncompen）定义为高管凭借自身权力获取的薪酬部分，其计量方式为，在模型（5-1）的基础上引入管理层权力变量（构建方式同第4章），即通过模型（5-2）回归得出包含权力薪酬的高管薪酬总体预计值，总预计值与高管真实薪酬之间的差额即为高管权力薪酬（Power_Lncompen），根据权力薪酬的正负，相继定义了正向权力薪酬（P_Power_Lncompen）与负向权力薪酬（N_Power_Lncompen）以及不考虑权力薪酬方向，度量整体权力薪酬大小的绝对数（ABS_Power_Lncompen）。具体模型如下：

$$Lncompen_{it} = \alpha_0 + \alpha_1 Roa_{it} + \alpha_2 Roa_{it-1} + \alpha_3 Lnwage_{it} + \alpha_4 Growth_{it}$$
$$+ \alpha_5 Lev_{it} + \alpha_6 Size_{it} + \alpha_7 East_{it} + \alpha_8 Mid_{it}$$
$$+ \alpha_9 \sum Year_{it} + \alpha_{10} \sum Industry_{it} + \varepsilon_{it} \quad (5-1)$$

$$Pure\_Lncompen = Pre(Lncompen_{(1)})$$

$$Lncompen_{it} = \alpha_0 + \alpha_1 Roa_{it} + \alpha_2 Roa_{it-1} + \alpha_3 Lnwage_{it} + \beta Power$$
$$+ \alpha_4 Growth_{it} + \alpha_5 Lev_{it} + \alpha_6 Size_{it} + \alpha_7 East_{it} + \alpha_8 Mid_{it}$$
$$+ \alpha_9 \sum Year_{it} + \alpha_{10} \sum Industry_{it} + \varepsilon_{it} \quad (5-2)$$

$$Power\_Lncompen = Pre(Lncompen_{(2)}) - Pre(Lncompen_{(1)})$$

$$ABSPower\_Lncompen = |Pre(Lncompen_{(2)}) - Pre(Lncompen_{(1)})|$$

（2）盈余管理变量

①应计制盈余管理模型构建。

为与真实活动盈余管理进行对比，本书选取学者较为常用的德肖等（Dechow et al., 1995）修正的JONES模型中可操纵性应计（DA）来计量应计制盈余管理程度，并对行业与年份进行控制。

$$EARNING = CFO + TA$$
$$TA = \alpha_1(1/A_{t-1}) + \alpha_2(\Delta REV_t - \Delta REC_t)/A_{t-1}$$
$$+ \alpha_3(PPE_t/A_{t-1}) + \varepsilon$$
$$NDA = \alpha_1(1/A_{t-1}) + \alpha_2(\Delta REV_t - \Delta REC_t)/A_{t-1}$$
$$+ \alpha_3(PPE_t/A_{t-1}) + \varepsilon \quad (5-3)$$

其中，EARNING表示会计盈余息税前利润，TA表示总应计利润，DA为可操控性应计利润，NDA为不可操控性利润，

ΔRET_t 为 t 期与 t-1 期间的销售收入变动额，ΔREC_t 表示 t 期与 t-1 期的应收账款变动额，PPE_t 为 t 期末的固定资产，其余指标释义同上。

②真实活动盈余管理变量构建。

结合前文论述，基于罗楚德（Roychowdhury，2006）的思想，由真实经营现金流（CFO）、可操作费用（DIS）、生产成本（PROD）三个单独模型，分别推导出异常现金流（REM_CFO）、异常可操作费用（REM_DIS）、异常生产成本（REM_PROD），并对年份与行业进行控制，模型如下：

$$CFO_t/A_{t-1} = \alpha_0 + \alpha_1(1/A_{t-1}) + \alpha_2(S_t/A_{t-1}) + \alpha_3(\Delta S_t/A_{t-1}) + \varepsilon_t$$

$$DIS_t/A_{t-1} = \alpha_0 + \alpha_1(1/A_{t-1}) + \alpha_2(S_{t-1}/A_{t-1}) + \varepsilon_t$$

$$COGS_t/A_{t-1} = \alpha_0 + \alpha_1(1/A_{t-1}) + \alpha_2(S_t/A_{t-1}) + \varepsilon_t$$

$$\Delta INV_t/A_{t-1} = \alpha_0 + \alpha_1(1/A_{t-1}) + \alpha_2(\Delta S_t/A_{t-1}) + \alpha_3(\Delta S_{t-1}/A_{t-1}) + \varepsilon_t$$

$$PROD_t/A_{t-1} = \alpha_0 + \alpha_1(1/A_{t-1}) + \alpha_2(S_t/A_{t-1}) + \alpha_3(\Delta S_t/A_{t-1}) + \alpha_4(\Delta S_{t-1}/A_{t-1}) + \varepsilon_t$$

$$REM = REM\_PROD - REM\_CFO - REM\_DIS \qquad (5-4)$$

其中，CFO 是 t 时期经营活动产生的自由现金流量净额，A_{t-1} 是 t 期期初总资产，S_t 是 t 期营业收入，ΔS_t 是 t 期与 t-1 期营业收入的变化，DIS 是 t 期可操作费用，为销售费用和管理费用之和。罗楚德（Roychowdhury，2006）在异常可操纵费用的计量中还包括了研发费用，考虑到中国研发费用自 2007 年起才开始披露，并且数据量少、缺失值较多，故本书未将研发费用纳入其中。$PROD_t$ 是 t 期的产品总成本，包括产品销售成本（COGS）和存货变动（ΔINV）两部分，模型中分别列示了影响销售成本和存货变动的因素，并将其汇总为生产成本（PROD）这一综合指标。为削弱噪音，分别用期初总资产对被解释变量、解释变量进行平减处理。甘尼（Gunny，2005）和罗楚德（Roychowdhury，2006）研究显示，异常现金流与异常可操纵费用正相关，且皆与异常生产成本负相关，即异常现金流、异常可操作费用越低，异常生产成本越高，真实活动盈余管理程度越强，故构建 REM 总指标，如模型（5-4）所示。本章其他主要变量定义，如表5.1所示。

表5.1　　　　　　　　　　　　主要变量定义

变量名称	变量符号	变量定义
高管薪酬变量		
高管薪酬	Lncompen	薪酬最高的前三位高管薪酬总额自然对数
高管真实薪酬	Pure_Lncompen	由模型（5-1）回归出的预计高管薪酬
高管权力薪酬	Power_Lncompen	高管权力薪酬，由模型（5-2）回归出的预计高管薪酬与模型1回归出的高管真实薪酬之差
	P_Power_Lncompen	高管正向权力薪酬
	N_Power_Lncompen	高管负向权力薪酬
	ABS_Power_Lncompen	高管权力薪酬的绝对值
管理层权力变量		
管理层权力	Dual	董事长与总经理是否两职合一，是取1，否取0
	Dispersion	第一大股东持股比例与第二至第十大股东持股比例之和的比值小于1时，取1，否取0
	Incen	管理层是否持股，是取1，否取0
	Tenure	总经理任职年限
	Age	总经理年龄
	Boardsize	董事会规模，当年该届董事会总人数
	Insider	内部人比例
	Power	主成分分析法构建的管理层权力综合指标
盈余管理变量		
异常现金流	REM_CFO	真实活动盈余管理现金流回归模型计算得出的残差
异常可操控性费用	REM_DIS	真实活动盈余管理可操纵性费用模型计算得出的残差

续表

变量名称	变量符号	变量定义
异常生产成本	REM_PROD	真实活动盈余管理生产成本模型计算得出的残差
真实活动盈余管理总指标	REM	− REM_CFO − REM_DIS + REM_PROD
应计制盈余管理指标	DA	由修正的 Jones 模型计算出的残差
公司未来业绩与价值变量		
公司未来三期业绩	$Roani_{t+j}$	公司未来一期、二期和三期业绩 $j = 0, 1, 2$
公司未来三期价值	$Tobin\_Q_{t+j}$	公司未来一期、二期和三期价值 $j = 0, 1, 2$
外部审计变量		
审计所收费	Lnfee	审计师收取的以人民币计量的国内业务总费用的自然对数
审计所是否为国际四大所	Bigfour	审计师事务所为国际四大，值取 1，否则为 0
审计意见	Opinion	审计意见为标准无保留时取 1，否则为 0
其他控制变量		
会计业绩	Roani	总资产收益率 = 净利润/年末总资产
各省区市平均在岗职工工资	Lnwage	各省区市在岗职工平均工资
第一大股东持股比例	Share1	第一大股东持股比例
公司成长性（会计业绩）	Growth	主营业务收入增长率
财务杠杆	Lev	资产负债率 = 年末负债/年末总资产
公司规模	Size	公司总资产的自然对数
区域	East	按公司注册地划分为东部地区
	Mid	按公司注册地划分为中部地区
年份	Year	年份虚拟变量，2004 ~ 2011 年
行业	Industry	按照证监会 2001 年行业分类标准划分至 12 类行业

资料来源：作者综合国内外相关核心文献，对变量进行定义而得。

5.3.3 主要回归模型构建

（1）高管薪酬与盈余管理[①]

$$DA(REM) = \alpha_0 + \alpha_1 Lncompen + \alpha_2 Share1 + \alpha_3 Growth + \alpha_4 Lnfee$$
$$+ \alpha_5 Bigfour + \alpha_6 Opinion + \alpha_7 Lev + \alpha_8 Size + \alpha_9 East$$
$$+ \alpha_{10} Mid + \alpha_{11} \sum Year_{it} + \alpha_{12} \sum Industry_{it} + \varepsilon_{it}$$

$$DA(REM) = \alpha_0 + \alpha_1 Pure\_Lncompen + \alpha_2 Power + \alpha_3 Share1$$
$$+ \alpha_4 Growth + \alpha_5 Lnfee + \alpha_6 Bigfour + \alpha_7 Opinion$$
$$+ \alpha_8 Lev + \alpha_9 Size + \alpha_{10} East + \alpha_{11} Mid$$
$$+ \alpha_{12} \sum Yearit + \alpha_{13} \sum Industryit + \varepsilon_{it} \qquad (5-5)$$

（2）权力薪酬与盈余管理

$$DA(REM) = \alpha_0 + \alpha_1 Pure\_Lncompen + \alpha_2 Power\_Lncompen$$
$$(ABSPower\_Lncompen) + \alpha_3 Share1 + \alpha_4 Growth$$
$$+ \alpha_5 Lnfee + \alpha_6 Bigfour + \alpha_7 Opinion + \alpha_8 Lev + \alpha_9 Size$$
$$+ \alpha_{10} East + \alpha_{11} Mid + \alpha_{12} \sum Year_{it}$$
$$+ \alpha_{13} \sum Industry_{it} + \varepsilon_{it} \qquad (5-6)$$

（3）盈余管理与未来公司业绩

$$Roani_{t+j} = \alpha_0 + \alpha_1 DA(REM) + \alpha_2 Power + \alpha_3 Share1 + \alpha_4 Growth$$
$$+ \alpha_5 Lev + \alpha_6 Size + \alpha_7 East + \alpha_8 Mid + \alpha_9 \sum Year_{it}$$
$$+ \alpha_{10} \sum Industry_{it} + \varepsilon_{it} (j = 0, 1, 2) \qquad (5-7)$$

（4）盈余管理与未来公司价值

$$Tobin\_Q_{t+j} = \alpha_0 + \alpha_1 DA(REM) + \alpha_2 Power + \alpha_3 Share1 + \alpha_4 Growth$$
$$+ \alpha_5 Lev + \alpha_6 Size + \alpha_7 East + \alpha_8 Mid + \alpha_9 \sum Year_{it}$$

---

　① 模型（5-5）中被解释变量 DA（REM）涉及两种盈余管理方式，分别为应计制盈余管理 DA 和真实活动盈余管理 REM，为节省空间，将其放入同一模型，分别对解释变量进行回归，下同。

$$+\alpha_{10} \sum \text{Industry}_{it} + \varepsilon_{it}(j=0,1,2) \qquad (5-8)$$

5.4

研究结果与分析

5.4.1 描述性统计

从表 5.2 全样本描述性统计结果来看，首先，薪酬指标部分由正常因素预测出的高管真实薪酬 Pure_Lncompen 在数量上要低于高管的实际薪酬 Lncompen，高管因权力而攫取的薪酬 Power_Lncompen 均值为正，正向权力薪酬 P_Power_Lncompen 稍高于负向权力薪酬 N_Power_Lncompen，若不考虑正负方向，权力薪酬的绝对值 ABSPower_Lncompen 显著提升，均值为 0.0552，中位数为 0.0442，表明高管在权力驱使下，获取了一定的薪酬补偿。其次，盈余管理指标中，无论是应计制盈余管理 DA 还是真实活动盈余管理 REM 及其各分项指标，均值均趋向于 0，REM 的中位数偏高，表明高管在使用应计制盈余管理的同时，还更多地应用真实活动盈余管理。最后，公司业绩 Roani 与公司价值 Tobin_Q$_t$ 指标在未来两年内小幅上升，但在第三年却有所下降。这表明薪酬与业绩、薪酬与公司价值的整体变动可能并不对称，有可能出现薪酬业绩、薪酬与公司价值相脱节的现象。

表 5.2 全样本描述性统计

变量	样本量	平均值	中位数	标准差	最小值	最大值
高管薪酬变量						
Lncompen	6454	13.4985	13.5281	0.7873	11.2772	15.3147
Pure_Lncompen	6454	13.4974	13.4973	0.5051	11.5974	15.1557
Power	6454	0.0048	-0.0357	0.3635	-1.0534	1.7243

续表

变量	样本量	平均值	中位数	标准差	最小值	最大值
Power_Lncompen	6454	0.0007	− 0.0074	0.0718	− 0.2117	0.3411
P_Power_Lncompen	6454	0.0279	0	0.0479	0	0.3411
N_Power_ Lncompen	6454	− 0.0273	− 0.0074	0.0366	− 0.2117	0
ABSPower_Lncompen	6454	0.0552	0.0442	0.0459	0	0.3177
盈余管理变量						
DA	6452	0.0003	− 0.0022	0.0981	− 0.3592	0.4769
REM	6253	0.0004	0.0176	0.2602	− 1.8714	3.8411
R_ CFO	6454	− 0.0002	− 0.0024	0.0952	− 0.4889	0.4201
R_ DIS	6380	0	− 0.0110	0.0678	− 0.2057	0.3826
R_ PROD	6324	0.0007	0.0066	0.1676	− 1.2615	3.5209
公司未来业绩						
$Roani_{t+1}$	6098	0.0348	0.0301	0.0556	− 0.1971	0.1947
$Roani_{t+2}$	5210	0.0357	0.0307	0.0559	− 0.1971	0.1947
$Roani_{t+3}$	4332	0.0340	0.0293	0.0560	− 0.1971	0.1947
公司未来价值						
$Tobin\_Q_{t+1}$	6098	1.7912	1.5130	1.1673	0.4815	6.5707
$Tobin\_Q_{t+2}$	5210	1.8860	1.5130	1.1673	0.4815	6.5707
$Tobin\_Q_{t+3}$	4332	1.8595	1.4719	1.1787	0.4815	6.5707
其他控制变量						
Share1	6454	0.3729	0.3548	0.1510	0.1011	0.7496
Growth	6454	0.2306	0.1455	0.5670	− 0.6362	4.4643
Lnfee	5719	13.1639	13.1224	0.5466	11.9184	15.2053
Bigfour	6454	0.0431	0	0.2030	0	1
Opinion	6454	0.9566	1	0.2037	0	1
Lev	6454	0.5042	0.5174	0.1879	0.0552	0.9397
Size	6454	21.5846	21.4882	1.0964	19.2191	26.1661
East	6454	0.5646	1	0.4958	0	1
Mid	6454	0.2609	0	0.4392	0	1

数据来源：由 CSMAR 数据库上市公司公开数据计算整理而得。

从表 5.3a 和表 5.3b 不同产权分样本主要指标的统计结果来看：①国有企业的高管薪酬（均值和中值）要显著高于非国有企业，而央企的高管薪酬最高；与第 4 章的描述性统计结果一致，国有企业高管的权力强度要略高于非国有企业，而央企与地方国企的管理层权力程度相差较小；在高管因权力而滋生的薪酬数量对比中，非国有企业高管权力薪酬总体水平要高于国有企业，其中，正向权力薪酬显著更强，权力薪酬的绝对额也更高。央企高管权力薪酬的获取量在 5% 的统计水平上显著低于地方国企，其中，正向权力薪酬及权力薪酬的绝对值于 1% 的水平上显著弱于地方国企，表明央企在较强的政府直接监管下，权力"寻租"行为有所收敛。②国有企业的应计制盈余管理程度均值为 -0.0035，中值为 -0.0038，均显著低于非国有企业相应的均值 0.0074 和中值 0.0017，但真实活动盈余管理的总体实施幅度却显著高于非国有企业，均值为 0.0065（非国企为 -0.0112），中值为 0.0241（非国企为 0.0056）；央企与地方国企在盈余管理程度的对比中，无论是应计制盈余管理还是真实活动盈余管理，均值和中值都较高，表明央企高管运用盈余管理的手段较为普遍，盈余管理方式的使用较为丰富，国有企业整体上更偏好于真实活动盈余管理。③未来公司业绩、价值指标对比中，国有企业的未来三期业绩与公司价值指标在均值与中值的比较中均显著低于非国有企业，表明非国有企业在市场机制的调节中，公司治理机制较为完善，对业绩和价值的需求与考核更为严苛，故整体水平较高。国有企业在利润指标考核之外，更多地承担了较重的社会责任和政治负担，因此在公司业绩和公司价值的比较中占据下风。而央企的公司业绩和公司价值均高于地方国企，这可能与央企的垄断优势及政治资源有关。

表 5.3c 报告了不同管理层权力强度下，主要变量的均值和中值检验结果。笔者得出了以下几点分析性结论：①管理层权力越大，高管实际薪酬和真实薪酬水平越高，权力薪酬越大。②管理层权力越大，盈余管理程度（DA 和 REM）越低。③管理层权力越大，

表5.3a　不同产权性质下高管薪酬、管理层权力与业绩变量均值分组检验

变量	国有企业		非国有企业		T检验	中央政府企业		地方政府企业		T检验
	样本数	均值	样本数	均值		样本数	均值	样本数	均值	
Lncompen	4157	13.5109	2297	13.4192	4.52 ***	1007	13.6708	3150	13.4595	7.85 ***
Pure_Lncompen	4157	13.5108	2297	13.4175	7.18 ***	1007	13.5970	3150	13.4831	6.34 ***
Power	4157	0.0096	2297	-0.0044	1.49	1007	0.0036	3150	0.0116	-0.67
Power_Lncompen	4157	0.0005	2297	0.0009	-0.21	1007	-0.0030	3150	0.0017	-1.98 **
P_Power_Lncompen	4157	0.0256	2297	0.0323	-5.42 ***	1007	0.0215	3150	0.0269	-3.46 ***
N_Power_Lncompen	4157	-0.0251	2297	-0.0314	6.68 ***	1007	-0.0245	3150	-0.0253	0.68 ***
ABSPower_Lncompen	4157	0.0507	2297	0.0637	-11.04 ***	1007	0.0459	3150	0.0522	-4.14 ***
DA	4155	-0.0035	2297	0.0074	-4.27 ***	1005	-0.0004	3150	-0.0045	1.27
REM	4035	0.0065	2218	-0.0112	2.60 ***	980	0.0252	3055	0.0005	2.84 ***
R_CFO	4157	-0.0020	2297	0.0031	-2.05 **	1007	-0.0093	3150	0.0004	-3.03 ***
R_DIS	4089	0	2291	0.0001	-0.06	990	-0.0031	3099	0.0011	-1.84 *
R_PROD	4100	0.0042	2224	-0.0078	2.77 ***	997	0.0118	3103	0.0017	1.83 *
Roani$_{t+1}$	3979	0.0323	2119	0.0396	-4.88 ***	950	0.0325	3029	0.0322	0.17
Roani$_{t+2}$	3408	0.0331	1802	0.0406	-4.63 ***	789	0.0323	2619	0.0333	-0.48
Roani$_{t+3}$	2837	0.0313	1495	0.0393	-4.45 ***	626	0.0317	2211	0.0312	0.23
Tobin_Q$_{t+1}$	3979	1.6443	2119	2.0670	-13.94 ***	950	1.7350	3029	1.6158	3.17 ***
Tobin_Q$_{t+2}$	3408	1.7370	1802	2.1678	-12.87 ***	789	1.7846	2619	1.7226	1.48
Tobin _Q$_{t+3}$	2837	1.6981	1495	2.1658	-12.64 ***	626	1.7646	2211	1.6792	1.83 *

注：表中分别对不同产权性质样本进行T检验，***、**、* 分别表示统计变量在1%、5%和10%的水平上显著。
数据来源：由 CSMAR 数据库与上市公司公开数据计算整理而得。

表 5.3b　不同产权性质下高管薪酬、管理层权力、业绩变量中值分组检验

变量	国有企业		非国有企业		Wilcoxon 秩和检验	中央政府企业		地方政府企业		Wilcoxon 秩和检验
	样本数	中值	样本数	中值		样本数	中值	样本数	中值	
Lncompen	4157	13.5645	2297	13.4176	5.70 ***	1007	13.7491	3150	13.5144	-8.03 ***
Pure_Lncompen	4157	13.5108	2297	13.4210	-6.59 ***	1007	13.6008	3150	13.4828	-5.96 ***
Power	4157	-0.0296	2297	-0.0525	-2.83 ***	1007	-0.0304	3150	-0.0295	-0.12
Power_Lncompen	4157	-0.0067	2297	-0.0087	-1.26	1007	-0.0099	3150	-0.0058	1.44
P_Power_Lncompen	4157	0	2297	0	1.91 **	1007	0	3150	0	2.57 ***
N_Power_Lncompen	4157	-0.0067	2297	-0.0087	-3.51 ***	1007	-0.0099	3150	-0.0058	-1.00
ABSPower_Lncompen	4157	0.0398	2297	0.0536	10.04 ***	1007	0.0384	3150	0.0405	2.65 ***
DA	4155	-0.0038	2297	0.0017	4.16 ***	1005	0.0014	3150	-0.0054	-1.95 **
REM	4035	0.0241	2218	0.0056	-3.01 ***	980	0.0366	3055	0.0163	-3.76 ***
R_CFO	4157	-0.0043	2297	0.0036	2.78 ***	1007	-0.0127	3150	-0.0019	4.14 ***
R_DIS	4089	-0.0043	2291	-0.0149	-3.52 ***	990	-0.0106	3099	-0.0089	1.29
R_PROD	4100	0.0092	2224	-0.0013	-4.38 ***	997	0.0162	3103	0.0070	-2.80 ***
Roani$_{t+1}$	3979	0.0288	2119	0.0339	-5.68 ***	950	0.0287	3029	0.0287	-0.25
Roani$_{t+2}$	3408	0.0292	1802	0.0339	-5.00 ***	789	0.0287	2619	0.0295	0.39
Roani$_{t+3}$	2837	0.0282	1495	0.0333	-5.05 ***	626	0.0276	2211	0.0283	-0.11
Tobin_Q$_{t+1}$	3979	1.3285	2119	1.6141	-14.19 ***	950	1.4131	3029	1.3126	-2.88 ***
Tobin_Q$_{t+2}$	3408	1.4241	1802	1.7096	-12.73 ***	789	1.4729	2619	1.4095	-1.05
Tobin_Q$_{t+3}$	2837	1.3775	1495	1.6883	-12.65 ***	626	1.4471	2211	1.3566	-1.59 *

注：表中分别对不同产权性质样本进行中值 Wilcoxon 秩和检验，***、**、* 分别表示统计变量在 1%、5% 和 10% 的水平上显著。

数据来源：由 CSMAR 数据库上市公司公开数据计算整理而得。

表 5.3c 不同管理层权力强度下主要变量分组检验（根据 Power 分组）

变量	强管理层权力组			弱管理层权力组			T 值检验	Wilcoxon 值
	样本量	均值	中值	样本量	均值	中值	均值检验	中值检验
Lncompen	3201	13.5629	13.5924	3523	13.3967	13.4328	8.66 ***	9.03 ***
Pure_Lncompen	3201	13.5091	13.5150	3253	13.4485	13.4497	4.89 ***	4.81 ***
Power_Lncompen	3201	0.0551	0.0389	3253	-0.0531	-0.0475	93.13 ***	68.97 ***
P_Power_Lncompen	3201	0.0560	0.0389	3253	0.0002	0	58.13 ***	68.06 ***
N_Power_Lncompen	3201	-0.0009	0	3253	-0.0533	-0.0475	83.51 ***	71.33 ***
ABSPower_Lncompen	3201	0.0568	0.0389	3253	0.0535	0.0475	2.91 ***	-5.77 ***
DA	3199	-0.0001	-0.0028	3253	0.0006	-0.0015	-0.27	0.24
REM	3105	-0.0130	0.0052	3148	0.0137	0.0281	-4.12 ***	-5.18 ***
R_CFO	3210	0.0031	0.0004	3253	-0.0035	-0.0045	2.83 ***	2.61 ***
R_DIS	3171	0.0049	-0.0069	3209	-0.0048	-0.0149	-5.74 ***	7.79 ***
R_PROD	3134	-0.0052	0.0013	3190	0.0052	0.0091	-2.51 **	-3.69 ***
Roani$_{t+1}$	2987	0.0370	0.0318	3111	0.0327	0.0289	2.96 ***	-3.37 ***
Roani$_{t+2}$	2558	0.0372	0.0326	2652	0.0342	0.0292	1.98 **	-3.05 ***
Roani$_{t+3}$	2130	0.0354	0.0310	2202	0.0327	0.0284	1.61	-2.71 ***
Tobin_Q$_{t+1}$	2987	1.8448	1.4583	3111	1.7397	1.3765	3.59 ***	-4.41 ***
Tobin_Q$_{t+2}$	2558	1.9308	1.5344	2652	1.8428	1.4887	2.72 ***	-3.18 ***
Tobin_Q$_{t+3}$	2130	1.9121	1.4879	2202	1.8086	1.4611	2.89 ***	-2.76 ***

注：按照管理层权力强弱程度对 Power 进行分组，Power 大于行业中值的样本被认定为强管理层权力组，其余为弱管理层权力组。表中分别对两组的均值与中值进行了 T 检验与 Wilcoxon 秩和检验，***、**、* 分别表示统计变量在 1%、5% 和 10% 的水平上显著。

数据来源：由 CSMAR 数据库上市公司公开数据计算整理而得。

公司业绩和公司价值也相对较强。这表明，高管可以通过权力直接提升薪酬水平，这种目标决策直接跃过了成本和风险相对较高的盈余管理，一定程度上打破和抑制了高管通过盈余管理手段调控自身薪酬的利益链条和行为动机。管理层权力不仅直接影响薪酬水平，更同时干预由薪酬引发的行为效果，并进一步对未来期间的公司业绩和公司价值产生连带影响。

5.4.2 系数相关性检验

表5.4a～表5.4f分别为高管薪酬（实际薪酬 Lncompen、真实薪酬 Pure_Lncompen 和权力薪酬 Power_Lncompen 等）、管理层权力 Power 和其他控制变量与盈余管理总指标（应计制盈余管理 DA 和真实活动盈余管理 REM）、盈余管理与未来期间高管薪酬、公司业绩和公司价值变量以及各主要解释变量的 Pearson 和 Spearman 相关性检验。检验结果表明：①高管实际薪酬和真实薪酬与应计制盈余管理呈显著正相关，与真实活动盈余管理总指标呈显著负相关；表明高管薪酬有诱发高管实施应计制盈余管理的强烈动机，但不会促使其实施真实活动盈余管理。②管理层权力 Power 与 DA 和 REM 的相关系数为负，且高管权力薪酬与两种盈余管理方式均呈显著负相关，证明高管权力的膨胀一定程度上可以减弱高管的盈余管理行为。高管对权力薪酬的追逐，可以替代由薪酬引发的盈余管理行为。③本期采用的盈余管理能够对未来期间的公司业绩和公司价值产生促进或削弱的影响效果，具体表现为：应计制盈余管理与未来三期的公司业绩表现出一定的正相关，其中，与第一期的相关系数最高，显著性最强，随后依次减弱；应计制盈余管理与未来三期的公司均呈显著负相关，即考虑到股票市场的价值波动后，基于当期会计业绩的盈余操纵对公司总价值具有负面影响，影响强度随时间而逐渐削弱。与应计制盈余管理的经济后果不同，真实活动盈余管理总指标与公司业绩以及公司价值都呈显著负相关，相关性强度不

表 5. 4a 主要变量 Pearson 相关性分析

	Lncompen	Pure_Lncompen	Power_Lncompen	P_Power_Lncompen	N_Power_Lncompen	ABSPower_Lncompen	Share1	Growth	Lnfee	Bigfour	Opinion	Lev	Size
DA	0.0740***	0.1500***	-0.0271**	-0.0217*	-0.0256*	-0.0055	0.0527***	0.0707***	0.0283**	0.0056	0.1051***	-0.0654***	0.0892***
REM	-0.1360***	-0.1405***	-0.0424***	-0.0354***	-0.0377***	-0.0118	0.0418***	-0.0713***	-0.0129	-0.0169	-0.0576***	0.2372***	0.0497***
R_CFO	0.0683***	0.1209***	0.0272*	0.0240*	0.0222*	0.0104	0.0130	0.0535***	-0.0020	0.0251*	0.0486***	-0.1423***	0.0045
R_DIS	0.1556***	0.0805***	0.0843***	0.0610***	0.0895***	0.0034	-0.0411***	0.2014***	0.0622***	-0.0218*	0.0226**	-0.0966***	-0.0104
R_PROD	-0.1124***	-0.1200***	-0.0153	-0.0154	-0.0096	-0.0099	0.0533***	0.0045	0.0007	-0.0222*	-0.0505***	0.2489***	0.0704***

注："***、**、*"分别表示在1%、5%和10%的显著性水平上显著。
数据来源：由 CSMAR 数据库上市公司公开数据计算整理而得。

表 5. 4b 主要变量 Spearman 相关性分析

	Lncompen	Pure_Lncompen	Power_Lncompen	P_Power_Lncompen	N_Power_Lncompen	ABSPower_Lncompen	Share1	Growth	Lnfee	Bigfour	Opinion	Lev	Size
DA	0.0676***	0.1265***	-0.0342***	-0.0350***	-0.0298***	-0.0120	0.0522***	0.0545***	0.0354***	0.0009	0.0880***	-0.0642***	0.0867***
REM	-0.1623***	-0.1398***	-0.0657***	-0.0620***	-0.0578***	-0.0116	0.0389***	-0.1365***	-0.0142	-0.0062	-0.0836***	0.2213***	0.0331***
R_CFO	0.0856***	0.1311***	0.0353***	0.0375***	0.0296**	0.0170	0.0030	0.0461***	-0.00001	0.0366***	0.0657***	-0.1471***	0.0151
R_DIS	0.1640***	0.0603***	0.1172***	0.1023***	0.1209***	-0.0333**	-0.0685***	0.1604***	0.0669***	-0.0470***	0.0199	-0.0713***	0.0100
R_PROD	-0.1516***	-0.1351***	-0.0367***	-0.0354***	-0.0280**	-0.0167	0.0416***	-0.1294***	0.0042	-0.0168	-0.0899***	0.2602***	0.0589***

注："***、**、*"分别表示在1%、5%和10%的显著性水平上显著。
数据来源：由 CSMAR 数据库上市公司公开数据计算整理而得。

表 5.4c

主要变量 Pearson 和 Spearman 相关性分析

	Lncompen	Pure_Lncompen	Power_Lncompen	P_Power_Lncompen	N_Power_Lncompen	ABSPower_Lncompen	Lnfee	Bigfour	Opinion	DA	REM
Power (Pearson)	0.1389***	0.0839***	0.9791***	0.9009***	0.7423***	0.4550***	-0.0238*	-0.0194	0.0030	-0.0150	-0.0677***
Power (Spearman)	0.1558***	0.1034***	0.9668***	0.8793***	0.9220***	-0.0161	-0.0024	-0.0103	0.0062	-0.0213*	-0.0894***

注："***"、"**"、"*"分别表示在1%、5%和10%的显著性水平上显著。
数据来源：由 CSMAR 数据库上市公司公开数据计算整理而得。

表 5.4d

主要变量 Pearson 相关性分析

	$Lncompen_{t+1}$	$Lncompen_{t+2}$	$Lncompen_{t+3}$	$Pure\_Lncompen_{t+1}$	$Pure\_Lncompen_{t+2}$	$Pure\_Lncompen_{t+3}$	$Roani_{t+1}$	$Roani_{t+2}$	$Roani_{t+3}$	$Tobin\_Q_{t+1}$	$Tobin\_Q_{t+2}$	$Tobin\_Q_{t+1}$
DA	0.0784***	0.0733***	0.0582***	0.1480***	0.0841***	0.0666***	0.0560***	0.0062	0.0140	-0.0569***	-0.0708***	-0.0662***
REM	-0.1428***	-0.1420***	-0.1368***	-0.1624***	-0.1660***	-0.1808***	-0.1601***	-0.1370***	-0.1150***	-0.2233***	-0.2132***	-0.1817***

注："***"、"**"、"*"分别表示在1%、5%和10%的显著性水平上显著。
数据来源：由 CSMAR 数据库上市公司公开数据计算整理而得。

表 5.4e　主要变量 Spearman 相关性分析

	Lncompen$_{t+1}$	Lncompen$_{t+2}$	Lncompen$_{t+3}$	Pure_Lncompen$_{t+1}$	Pure_Lncompen$_{t+2}$	Pure_Lncompen$_{t+3}$	Roani$_{t+1}$	Roani$_{t+2}$	Roani$_{t+3}$	Tobin_Q$_{t+1}$	Tobin_Q$_{t+2}$	Tobin_Q$_{t+3}$
DA	0.0713 ***	0.0590 ***	0.0454 ***	0.1328 ***	0.0873 ***	0.0561 ***	0.1102 ***	0.0561 ***	0.0265 *	-0.0453 ***	-0.0612 ***	-0.0672 ***
REM	-0.1678 ***	-0.1789 ***	-0.1839 ***	-0.1800 ***	-0.1966 ***	-0.2092 ***	-0.3871 ***	-0.3371 ***	-0.3072 ***	-0.1517 ***	-0.1503 ***	-0.1146 ***

注："***、**、*"分别表示在1%、5%和10%的显著性水平上显著。
数据来源：由 CSMAR 数据库上市公司公开数据计算整理而得。

表.4f　主要解释变量 Pearson 和 Spearman 相关性分析

	Lncompen	Pure_Lncompen	Power_Lncompen	P_Power_Lncompen	N_Power_Lncompen	ABSPower_Lncompen	Share1	Growth	Lfee	Bigfour	Opinion	Lev	Size
Lncompen	1	0.6408 ***	0.0812 ***	0.0662 ***	0.0747 ***	0.0192	0.0252 **	0.0381 ***	0.4048 ***	0.1775 ***	0.1375 ***	0.0016	0.4263 ***
Pure_Lncompen	0.6411 ***	1	-0.0089	-0.0120	-0.0009	-0.0124	0.1390 ***	0.0597 ***	0.5610 ***	0.2017 ***	0.2016 ***	0.0032	0.6663 ***
Power_Lncompen	0.0883 ***	0.0009	1	0.9110 ***	0.7722 ***	0.4448 ***	-0.2803 ***	-0.0026	-0.0421 ***	-0.0315 **	-0.0151	-0.0050	-0.0130
P_Power_Lncompen	0.0810 ***	0.0044	0.9042 ***	1	0.4414 ***	0.7746 ***	-0.2219 ***	-0.0178	-0.0619 ***	-0.0367 ***	-0.0159	-0.0351 ***	-0.0421 ***

续表

	Lncompen	Pure_Lncompen	Power_Lncompen	P_Power_Lncompen	N_Power_Lncompen	ABSPower_Lncompen	Share1	Growth	Lnfee	Bigfour	Opinion	Lev	Size
N_Power_Lncompen	0.0838***	0.0072	0.9586***	0.8497***	1	-0.2256***	-0.2679***	0.0218*	0.0030	-0.0121	-0.0085	0.0433***	0.0365***
ABSPower_Lncompen	-0.0019	-0.0108	-0.0370***	0.2828***	-0.2532***	1	-0.0521***	-0.0348*	-0.0693***	-0.0314***	-0.0112	-0.0686***	-0.0715***
Share1	0.0279***	0.1267***	-0.3177***	-0.3054***	-0.3120***	0.0061	1	0.0951***	0.1820***	0.1242***	0.0564***	0.0365***	0.2828***
Growth	0.1011***	0.1277***	0.0131	-0.0008	0.0185	-0.0330***	0.0783***	1	0.0279***	-0.0141	0.0644***	0.0715***	0.0744***
Lnfee	0.3928***	0.5466***	-0.0259*	-0.0304*	-0.0051	-0.0579***	0.1574***	0.0645***	1	0.3694***	0.0471***	0.2097***	0.6924***
Bigfour	0.1674***	0.1832***	-0.0267**	-0.0380**	-0.0214*	-0.0288**	0.1213***	0.0008	0.2723***	1	0.0227*	-0.0120	0.2458***
Opinion	0.1259***	0.1866***	-0.0117	-0.0093	-0.0047	-0.0146	0.0578***	0.1237***	0.0441***	0.0227*	1	-0.1310***	0.1417***
Lev	0.0112	0.0224*	0.0218*	0.0106	0.0377***	-0.0546***	0.0332***	0.0709***	0.2123***	-0.0164	-0.1167***	1	0.3136***
Size	0.4190***	0.6461***	0.0151	0.0038	0.0331***	-0.0609***	0.2520***	0.1434***	0.6585***	0.2098***	0.1333***	0.3259***	1

注: 上三角区域为 Pearson 相关性检验, 下三角区域为 Spearman 相关性检验, *, **, *** 分别表示变量在 10%、5% 和 1% 的统计水平上显著。

数据来源: 由 CSMAR 数据库上市公司公开数据计算整理而得。

断降低，表明真实活动盈余管理的实施成本较高，不仅对当期的公司业绩等指标产生负面影响，长期来看，其影响深度和强度依然强劲有力，能够显著降低并恶化公司的业绩与价值，可见，真实活动盈余管理所产生的负面经济后果很可能阻碍了其被运用于那些以业绩为主要评判指标的公司中，而高管在权衡对比两种盈余管理方式时，可能亦会变得更为谨慎。

5.4.3　多元回归分析

（1）高管薪酬与盈余管理

本章首先运用模型（5－5）考察不同产权样本下货币性薪酬是否会诱发高管实施应计制盈余管理或真实活动盈余管理。表 5.5a 和表 5.5b 依次报告了高管实际薪酬、真实薪酬与两种盈余管理方式的回归结果。在控制大股东持股比例、公司成长性、外部审计监管指标、财务杠杆和总资产规模后，总体而言，高管薪酬（Lncompen、Pure_Lncompen）与应计制盈余管理呈显著正相关（除表 5.5a 非国有企业下 Lncompen 与 DA 的反应系数不显著外），与真实活动盈余管理呈显著负相关。该结论为希利（Healy，1985）、瓦特和齐默曼（Watts，Zimmerman，1986）、盖弗等（Gaver et al.，1995）、王克敏和王志超（2007）关于高管薪酬与应计制盈余管理的促进关系提供了证据支持，表明高管薪酬确实诱发了高管的应计制盈余管理行为，而造成非国有企业高管实际薪酬与应计制盈余管理的反应系数不显著的原因有四：其一，非国有企业与国有企业相比，市场化程度较高，公司治理机制更为完善，管理者的薪酬激励机制较为恰当，一定程度上遏制了高管为增大薪酬而操控业绩的机会主义行为；其二，非国有企业中，民营企业的数量众多，家族式的管理模式比重较大，公司董事长与总经理可能合二为一，抑或关系紧密，并可能具有"直系或旁系"的亲属关联，在二者共同利益最大化的前提下，管理者为提高薪酬而实施的盈余管理动机可能有所消减；

其三，本章选用的高管实际薪酬变量可能已经受到诸如管理层权力、公司内部约束等其他重要因素的影响，是修饰后的失真薪酬，而这些因素可能会抑制高管的应计制盈余管理行为，导致实际薪酬与应计制盈余管理系数不显著的最终结果；其四，由于样本筛选的标准，部分非国有企业上市时间较短，或某些重要数据的缺失等，可能会影响到非国有企业高管薪酬对应计制盈余管理的作用效果。

考虑到第 4 章中管理层权力对高管薪酬（Lncompen）的正向作用力，我们在回归时没有将 Power 变量置于表5.4a 所使用的回归模型中。从表5.4c 系数相关性检验结果来看，根据公司正常的生产经营情况决定的高管真实薪酬所受到的管理层权力的影响已得到一定幅度地削减，于是在表5.5b 和表5.5c 中，我们除单一检验高管真实薪酬对盈余管理程度的作用力外，在模型中又加入 Power 变量，进一步观测引入管理层权力变量后，高管真实薪酬与两种盈余管理方式实施程度的变化趋势，结果并未改变。假设 1 得以验证。

（2）高管权力薪酬与盈余管理

在表5.5b 和表5.5c 中，Power 变量与应计制盈余管理和真实活动盈余管理在全样本、国有企业样本与地方国企样本中都表现出显著的负相关，表明管理层权力越大，高管实施盈余管理的动机越弱。而非国有企业与央企样本中，Power 与 DA 反应系数为正，与 REM 的反应系数为负，但都不具有显著性，说明在上述样本下，高管基于薪酬激励的盈余管理活动并未受到管理层权力的影响。

当应计制盈余管理作为被解释变量时，首先，对于非国有企业而言，引入 Power 变量后，高管真实薪酬与 DA 的回归系数为0. 1091，于1% 的统计水平上显著正相关，表明非国有企业高管有为提高真实薪酬而实施应计制盈余管理的动机，根据第 4 章的研究结论，非国有企业高管因权力而获取的薪酬超过了国有企业，表5. 5b 中也显示，非国有企业的权力薪酬要高于国有企业，这些线索表明，非国有企业高管为达到提高薪酬的目的，倾向于同时使用

表 5.5a　高管薪酬与盈余管理回归

自变量	DA					REM				
	全样本	国有企业	非国有企业	中央企业	地方国企	全样本	国有企业	非国有企业	中央企业	地方国企
截距	-0.2750***	-0.2613***	-0.3400***	-0.3158***	-0.2552***	0.7383***	0.6551***	0.9012***	0.6606***	0.6158***
	(-6.73)	(-5.20)	(-4.45)	(-3.34)	(-4.11)	(6.88)	(5.04)	(4.49)	(3.27)	(3.69)
Lncompen	0.0086***	0.0112***	0.0033	0.0180***	0.0090***	-0.0582***	-0.0508***	-0.0725***	-0.0774***	-0.0421***
	(4.03)	(4.32)	(0.89)	(3.70)	(3.02)	(-10.99)	(-7.81)	(-8.14)	(-7.19)	(-5.35)
Share1	0.0023	0.0053	0.0307	0.0112	0.0027	0.0668**	0.0264	0.1648***	-0.0834	0.0442
	(0.24)	(0.48)	(1.58)	(0.46)	(0.21)	(2.37)	(0.87)	(2.60)	(-1.53)	(1.20)
Growth	0.0139***	0.0114*	0.0158**	0.0106	0.0117	-0.0540***	-0.0520***	-0.0577***	-0.0385*	-0.0563***
	(2.91)	(1.77)	(2.28)	(0.82)	(1.59)	(-4.54)	(-3.42)	(-3.13)	(-1.68)	(-3.11)
Lnfee	-0.0088**	-0.0104**	-0.0121*	0.0020	-0.0134**	-0.0491***	-0.0435***	-0.0679***	-0.0141	-0.0498***
	(-2.39)	(-2.49)	(-1.65)	(0.24)	(-2.82)	(-4.85)	(-3.71)	(-3.36)	(-0.73)	(-3.49)
Bigfour	-0.0125**	-0.0090	-0.0155	-0.0283***	0.0011	0.0267	0.0226	0.0123	0.0390	-0.0145
	(-2.05)	(-1.31)	(-1.17)	(-2.90)	(0.11)	(1.51)	(1.06)	(0.45)	(1.51)	(-0.47)
Opinion	0.0325***	0.0331***	0.0288**	0.0354*	0.0355***	-0.0138	-0.0201	-0.0096	-0.0211	-0.0149
	(4.02)	(3.24)	(2.20)	(2.05)	(3.17)	(-1.01)	(-1.17)	(-0.43)	(-0.56)	(-0.76)
Lev	-0.0488***	-0.0420***	-0.0598***	0.0035	-0.0592***	0.3602***	0.3129***	0.4299***	0.2271***	0.3489***
	(-5.99)	(-4.43)	(-3.99)	(0.19)	(-5.43)	(16.48)	(12.21)	(10.86)	(5.14)	(11.48)
Size	0.0120***	0.0101***	0.0202***	-0.0011	0.0143***	0.0223***	0.0211***	0.0315***	0.0234**	0.0199**
	(6.02)	(4.59)	(5.12)	(-0.22)	(5.57)	(4.29)	(3.33)	(3.13)	(2.27)	(2.57)
East	0.0003	-0.0027	0.0059	0.0048	-0.0040	0.0582***	0.0475***	0.0823***	0.0032	0.0572***
	(0.07)	(-0.60)	(0.83)	(0.58)	(-0.75)	(6.60)	(4.58)	(4.86)	(0.22)	(4.47)
Mid	0.0022	-0.0036	0.0218***	0.0055	-0.0042	0.0278***	0.0028	0.0875***	-0.0025	0.0053
	(0.55)	(-0.77)	(2.69)	(0.65)	(-0.75)	(2.76)	(0.23)	(4.58)	(-0.17)	(0.36)

续表

自变量	DA					REM				
	全样本	国有企业	非国有企业	中央企业	地方国企	全样本	国有企业	非国有企业	中央企业	地方国企
Year	控制	控制	控制	控制	控制	控制	控制	控制	控制	控制
Industry	控制	控制	控制	控制	控制	控制	控制	控制	控制	控制
有效样本	5717	3714	2003	904	2809	5550	3613	1937	886	2726
调整 R^2	3.50%	4.12%	4.19%	3.95%	4.62%	10.48%	8.89%	14.08%	13.34%	9.62%
F 值	8.69	6.90	4.24	2.38	6.04	25.06	14.05	12.75	6.05	11.74

注：括号内为变量回归系数经 White 异方差修正后的双尾 T 值检验，"***、**、*"分别表示统计变量在 1%、5% 和 10% 的水平上显著。

数据来源：由 CSMAR 数据库上市公司公开数据计算整理而得。

表 5.5b　高管薪酬与应计制盈余管理回归

被解释变量：DA

自变量	全样本		国有企业		非国有企业		中央企业		地方国企	
截距	-0.9456*** (-14.80)	-0.9530*** (-14.83)	-0.8197*** (-10.74)	-0.8321*** (-10.91)	-1.1902*** (-9.95)	-1.1887*** (-9.93)	-0.8750*** (-5.75)	-0.8756*** (-5.75)	-0.8282*** (-9.28)	-0.8503*** (-9.54)
Pure_Lncompen	0.0932*** (14.09)	0.0941*** (14.19)	0.0818*** (10.19)	0.0833*** (10.36)	0.1093*** (9.33)	0.1091*** (9.29)	0.0855*** (5.74)	0.0855*** (5.74)	0.0830*** (8.84)	0.0852*** (9.05)
Power		-0.0076** (-2.01)		-0.0135*** (-2.81)		0.0024 (0.39)		0.0013 (0.12)		-0.0171*** (-3.27)

续表

被解释变量：DA

自变量	全样本		国有企业		非国有企业		中央企业		地方国企	
Share1	-0.0082 (-0.88)	-0.0139 (-1.40)	-0.0094 (-0.87)	-0.0183 (-1.62)	0.0248 (1.33)	0.0269 (1.33)	-0.0194 (-0.79)	-0.0189 (-0.76)	-0.0074 (-0.60)	-0.0195 (-1.52)
Growth	0.0127*** (2.65)	0.0125*** (2.62)	0.0108* (1.66)	0.0104 (1.60)	0.0145** (2.09)	0.0146** (2.10)	0.0090 (0.70)	0.0090 (0.70)	0.0111 (1.49)	0.0106 (1.44)
Lnfee	-0.0117*** (-3.25)	-0.0121*** (-3.35)	-0.0119*** (-2.92)	-0.0124*** (-3.03)	-0.0146** (-2.00)	-0.0144** (-1.96)	0.0006 (0.08)	0.0007 (0.08)	-0.0152*** (-3.19)	-0.0157*** (-3.30)
Bigfour	-0.0150** (-2.47)	-0.0149** (-2.47)	-0.0112 (-1.63)	-0.0108 (-1.58)	-0.0201 (-1.57)	-0.0200 (-1.56)	-0.0257*** (-2.76)	-0.0258*** (-2.75)	-0.0034 (-0.35)	-0.0031 (-0.32)
Opinion	0.0205*** (2.63)	0.0204*** (2.62)	0.0239** (2.43)	0.0232** (2.37)	0.0123 (0.95)	0.0122 (0.94)	0.0232 (1.17)	0.0232 (1.18)	0.0269** (2.47)	0.0259** (2.38)
Lev	-0.0049 (-0.57)	-0.0055 (-0.65)	-0.0069 (-0.68)	-0.0076 (-0.74)	-0.0044 (-0.29)	-0.0042 (-0.28)	0.0333* (1.69)	0.0334* (1.69)	-0.0202* (-1.70)	-0.0211** (-1.79)
Size	-0.0095*** (-3.73)	-0.0094*** (-3.67)	-0.0078** (-2.50)	-0.0077** (-2.47)	-0.0070 (-1.47)	-0.0071 (-1.50)	-0.0170*** (-2.75)	-0.0170*** (-2.75)	-0.0058 (-1.64)	-0.0057 (-1.61)
East	-0.0130*** (-3.45)	-0.0125*** (-3.30)	-0.0139*** (-3.09)	-0.0131*** (-2.91)	-0.0094 (-1.35)	-0.0096 (-1.37)	-0.0130 (-1.57)	-0.0131 (-1.58)	-0.0136** (-2.57)	-0.0123** (-2.33)
Mid	0.0066* (1.67)	0.0069* (1.73)	-0.0005 (-0.10)	0.0003 (0.06)	0.0283*** (3.60)	0.0284*** (3.61)	0.0071 (0.86)	0.0072 (0.86)	-0.0008 (-0.15)	0.0006 (0.12)
Year	控制	控制	控制	控制	控制	控制	控制	控制	控制	控制
Industry	控制	控制	控制	控制	控制	控制	控制	控制	控制	控制

续表

被解释变量：DA

自变量	全样本		国有企业		非国有企业		中央企业		地方国企	
有效样本	5717	5717	3714	3714	2003	2003	904	904	2809	2809
调整 R^2	7.39%	7.44%	7.03%	7.19%	10.43%	9.17%	6.78%	6.68%	7.53%	7.80%
F 值	17.90	17.41	11.39	11.28	8.52	8.22	3.43	3.31	9.47	9.49

注：括号内为变量回归系数经 White 异方差修正后的双尾 T 值检验，"***、**、*" 分别表示统计变量在 1%、5% 和 10% 的水平上显著。

数据来源：由 CSMAR 数据库上市公司公开数据整理计算而得。

表 5.5c　高管薪酬与真实活动盈余管理回归

被解释变量：REM

自变量	全样本		国有企业		非国有企业		中央企业		地方国企	
截距	3.1769 *** (19.03)	3.1422 *** (18.76)	3.2440 *** (15.17)	3.1962 *** (14.80)	3.1251 *** (10.69)	3.1151 *** (10.63)	2.8846 *** (8.87)	2.8947 *** (8.91)	3.2856 *** (12.69)	3.2131 *** (12.38)
Pure_Lncompen	-0.3638 *** (-20.21)		-0.3777 *** (-15.80)		-0.3445 *** (-12.18)	-0.3433 *** (-12.11)	-0.3447 *** (-11.11)	-0.3439 *** (-10.99)	-0.3876 *** (-12.70)	-0.3801 *** (-12.43)
Power		-0.0388 *** (-3.84)		-0.0531 *** (-4.04)		-0.0187 (-1.20)		-0.0234 (-1.06)		-0.0579 *** (-3.75)
Share1	0.1185 *** (4.43)	0.0901 *** (3.14)	0.0948 *** (3.33)	0.0599 ** (1.99)	0.2045 *** (3.30)	0.1882 *** (2.82)	0.0411 (0.76)	0.0318 (0.59)	0.0928 *** (2.74)	0.0521 (1.43)
Growth	-0.0504 *** (-4.48)	-0.0513 *** (-4.58)	-0.0493 *** (-3.48)	-0.0509 *** (-3.63)	-0.0527 *** (-2.95)	-0.0530 *** (-2.98)	-0.0322 (-1.41)	-0.0332 (-1.44)	-0.0539 *** (-3.20)	-0.0554 *** (-3.33)

续表

被解释变量：REM

自变量	全样本		国有企业		非国有企业		中央企业		地方国企	
Lnfee	-0.0413***	-0.0435***	-0.0363***	-0.0384***	-0.0609***	-0.0626***	-0.0083	-0.0099	-0.0408***	-0.0427***
	(-4.26)	(-4.52)	(-3.26)	(-3.48)	(-3.08)	(-3.20)	(-0.45)	(-0.54)	(-3.00)	(-3.17)
Bigfour	0.0298*	0.0302*	0.0328*	0.0345*	-0.0034	-0.0043	0.0298	0.0310	0.0063	0.0074
	(1.79)	(1.83)	(1.66)	(1.77)	(-0.12)	(-0.16)	(1.25)	(1.31)	(0.22)	(0.26)
Opinion	0.0276**	0.0270**	0.0226	0.0195	0.0289	0.0298	0.0362	0.0354	0.0228	0.0188
	(2.15)	(2.11)	(1.40)	(1.20)	(1.37)	(1.42)	(1.09)	(1.06)	(1.22)	(1.00)
Lev	0.2043***	0.2007***	0.1542***	0.1516***	0.2872***	0.2851***	0.1155***	0.1150***	0.1686***	0.1654***
	(9.97)	(9.78)	(6.40)	(6.33)	(7.75)	(7.66)	(2.71)	(2.70)	(5.71)	(5.63)
Size	0.1011***	0.1018***	0.1064***	0.1067***	0.0998***	0.1008***	0.0855***	0.0857***	0.1135***	0.1138***
	(14.25)	(14.40)	(11.81)	(11.83)	(7.85)	(8.01)	(7.00)	(7.01)	(9.80)	(9.82)
East	0.1023***	0.1050***	0.0995***	0.1026***	0.1074***	0.1087***	0.0737***	0.0743***	0.1018***	0.1060***
	(11.78)	(12.11)	(9.49)	(9.72)	(6.85)	(7.00)	(5.06)	(5.14)	(7.98)	(8.21)
Mid	0.0102	0.0114	-0.0114	-0.0085	0.0621***	0.0613***	-0.0082	-0.0091	-0.0104	-0.0056
	(1.07)	(1.20)	(-1.05)	(-0.79)	(3.34)	(3.30)	(-0.56)	(-0.62)	(-0.75)	(-0.41)
Year	控制	控制	控制	控制	控制	控制	控制	控制	控制	控制
Industry	控制	控制	控制	控制	控制	控制	控制	控制	控制	控制
有效样本	5550	5550	3613	3613	1937	1937	886	886	2726	2726
调整 R²	17.38%	17.60%	17.59%	17.98%	18.27%	18.28%	21.83%	21.85%	17.74%	18.16%
F 值	44.23	43.33	29.56	29.28	17.03	16.47	10.15	9.84	22.76	22.60

注：括号内为变量回归系数经 White 异方差修正后的双尾 T 值检验，"***"、"**"、"*"分别表示统计量在 1%、5% 和 10% 的水平上显著。

数据来源：由 CSMAR 数据库上市公司公开数据计算整理而得。

自身权力和应用盈余管理手段，权力与盈余管理程度间的间接关系不是严格的相互制约，反而可能是宽松的"自由式发展"。其次，造成央企管理层权力与 DA 反应系数不显著的原因，在于央企特殊的治理背景和政策环境，与地方国企不同，央企高管掌握着更多的经济和政治资源，薪资优厚，虽然拥有较高的权力，获得了一定的权力薪酬，但同时也担负着相应的责任，受到政府更大的监督，由权力引发的其他谋利行为可能被限制；再者，对央企高管的考核不完全依照企业的利润指标，其所承担的社会责任和政绩也成为一项重要的衡量标准，因此高管实施应计制盈余管理的积极性可能不高，在权力行使范围受阻、强力不足的前提下，权力导致的应计制管理程度可能较弱。而地方国企在经济和政策扶持力度上存在天然的劣势，对业绩的考核力度也强于央企，因此高管实施盈余管理的动机可能更强，由于地方远离中央，监管力度可能较为薄弱，使得管理层权力得到一定的放大，高管在提高薪酬的考量中，更倾向于使用低成本、低风险的权力萃取，故管理层权力越大，应计制盈余管理程度越低。

当真实活动盈余管理作为被解释变量时，所有样本中 Power 与 REM 的相关系数都为负，只是统计性水平有所不同，这表明管理层权力的提高一定程度上会阻碍其实施成本较高、破坏力度较大、对公司业绩和公司价值呈现负面影响的真实活动盈余管理。

为了更为清晰地打开高管权力与盈余管理行为的黑箱，揭示出由高管权力滋生的权力薪酬对盈余管理程度的影响，我们使用模型（5—6）估算出高管权力薪酬 Power_Lncompen（ABSPower_Lncompen）并预测其与盈余管理程度呈负相关。表 5.6a 和表 5.6b 的回归结果初步印证了我们的结论，以全样本为例，Power_Lncompen 与 DA 的回归系数为 -0.0382，T 统计量为 -1.98，在 5% 的水平上显著，与 REM 的回归系数为 -0.1974，T 统计量为 -3.85，在 1% 的水平上显著。在各分样本的回归中，国有企业与地方国企下权力薪酬抑制高管实施盈余管理的程度更强。

表 5.6a　　　　　高管权力薪酬与应计制盈余管理回归

被解释变量：DA

自变量	全样本		国有企业		非国有企业		中央企业		地方国企	
截距	-0.9467*** (-14.84)	-0.9435*** (-14.75)	-0.8212*** (-10.76)	-0.8152*** (-10.69)	-1.1906*** (-9.95)	-1.1918*** (-9.87)	-0.8768*** (-5.73)	-0.8790*** (-5.75)	-0.8364*** (-9.39)	-0.8226*** (-9.23)
Pure_ Lncompen	0.0933*** (14.11)	0.0932*** (14.10)	0.0819*** (10.20)	0.0818*** (10.20)	0.1093*** (9.33)	0.1093*** (9.31)	0.0856*** (5.73)	0.0865*** (5.74)	0.0834*** (8.90)	0.0829*** (8.84)
Power_ Lncompen	-0.0382** (-1.98)		-0.0677*** (-2.79)		0.0125 (0.40)		0.0071 (0.13)		-0.0862*** (-3.25)	
ABSPower_ Lncompen		-0.0150 (-0.55)		-0.0501 (-1.45)		0.0064 (0.14)		-0.0794 (-0.86)		-0.0393 (-1.08)
Share1	-0.0138 (-1.39)	-0.0083 (-0.89)	-0.0182 (-1.62)	-0.0089 (-0.83)	0.0270 (1.33)	0.0249 (1.32)	-0.0188 (-0.75)	-0.0187 (-0.76)	-0.0194 (-1.52)	-0.0070 (-0.58)
Growth	0.0129*** (2.68)	0.0127*** (2.65)	0.0109* (1.68)	0.0106 (1.64)	0.0145** (2.08)	0.0146** (2.09)	0.0090 (0.70)	0.0086 (0.67)	0.0113 (1.53)	0.0110 (1.48)
Lnfee	-0.0121*** (-3.35)	-0.0117*** (-3.26)	-0.0124*** (-3.03)	-0.0121*** (-2.96)	-0.0144* (-1.96)	-0.0145** (-1.99)	0.0007 (0.09)	0.0005 (0.07)	-0.0157*** (-3.30)	-0.0153*** (-3.23)
Bigfour	-0.0150** (-2.47)	-0.0150** (-2.47)	-0.0109 (-1.58)	-0.0111 (-1.61)	-0.0200 (-1.56)	-0.0201 (-1.56)	-0.0258*** (-2.75)	-0.0254*** (-2.73)	-0.0031 (-0.32)	-0.0034 (-0.34)

续表

被解释变量：DA

自变量	全样本		国有企业		非国有企业		中央企业		地方国企	
Opinion	0.0204*** (2.62)	0.0205*** (2.62)	0.0232** (2.37)	0.0238** (2.43)	0.0122 (0.94)	0.0123 (0.95)	0.0232 (1.18)	0.0232 (1.18)	0.0259** (2.38)	0.0269** (2.47)
Lev	-0.0051 (-0.59)	-0.0050 (-0.59)	-0.0068 (-0.66)	-0.0071 (-0.69)	-0.0043 (-0.29)	-0.0043 (-0.28)	0.0333* (1.69)	0.0341* (1.73)	-0.0200* (-1.69)	-0.0205* (-1.73)
Size	-0.0092*** (-3.60)	-0.0095*** (-3.73)	-0.0074** (-2.36)	-0.0079** (-2.51)	-0.0071 (-1.51)	-0.0070 (-1.48)	-0.0171*** (-2.75)	-0.0173*** (-2.78)	-0.0053 (-1.50)	-0.0058 (-1.63)
East	-0.0125*** (-3.30)	-0.0130*** (-3.44)	-0.0131*** (-2.91)	-0.0139*** (-3.09)	-0.0096 (-1.37)	-0.0095 (-1.35)	-0.0131 (-1.58)	-0.0129 (-1.55)	-0.0123** (-2.33)	-0.0136** (-2.57)
Mid	0.0069* (1.73)	0.0066* (1.67)	0.0003 (0.06)	-0.0005 (-0.11)	0.0284*** (3.61)	0.0283*** (3.60)	0.0072 (0.86)	0.0073 (0.88)	0.0006 (0.12)	-0.0008 (-0.15)
Year	控制	控制	控制	控制	控制	控制	控制	控制	控制	控制
Industry	控制	控制	控制	控制	控制	控制	控制	控制	控制	控制
有效样本	5717	5717	3714	3714	2003	2003	904	904	2809	2809
调整 R²	7.44%	7.38%	7.19%	7.05%	9.17%	9.16%	6.68%	6.78%	7.80%	7.53%
F 值	17.41	17.27	11.27	11.05	8.22	8.21	3.31	3.35	9.48	9.16

注：括号内为变量回归系数经 White 异方差修正后的双尾 T 值检验，"***"、"**"、"*" 分别表示统计变量在 1%、5% 和 10% 的水平上显著。
数据来源：由 CSMAR 数据库上市公司公开数据计算整理而得。

表 5.6b　高管薪酬与真实活动盈余管理回归

被解释变量：REM

自变量	全样本		国有企业		非国有企业		中央企业		地方国企	
截距	3.1737*** (19.04)	3.1834*** (19.15)	3.2392*** (15.18)	3.2535*** (15.27)	3.1303*** (10.73)	3.1271*** (10.71)	2.9140*** (9.00)	2.9053*** (8.93)	3.2601*** (12.62)	3.3146*** (12.84)
Pure_Lncompen	-0.3637*** (-20.24)	-0.3639*** (-20.22)	-0.3772*** (-15.80)	-0.3776*** (-15.78)	-0.3452*** (-12.25)	-0.3446*** (-12.23)	-0.3463*** (-11.23)	-0.3495*** (-11.14)	-0.3860*** (-12.67)	-0.3884*** (-12.72)
Power_Lncompen	-0.1974*** (-3.85)		-0.2702*** (-4.05)		-0.0956 (-1.21)		-0.1201 (-1.07)		-0.2944*** (-3.76)	
ABSPower_Lncompen		-0.0454 (-0.63)		-0.1067 (-1.16)		-0.0073 (-0.06)		0.3277* (1.79)		-0.1998* (-1.93)
Share1	0.0900*** (3.14)	0.1182*** (4.41)	0.0598* (1.99)	0.0958*** (3.36)	0.1881*** (2.82)	0.2044 (3.29)	0.0317 (0.59)	0.0377 (0.70)	0.0520 (1.43)	0.0945*** (2.78)
Growth	-0.0497*** (-4.43)	-0.0505*** (-4.49)	-0.0488*** (-3.46)	-0.0496*** (-3.49)	-0.0523*** (-2.93)	-0.0527*** (-2.96)	-0.0323 (-1.41)	-0.0306 (-1.34)	-0.0530*** (-3.17)	-0.0544*** (-3.22)
Lnfee	-0.0435*** (-4.52)	-0.0415*** (-4.28)	-0.0384*** (-3.48)	-0.0367*** (-3.30)	-0.0626*** (-3.20)	-0.0610*** (-3.08)	-0.0099 (-0.54)	-0.0079 (-0.43)	-0.0427*** (-3.17)	-0.0417*** (-3.07)
Bigfour	0.0302* (1.83)	0.0298* (1.79)	0.0345* (1.77)	0.0334* (1.69)	-0.0043 (-0.16)	-0.0034 (-0.13)	0.0310 (1.31)	0.0269 (1.15)	0.074 (0.26)	0.069 (0.24)

续表

被解释变量：REM

自变量	全样本		国有企业		非国有企业		中央企业		地方国企	
Opinion	0.0270 ** (2.11)	0.0275 ** (2.14)	0.0195 (1.20)	0.0224 (1.39)	0.0298 (1.42)	0.0289 (1.37)	0.0354 (1.06)	0.0361 (1.08)	0.0188 (1.00)	0.0223 (1.19)
Lev	0.2031 *** (9.92)	0.2038 *** (9.92)	0.1549 *** (6.47)	0.1538 *** (6.38)	0.2863 *** (7.71)	0.2870 *** (7.71)	0.1165 *** (2.72)	0.1118 *** (2.62)	0.1690 *** (5.77)	0.1669 *** (5.64)
Size	0.1027 *** (14.59)	0.1011 *** (14.23)	0.1080 *** (12.03)	0.1064 *** (11.79)	0.1012 *** (8.08)	0.0998 *** (7.88)	0.0862 *** (7.10)	0.0870 *** (7.10)	0.1152 *** (9.97)	0.1137 *** (9.81)
East	0.1050 *** (12.11)	0.1024 *** (11.78)	0.1026 *** (9.72)	0.0995 *** (9.48)	0.1087 *** (7.00)	0.1075 *** (6.84)	0.0743 *** (5.14)	0.0733 *** (5.04)	0.1060 *** (8.21)	0.1018 *** (7.95)
Mid	0.0114 (1.20)	0.0102 (1.07)	-0.0085 (-0.79)	-0.0115 (-1.05)	0.0613 *** (3.30)	0.0621 *** (3.34)	-0.0092 (-0.62)	-0.0088 (-0.60)	-0.0056 (-0.41)	-0.0106 (-0.76)
Year	控制	控制	控制	控制	控制	控制	控制	控制	控制	控制
Industry	控制	控制	控制	控制	控制	控制	控制	控制	控制	控制
有效样本	5550	5550	3613	3613	1937	1937	886	886	2726	2726
调整 R^2	17.60%	17.37%	17.99%	17.60%	18.28%	18.23%	21.85%	22.09%	18.17%	17.81%
F 值	43.33	42.66	29.29	28.55	16.47	16.41	9.84	9.96	22.60	22.09

注：括号内为变量回归系数经 White 异方差修正后的双尾 T 值检验，"***、**、*"分别表示统计变量在 1%、5% 和 10% 的水平上显著。

数据来源：由 CSMAR 数据库上市公司公开数据计算整理而得。

　　进一步地，我们考察在不同权力强度下，权力薪酬与盈余管理间的作用效果是否会发生改变，高权力样本下高管权力薪酬对盈余管理的负面影响力度是否会进一步加强？为了较好地全面解释此命题，我们将 Power 值超过其所在行业的中值的样本归为高权力组，其他为低权力组，进行如下两个回归：第一，考虑权力薪酬的方向，并将权力薪酬进一步分解为正向权力薪酬 P_Power_Lncompen 和负向权力薪酬 N_Power_Lncompen，动态地考察权力薪酬与盈余管理间的反应强度；第二，不涉及权力薪酬的方向，应用权力薪酬的绝对值 ABSPower_Lncompen，观测其与两种盈余管理方式在不同权力样本中的反应结果。如表 5.7a ~ 5.7d 所示，与笔者预期一致，权力越高，高管实施盈余管理的程度越弱，集中体现为：①正向权力薪酬总体上与 DA 或 REM 的反应系数为负，而负向权力薪酬与 DA 或 REM 的反应系数为正；权力薪酬的绝对值与 DA 或 REM 的回归系数在高权力样本下总体为负，[1] 且两个回归中所有的高权力样本下效果更加突出。②国有企业和地方国企样本中，权力薪酬在高权力子样本下，抑制高管实施盈余管理的程度更强，正向权力薪酬与 DA 或 REM 的反应系数显著为负，负向权力薪酬与 DA 或 REM 的系数显著为正。

　　（3）盈余管理后的经济后果

　　①盈余管理后的 T + 1 期经济后果。

　　表 5.8a 和表 5.8b 分别列示了应计制盈余管理、真实活动盈余管理与 T + 1 期公司业绩和公司价值的回归结果。我们发现，首先，DA 与 $Roani_{t+1}$ 的反应系数均为正，全样本和国企样本更为显著，REM 与 $Roani_{t+1}$ 的反应系数在所有样本中均显著为负，表明本期的应计制盈余管理对下一年度的公司业绩有短期的促进作用，而 REM 对下一年度的公司业绩有着较强的破坏效应。其次，无论是

----

　　① 非国有企业样本和央企样本下权力薪酬的绝对值与 DA 或 REM 的反应系数虽为正，但系数的 T 值统计量较低，影响效果较为微弱，不会对整体结论构成质疑。

DA 还是 REM 对下一年度的公司价值都有一定程度的负面影响，且 REM 的作用力度更大。这说明，真实活动盈余管理不仅能够降低公司业绩，更能降低公司价值。

②盈余管理后的中长期经济后果。

进一步地，我们期望检验盈余管理活动对公司业绩和公司价值的长期影响效果，根据表5.9a 和表5.9b 所示，我们发现以下几点线索：a. 本期的应计制盈余管理与 T + 2 期的公司业绩正相关，仅全样本较为显著（系数为 0.0132，T 统计值为 1.74），DA 与 T + 3 期的公司业绩除了非国有企业和央企样本反应系数为负外，其他样本中系数为正，但显著性都已丧失。央企样本下，DA 与 $Roani_{t+3}$ 在 10% 的水平上显著负相关，表明本期的应计制盈余管理对央企的长期业绩有一定的负面影响，其他样本中应计制盈余管理对业绩的长期影响效果逐渐减弱，甚至已失去影响。b. 本期的应计制盈余管理与 T + 2 期和 T + 3 期的公司价值显著为负（地方国企除外），与表5.9a 中 DA 与 $Tobin\_Q_{t+1}$ 的回归系数相比，DA 与 T + 2 期、T + 3 期公司价值的负向显著性程度明显提升。这意味着，应计制盈余管理对企业长期价值的塑造有较强的负面影响。c. 本期的真实活动盈余管理与 T + 2 期和 T + 3 期的公司业绩显著负相关，但相关系数在逐渐降低，表明真实活动盈余管理对企业长期业绩具有深远的负面影响，虽然影响程度在减弱，但持续性较强。d. 本期真实活动盈余管理与 T + 2 期和 T + 3 期的公司价值显著负相关，与 REM 对公司业绩的影响机理相同，REM 与 $Tobin\_Q_{t+2}$ 和 $Tobin\_Q_{t+3}$ 的回归系数呈现下降趋势，证明 REM 的实施确实给公司价值带来了长期、持续的负面性，因此，我们在使用真实活动盈余管理时应该仔细思考 REM 的经济后果，做出符合股东利益、公司持续发展的最优决策。

表 5.7a 不同权力下高管薪酬与盈余管理回归

被解释变量：DA

自变量	全样本		国有企业		非国有企业		中央企业		地方国企	
	高权力	低权力	高权力	低权力	高权力	低权力	高权力	低权力	高权力	低权力
截距	-0.9006*** (-10.37)	-1.0123*** (-10.94)	-0.8155*** (-7.54)	-0.8581*** (-8.21)	-1.0144*** (-6.69)	-1.3719*** (-7.25)	-0.7929*** (-3.38)	-1.0094*** (-5.31)	-0.8424*** (-6.98)	-0.8657*** (-6.42)
Pure_Lncompen	0.0986*** (11.06)	0.0906*** (9.07)	0.0892*** (7.80)	0.0796*** (6.92)	0.1086*** (7.33)	0.1084*** (5.93)	0.0936*** (3.92)	0.0837*** (4.83)	0.0890*** (7.21)	0.0827*** (5.42)
P_Power_Lncompen	-0.0326 (-1.04)	-1.2182 (-1.15)	-0.0813** (-2.07)	0.2153 (0.19)	0.0219 (0.43)	-2.8267* (-1.73)	-0.0970 (-0.82)	0.8385 (0.45)	-0.0825** (-2.06)	0.1939 (0.15)
N_Power_Lncompen	0.8700** (1.99)	-0.0177 (-0.27)	1.0048** (2.26)	-0.0241 (-0.29)	0.6064 (0.61)	0.0971 (0.85)	1.2005 (1.18)	0.0572 (0.37)	0.9283* (1.73)	-0.0419 (-0.44)
Share1	-0.0299** (-2.22)	-0.0045 (-0.31)	-0.0282* (-1.82)	-0.0090 (-0.54)	0.0121 (0.44)	0.0329 (1.13)	-0.0322 (-0.81)	-0.0153 (-0.47)	-0.0338* (-1.96)	-0.0079 (-0.39)
Growth	-0.0089 (-1.24)	0.0224*** (3.86)	-0.0142* (-1.80)	0.0186** (2.32)	-0.0026 (-0.22)	0.0256*** (3.27)	-0.0278 (-1.41)	0.0237* (1.67)	-0.0109 (-1.47)	0.0168* (1.82)
Lnfee	-0.0194*** (-3.88)	-0.0065 (-1.29)	-0.0154*** (-2.62)	-0.0116** (-2.05)	-0.0309*** (-3.40)	0.0035 (0.33)	-0.0066 (-0.50)	0.0032 (0.30)	-0.0169** (-2.56)	-0.0152** (-2.20)
Bigfour	-0.0108 (-1.26)	-0.0221*** (-2.60)	-0.0064 (-0.67)	-0.0175* (-1.83)	0.0004 (0.02)	-0.0394** (-2.11)	-0.0280* (-1.77)	-0.0254** (-1.99)	0.0008 (0.06)	-0.0088 (-0.62)

管理层权力、高管薪酬与上市公司盈余管理研究

续表

被解释变量：DA

自变量	全样本		国有企业		非国有企业		中央企业		地方国企	
	高权力	低权力	高权力	低权力	高权力	低权力	高权力	低权力	高权力	低权力
Opinion	0.0111 (0.99)	0.0314*** (2.90)	0.0294** (2.21)	0.0238 (1.64)	-0.0220 (-1.09)	0.0368** (2.21)	0.0139 (0.42)	0.0350 (1.45)	0.0365*** (2.68)	0.0236 (1.35)
Lev	-0.0111 (-0.93)	0.0040 (0.33)	-0.0071 (-0.51)	-0.0054 (-0.37)	-0.0051 (-0.24)	0.0049 (0.24)	0.0478 (1.60)	0.0309 (1.22)	-0.0197 (-1.31)	-0.0186 (-1.03)
Size	-0.0091** (-2.44)	-0.0089** (-2.54)	0.0105** (2.22)	-0.0048 (-1.16)	-0.0027 (-0.42)	-0.0106 (-1.59)	-0.0196 (-1.31)	-0.0138* (-1.94)	-0.0086* (-1.83)	-0.0032 (-0.59)
East	-0.0176*** (-3.53)	-0.0076 (-1.38)	-0.0221*** (-3.62)	-0.0060 (-0.93)	-0.0135 (-1.56)	-0.0055 (-0.50)	-0.0149 (-1.31)	-0.0126 (-0.96)	-0.0225*** (-3.08)	-0.0054 (-0.72)
Mid	0.0065 (1.21)	0.0085 (1.49)	-0.0024 (-0.38)	0.0030 (0.46)	0.0327*** (2.98)	0.0256** (2.28)	0.0065 (0.59)	0.0039 (0.31)	-0.0040 (-0.54)	0.0042 (0.55)
Year	控制	控制	控制	控制	控制	控制	控制	控制	控制	控制
Industry	控制	控制	控制	控制	控制	控制	控制	控制	控制	控制
有效样本	2822	2895	1797	1917	1025	978	416	488	1381	1428
调整 R²	8.24%	8.89%	8.73%	7.97%	9.66%	11.32%	6.26%	8.09%	9.78%	8.19%
F值	9.74	10.73	6.92	6.72	4.81	5.30	1.96	2.48	6.16	5.39

注：括号内为变量回归系数经 White 异方差修正后的双尾 T 值检验，"***"、"**"、"*"分别表示统计变量在 1%、5% 和 10% 的水平上显著。
数据来源：由 CSMAR 数据库上市公司公开数据计算整理而得。

· 178 ·

表5.7b 不同权力下高管薪酬与应计制盈余管理回归

被解释变量：DA

自变量	全样本		国有企业		非国有企业		中央企业		地方国企	
	高权力	低权力	高权力	低权力	高权力	低权力	高权力	低权力	高权力	低权力
截距	-0.8894*** (-10.27)	-1.0178*** (-11.00)	-0.7981*** (-7.40)	-0.8573*** (-8.24)	-1.0128*** (-6.68)	-1.3806*** (-7.27)	-0.7763*** (-3.31)	-1.0111*** (-5.32)	-0.8288*** (-6.86)	-0.8646*** (-6.47)
Pure_Lncompen	0.0963*** (10.90)	0.0914*** (9.15)	0.0863*** (7.62)	0.0795*** (6.93)	0.1076*** (7.28)	0.1104*** (6.01)	0.0905*** (3.83)	0.0835*** (4.81)	0.0862*** (7.02)	0.0826*** (5.43)
ABSPower_Lncompen	-0.0199 (-0.65)	0.0181 (0.28)	-0.0667* (-1.73)	0.0241 (0.29)	0.0316 (0.64)	-0.0972 (-0.85)	-0.0709 (-0.63)	-0.0565 (-0.37)	-0.0700** (-1.78)	0.0419 (0.44)
Share1	-0.0338** (-2.53)	-0.0039 (-0.27)	-0.0330** (-2.18)	-0.0091 (-0.55)	0.0099 (0.35)	0.0343 (1.17)	-0.0418 (-1.07)	-0.0158 (-0.48)	-0.00375** (-2.23)	-0.0080 (-0.40)
Growth	-0.0084 (-1.17)	0.0215*** (3.76)	-0.0138* (-1.76)	0.0187** (2.39)	-0.0021 (-0.18)	0.0239*** (3.07)	-0.0273 (-1.39)	0.0246* (1.81)	-0.0107 (-1.44)	0.0169* (1.86)
Lnfee	-0.0192*** (-3.83)	-0.0065 (-1.28)	-0.0152*** (-2.59)	-0.0116** (-2.04)	-0.0306*** (-3.36)	0.0044 (0.40)	-0.0062 (-0.47)	0.0035 (0.32)	-0.0167** (-2.52)	-0.0152** (-2.20)
Bigfour	-0.0107 (-1.25)	-0.0220*** (-2.59)	-0.0061 (-0.63)	-0.0175* (-1.83)	0.0002 (0.01)	-0.0396** (-2.11)	-0.0289* (-1.82)	-0.0258** (-2.03)	0.0015 (0.11)	-0.0088 (-0.62)
Opinion	0.0116 (1.03)	0.0314*** (2.91)	0.0300** (2.25)	0.0238 (1.64)	-0.0219 (-1.08)	0.0373** (2.24)	0.0128 (0.38)	0.0350 (1.45)	0.0372*** (2.72)	0.0236 (1.35)

续表

被解释变量：DA

自变量	全样本		国有企业		非国有企业		中央企业		地方国企	
	高权力	低权力	高权力	低权力	高权力	低权力	高权力	低权力	高权力	低权力
Lev	-0.0093 (-0.78)	0.0039 (0.32)	-0.0048 (-0.34)	-0.0053 (-0.36)	-0.0041 (-0.19)	0.0061 (0.29)	0.0466 (1.56)	0.0308 (1.21)	-0.0166 (-1.10)	-0.0185 (-1.03)
Size	-0.0084** (-2.27)	-0.0092*** (-2.59)	-0.0097** (-2.05)	-0.0048 (-1.16)	-0.0023 (-0.37)	-0.0121* (-1.73)	-0.0185* (-1.79)	-0.0137* (-1.93)	-0.0078* (-1.67)	-0.0031 (-0.59)
East	-0.0177*** (-3.56)	-0.0077 (-1.40)	-0.0222*** (-3.65)	-0.0060 (-0.93)	-0.0137 (-1.59)	-0.0050 (-0.45)	-0.0147 (-1.29)	-0.0128 (-0.96)	-0.0226*** (-3.10)	-0.0053 (-0.72)
Mid	0.0063 (1.17)	0.0083 (1.46)	-0.0025 (-0.41)	0.0031 (0.47)	0.0321*** (2.94)	0.0257** (2.28)	0.0065 (0.58)	0.0038 (0.30)	-0.0042 (-0.56)	0.0043 (0.55)
Year	控制	控制	控制	控制	控制	控制	控制	控制	控制	控制
Industry	控制	控制	控制	控制	控制	控制	控制	控制	控制	控制
有效样本	2822	2895	1797	1917	1025	978	416	488	1381	1428
调整 R²	8.16%	8.85%	8.61%	8.02%	9.07%	11.00%	6.27%	8.24%	9.71%	8.25%
F值	9.95	11.03	7.04	6.96	5.07	5.31	1.99	2.56	6.30	5.58

注：括号内为变量回归系数数经 White 异方差修正后的双尾 T 值检验，"***、**、*"分别表示统计计变量在 1%、5% 和 10% 的水平上显著。

数据来源：由 CSMAR 数据库上市公司公开数据计算整理而得。

5 高管薪酬与盈余管理：基于管理层权力的检验

表5.7c　不同权力下高管薪酬与真实活动盈余管理回归

被解释变量：REM

自变量	全样本		国有企业		非国有企业		中央企业		地方国企	
	高权力	低权力	高权力	低权力	高权力	低权力	高权力	低权力	高权力	低权力
截距	3.5207*** (14.87)	2.6914*** (11.42)	3.4965*** (11.23)	2.8360*** (9.69)	3.5925*** (8.98)	2.4710*** (5.92)	3.4651*** (8.00)	2.3252*** (4.69)	3.3085*** (9.06)	3.1914*** (8.37)
Pure_Lncompen	-0.3909*** (-15.79)	-0.3218*** (-11.91)	-0.4470*** (-12.13)	-0.3227*** (-9.40)	-0.3641*** (-9.66)	-0.3163*** (-7.27)	-0.4008*** (-9.00)	-0.2851*** (-6.23)	-0.3966*** (-9.56)	-0.3596*** (-7.57)
P_Power_Lncompen	-0.1421* (-1.74)	-2.8600 (-1.20)	-0.2976** (-2.90)	-2.6310 (-1.47)	0.0341 (0.26)	-1.9388 (-0.47)	0.2063 (0.93)	-5.3540* (-1.93)	-0.3948*** (-3.41)	-2.3568 (-1.12)
N_Power_Lncompen	2.6209** (2.09)	-0.2016 (-1.30)	4.7863*** (3.19)	-0.3867** (-2.02)	-1.0785 (-0.49)	0.1103 (0.39)	3.3521 (1.35)	-0.6670** (-1.99)	3.7229** (2.10)	-0.3054 (-1.35)
Share1	0.1238*** (2.84)	0.0444 (1.16)	0.0921** (1.98)	0.0321 (0.82)	0.2320** (2.18)	0.0851 (0.97)	0.0877 (1.11)	-0.0094 (-0.12)	0.0783 (1.43)	0.0262 (0.54)
Growth	-0.0824*** (-5.25)	-0.0343** (-2.36)	-0.0557** (-2.80)	-0.0453** (-2.48)	-0.1037*** (-4.33)	-0.0232 (-1.03)	0.0059 (0.11)	-0.0428** (-2.05)	-0.0746*** (-4.27)	-0.0473** (-2.19)
Lnfee	-0.0625*** (-4.33)	-0.0334*** (-2.67)	-0.0511*** (-3.13)	-0.0394*** (-2.73)	-0.0929*** (-3.19)	-0.0343 (-1.37)	-0.0237 (-0.91)	-0.0238 (-0.92)	-0.0508*** (-2.68)	-0.0449** (-2.48)
Bigfour	-0.0176 (-0.61)	0.0494*** (2.87)	-0.0178 (-0.53)	0.0551*** (2.70)	-0.0253 (-0.60)	-0.0027 (-0.08)	0.0118 (0.32)	0.0343 (1.03)	-0.0424 (-0.88)	0.0467* (1.66)

管理层权力、高管薪酬与上市公司盈余管理研究

续表

被解释变量：REM

自变量	全样本 高权力	全样本 低权力	国有企业 高权力	国有企业 低权力	非国有企业 高权力	非国有企业 低权力	中央企业 高权力	中央企业 低权力	地方国企 高权力	地方国企 低权力
Opinion	0.0054 (0.26)	0.0532*** (3.22)	−0.0067 (−0.26)	0.0515** (2.30)	0.0222 (0.56)	0.0502** (2.04)	−0.0532 (−1.04)	0.0925** (2.35)	0.0093 (0.31)	0.0406 (1.49)
Lev	0.1388*** (4.77)	0.2674*** (9.16)	0.0865** (2.57)	0.2142*** (6.26)	0.2484*** (4.47)	0.3572*** (7.06)	0.0086 (0.13)	0.2296*** (4.26)	0.1487*** (3.85)	0.1911*** (4.38)
Size	0.1197*** (11.61)	0.0885*** (9.16)	0.1256*** (9.41)	0.0902*** (7.68)	0.1127*** (6.80)	0.0929*** (5.06)	0.1126*** (6.53)	0.0720*** (3.96)	0.1240*** (7.56)	0.1038*** (6.59)
East	0.1075*** (9.03)	0.1039*** (8.26)	0.0995*** (6.57)	0.1020*** (6.95)	0.1281*** (6.47)	0.0979*** (3.91)	0.0720*** (3.53)	0.0773*** (3.66)	0.0945*** (4.87)	0.1049*** (6.07)
Mid	0.0225 (1.64)	0.0049 (0.37)	−0.0088 (−0.53)	−0.0044 (−0.31)	0.1121*** (4.82)	0.0109 (0.38)	−0.0002 (−0.01)	−0.0134 (−0.64)	−0.0157 (−0.76)	−0.0042 (−0.24)
Year	控制	控制	控制	控制	控制	控制	控制	控制	控制	控制
Industry	控制	控制	控制	控制	控制	控制	控制	控制	控制	控制
有效样本	2742	2808	1759	1854	983	954	409	477	1350	1376
调整 R^2	20.45%	16.22%	21.42%	18.11%	20.78%	16.48%	26.52%	22.94%	22.16%	17.99%
F 值	25.30	19.74	17.52	15.13	10.20	7.48	6.08	5.89	14.24	11.40

注：括号内为变量回归系数经 White 异方差修正后的双尾 T 值检验，"***"、"**"、"*"分别表示统计变量在 1%、5% 和 10% 的水平上显著。
数据来源：由 CSMAR 数据库上市公司公开数据计算整理而得。

表5.7d 不同权力下高管薪酬与真实活动盈余管理回归

被解释变量：REM

自变量	全样本 高权力	全样本 低权力	国有企业 高权力	国有企业 低权力	非国有企业 高权力	非国有企业 低权力	中央企业 高权力	中央企业 低权力	地方国企 高权力	地方国企 低权力
截距	3.5577*** (14.85)	2.6771*** (11.39)	3.5908*** (11.34)	2.8225*** (9.71)	3.5897*** (8.97)	2.4645*** (5.90)	3.5385*** (8.07)	2.3350*** (4.72)	3.3663*** (9.14)	3.1717*** (8.43)
Pure_Lncompen	-0.3978*** (-16.05)	-0.3196*** (-11.89)	-0.4222*** (-12.38)	-0.3207*** (-9.45)	-0.3624*** (-9.69)	-0.3149*** (-7.23)	-0.4116*** (-9.21)	-0.2842*** (-6.22)	-0.4080*** (-9.83)	-0.3572*** (-7.63)
ABSPower_Lncompen	-0.1050 (-1.31)	0.2024 (1.30)	-0.2280** (-2.27)	0.3875** (2.02)	0.0179 (0.14)	-0.1104 (-0.39)	0.2884 (1.38)	0.6619** (1.98)	-0.3459*** (-3.06)	0.3063 (1.36)
Share1	0.1128*** (2.64)	0.0460 (1.20)	0.0701 (1.56)	0.0338 (0.86)	0.2354** (2.24)	0.0861 (0.98)	0.0588 (0.75)	-0.0064 (-0.08)	0.0644 (1.20)	0.0280 (0.58)
Growth	-0.0810*** (-5.18)	-0.0365*** (-2.59)	-0.0540*** (-2.71)	-0.0475*** (-2.72)	-0.1045*** (-4.40)	-0.0245 (-1.10)	0.0080 (0.15)	-0.0492** (-2.32)	-0.0736*** (-4.21)	-0.0489** (-2.37)
Lnfee	-0.0621*** (-4.30)	-0.0334*** (-2.66)	-0.0504*** (-3.08)	-0.0397*** (-2.76)	-0.0933*** (-3.22)	-0.0337 (-1.33)	-0.0236 (-0.91)	-0.0253 (-0.98)	-0.0498*** (-2.62)	-0.0450** (-2.49)
Bigfour	-0.0162 (-0.56)	0.0496*** (2.88)	-0.0144 (-0.42)	0.0552*** (2.71)	-0.0257 (-0.61)	-0.0030 (-0.09)	0.0116 (0.31)	0.0368 (1.11)	-0.0391 (-0.81)	0.0467* (1.66)
Opinion	0.0066 (0.31)	0.0532*** (3.22)	-0.0041 (-0.16)	0.0516** (2.31)	0.0219 (0.55)	0.0505** (2.04)	-0.0578 (-1.11)	0.0924** (2.36)	0.0124 (0.40)	0.0408 (1.50)

续表

被解释变量：REM

自变量	全样本		国有企业		非国有企业		中央企业		地方国企	
	高权力	低权力	高权力	低权力	高权力	低权力	高权力	低权力	高权力	低权力
Lev	0.1443*** (4.88)	0.2671*** (9.15)	0.0979*** (2.91)	0.2132*** (6.24)	0.2466*** (4.45)	0.3580*** (7.02)	0.0055 (0.08)	0.2307*** (4.27)	0.1613*** (4.17)	0.1900*** (4.36)
Size	0.1216*** (11.65)	0.0878*** (9.05)	0.1296*** (9.44)	0.0898*** (7.68)	0.1122*** (6.75)	0.0919*** (4.80)	0.1165*** (6.69)	0.0718*** (3.97)	0.1270*** (7.62)	0.1033*** (6.61)
East	0.1073*** (9.03)	0.1037*** (8.24)	0.0989*** (6.59)	0.1017*** (6.94)	0.1284*** (6.49)	0.0982*** (3.89)	0.0726*** (3.57)	0.0785*** (3.68)	0.0941*** (4.88)	0.1044*** (6.08)
Mid	0.0219 (1.60)	0.0044 (0.34)	-0.0097 (-0.58)	-0.0051 (-0.36)	0.1131*** (4.86)	0.0110 (0.38)	-0.0006 (-0.03)	-0.0132 (-0.62)	-0.0164 (-0.80)	-0.0051 (-0.29)
Year	控制	控制	控制	控制	控制	控制	控制	控制	控制	控制
Industry	控制	控制	控制	控制	控制	控制	控制	控制	控制	控制
有效样本	2742	2808	1759	1854	983	954	409	477	1350	1376
调整 R^2	20.36%	16.18%	21.00%	18.09%	20.85%	16.54%	26.26%	22.70%	21.99%	18.01%
F 值	26.03	20.35	17.69	15.61	10.58	7.74	6.19	5.99	14.58	11.79

注：括号内为变量回归系数经 White 异方差修正后的双尾 T 值检验，"***"、"**"、"*"分别表示统计变量在 1%、5% 和 10%
的水平上显著。
数据来源：由 CSMAR 数据库上市公司公开数据计算整理而得。

表 5.8a　　应计制盈余管理与 T+1 期公司业绩和公司价值

变量	全样本		国有企业		非国有企业		中央企业		地方国企	
	$Roani_{t+1}$	$Tobin\_Q_{t+1}$	$Roani_{t+1}$	$Tobin\_Q_{t+1}$	$Roani_{t+1}$	$Tobin\_Q_{t+1}$	$Roani_{t+1}$	$Tobin\_Q_{t+1}$	$Roani_{t+1}$	$Tobin\_Q_{t+1}$
截距	-0.0668*** (-4.15)	10.7041*** (32.62)	-0.0597*** (-3.27)	8.9976*** (24.79)	-0.1242*** (-3.83)	13.4586*** (21.10)	0.0122 (0.34)	9.6352*** (14.25)	-0.0794*** (-3.63)	9.1666*** (20.29)
DA	0.0220*** (3.07)	-0.2736** (-2.20)	0.0189** (2.00)	-0.2557 (-1.64)	0.0151 (1.35)	-0.2831 (-1.43)	0.0286 (1.53)	-0.1856 (-0.55)	0.0136 (1.26)	-0.3073* (-1.77)
Power	0.0065*** (3.05)	0.1128*** (3.12)	0.0068** (2.50)	0.0705 (1.56)	0.0050 (1.45)	0.1441** (2.43)	-0.0055 (-0.92)	-0.1570 (-1.59)	0.0100*** (3.25)	0.1424*** (2.76)
Share1	0.0151*** (2.93)	-0.4189*** (-4.66)	0.0246*** (3.92)	-0.1182 (-1.12)	0.0139 (1.53)	-0.9564*** (-5.73)	0.0253** (1.98)	-0.1284 (-0.52)	0.0260*** (3.61)	-0.0920 (-0.77)
Growth	0.0116*** (8.40)	0.0098 (0.44)	0.0132*** (8.47)	-0.0269 (-1.00)	0.0084*** (3.44)	0.0584 (1.62)	0.0137*** (3.50)	-0.0305 (-0.58)	0.0130*** (7.66)	-0.0281 (-0.91)
Lev	-0.0802*** (-17.74)	-0.6907*** (-7.95)	-0.0790*** (-14.44)	-0.5309*** (-5.07)	-0.0800*** (-10.09)	-0.8228*** (-5.33)	-0.0749*** (-6.10)	-0.6560*** (-2.96)	-0.0818*** (-13.25)	-0.5302*** (-4.45)
Size	0.0059*** (7.53)	-0.3837*** (-24.32)	0.0056*** (6.26)	-0.3212*** (-17.68)	0.0086*** (5.45)	-0.4978*** (-16.50)	0.0022 (1.21)	-0.3597*** (-10.52)	0.0066*** (6.27)	-0.3253*** (-14.61)
East	0.0006 (0.30)	-0.0486 (-1.36)	0.0007 (0.30)	0.0033 (0.08)	-0.0029 (-0.87)	-0.1160* (-1.88)	0.0070 (1.54)	0.1427* (1.82)	-0.0019 (-0.68)	-0.0328 (-0.65)
Mid	-0.0029 (-1.38)	-0.0589 (-1.59)	-0.0019 (-0.74)	0.0043 (0.10)	-0.0035 (-0.89)	-0.1212* (-1.67)	-0.0036 (-0.73)	0.0888 (1.11)	-0.0021 (-0.71)	-0.0272 (-0.54)

续表

变量	全样本		国有企业		非国有企业		中央企业		地方国企	
	$Roani_{t+1}$	$Tobin\_Q_{t+1}$	$Roani_{t+1}$	$Tobin\_Q_{t+1}$	$Roani_{t+1}$	$Tobin\_Q_{t+1}$	$Roani_{t+1}$	$Tobin\_Q_{t+1}$	$Roani_{t+1}$	$Tobin\_Q_{t+1}$
Year	控制	控制	控制	控制	控制	控制	控制	控制	控制	控制
Industry	控制	控制	控制	控制	控制	控制	控制	控制	控制	控制
有效样本	6203	6203	4043	4043	2160	2160	977	977	3065	3065
调整 R^2	11.77%	35.81%	14.54%	32.33%	10.19%	39.46%	15.31%	37.19%	15.04%	31.11%
F值	34.11	139.42	28.51	78.23	10.80	57.29	8.06	24.11	22.69	56.34

注：括号内为变量回归系数经 White 异方差修正后的双尾 T 值检验，"***、**、*"分别表示统计变量在1%、5%和10%的水平上显著。

资料来源：由 CSMAR 数据库上市公司公开数据计算整理而得。

表5.8b　　真实活动盈余管理与 T+1 期公司业绩

变量	全样本		国有企业		非国有企业		中央企业		地方国企	
	$Roani_{t+1}$	$Tobin\_Q_{t+1}$	$Roani_{t+1}$	$Tobin\_Q_{t+1}$	$Roani_{t+1}$	$Tobin\_Q_{t+1}$	$Roani_{t+1}$	$Tobin\_Q_{t+1}$	$Roani_{t+1}$	$Tobin\_Q_{t+1}$
截距	-0.0759***	10.8729***	-0.0646***	9.1353***	-0.1382***	13.7107***	-0.0025	9.6370***	-0.0867***	9.2692***
	(-4.79)	(32.52)	(-3.56)	(24.46)	(-4.36)	(21.62)	(-0.07)	(13.81)	(-3.97)	(20.01)
REM	-0.0612***	-0.8049***	-0.0620***	-0.7140***	-0.0595***	-0.9095***	-0.0870***	-0.7081***	-0.0565***	-0.7172***
	(-15.47)	(-11.76)	(-11.09)	(-7.89)	(-11.29)	(-8.93)	(-9.46)	(-3.67)	(-9.28)	(-6.96)
Power	0.0040*	0.0832**	0.0036	0.0362	0.0039	0.1290**	-0.0070	-0.1680*	0.0068**	0.1035**
	(1.87)	(2.31)	(1.32)	(0.80)	(1.15)	(2.20)	(-1.17)	(-1.70)	(2.21)	(2.01)

续表

变量	全样本		国有企业		非国有企业		中央企业		地方国企	
	$Roani_{t+1}$	$Tobin\_Q_{t+1}$	$Roani_{t+1}$	$Tobin\_Q_{t+1}$	$Roani_{t+1}$	$Tobin\_Q_{t+1}$	$Roani_{t+1}$	$Tobin\_Q_{t+1}$	$Roani_{t+1}$	$Tobin\_Q_{t+1}$
Share1	0.0206*** (4.13)	-0.3511*** (-3.96)	0.0273*** (4.53)	-0.0912 (-0.87)	0.0258*** (2.85)	-0.8013*** (-4.79)	0.0170 (1.36)	-0.2011 (-0.80)	0.0303*** (4.38)	-0.0521 (-0.43)
Growth	0.0091*** (6.10)	-0.0333 (-1.35)	0.0111*** (6.62)	-0.0515* (-1.65)	0.0052** (1.98)	-0.0047 (-0.12)	0.0106*** (2.74)	-0.0635 (-1.20)	0.0110*** (6.08)	-0.0513 (-1.40)
Lev	-0.0569*** (-12.68)	-0.3908*** (-4.62)	-0.0578*** (-10.62)	-0.3026** (-2.96)	-0.0531*** (-6.78)	-0.4243** (-2.86)	-0.0504*** (-4.16)	-0.4575** (-2.08)	-0.0613*** (-9.97)	-0.2794** (-2.40)
Size	0.0056*** (7.37)	-0.4001*** (-25.07)	0.0052*** (6.00)	-0.3339*** (-18.08)	0.0084*** (5.45)	-0.5217*** (-17.44)	0.0023 (1.33)	-0.3636*** (-10.37)	0.0063*** (6.13)	-0.3376*** (-14.86)
East	0.0028 (1.53)	-0.0239 (-0.67)	0.0028 (1.24)	0.0233 (0.55)	-0.0000 (-0.01)	-0.0752 (-1.21)	0.0062 (1.40)	0.1244 (1.59)	0.0009 (0.33)	-0.0027 (-0.05)
Mid	-0.0011 (-0.56)	-0.0385 (-1.05)	-0.0012 (-0.51)	0.0141 (0.33)	0.0011 (0.29)	-0.0686 (-0.95)	-0.0031 (-0.65)	0.0983 (1.21)	-0.0011 (-0.40)	-0.0142 (-0.29)
Year	控制	控制	控制	控制	控制	控制	控制	控制	控制	控制
Industry	控制	控制	控制	控制	控制	控制	控制	控制	控制	控制
有效样本	6054	6054	3947	3947	2107	2107	960	960	2986	2986
调整 R²	18.96%	38.74%	21.39%	34.73%	17.78%	43.17%	23.24%	38.20%	21.51%	33.92%
F 值	57.66	154.14	43.94	84.87	19.22	64.89	12.62	24.71	33.73	62.29

注：括号内为因变量回归系数经 White 异方差修正后的双尾 T 值检验，"***"、"**"、"*" 分别表示统计变量在 1%、5% 和 10% 的水平上显著。数据来源：由 CSMAR 数据库上市公司公开数据计算整理而得。

表5.9a 应计制盈余管理与T+2期、T+3期公司业绩和公司价值

T+2期公司业绩和公司价值

变量	全样本		国有企业		非国有企业		中央企业		地方国企	
	$Roani_{t+2}$	$Tobin\_Q_{t+2}$	$Roani_{t+2}$	$Tobin\_Q_{t+2}$	$Roani_{t+2}$	$Tobin\_Q_{t+2}$	$Roani_{t+2}$	$Tobin\_Q_{t+2}$	$Roani_{t+2}$	$Tobin\_Q_{t+2}$
截距	-0.0250	11.0139***	-0.0148	9.0614***	-0.0928***	14.0923***	0.0401	9.3636***	-0.0303	9.5160***
	(-1.38)	(30.13)	(-0.72)	(23.24)	(-2.58)	(19.32)	(1.00)	(12.89)	(-1.20)	(19.62)
DA	0.0132*	-0.3870***	0.0097	-0.3432*	0.0076	-0.4312*	0.0175	-1.3559***	0.0047	-0.0757
	(1.74)	(-2.68)	(0.94)	(-1.95)	(0.67)	(-1.80)	(0.88)	(-3.34)	(0.40)	(-0.39)
Othercontr	控制	控制	控制	控制	控制	控制	控制	控制	控制	控制
Year	控制	控制	控制	控制	控制	控制	控制	控制	控制	控制
Industry	控制	控制	控制	控制	控制	控制	控制	控制	控制	控制
有效样本	5297	5297	3462	3462	1835	1835	810	810	2651	2651
调整 R^2	8.04%	30.93%	10.42%	28.27%	7.02%	33.84%	10.42%	33.82%	11.11%	27.40%
F值	20.29	99.84	17.77	57.84	6.77	40.08	4.82	18.22	14.80	42.68

T+3期公司业绩和公司价值

变量	全样本		国有企业		非国有企业		中央企业		地方国企	
	$Roani_{t+3}$	$Tobin\_Q_{t+3}$	$Roani_{t+3}$	$Tobin\_Q_{t+3}$	$Roani_{t+3}$	$Tobin\_Q_{t+3}$	$Roani_{t+3}$	$Tobin\_Q_{t+3}$	$Roani_{t+3}$	$Tobin\_Q_{t+3}$
截距	0.0097	11.1119***	0.0225	8.8704***	-0.0709*	14.3347***	0.0168	8.5509***	0.0310	9.4608***
	(0.49)	(27.85)	(0.99)	(21.72)	(-1.79)	(17.42)	(0.39)	(9.97)	(1.09)	(19.16)
DA	0.0072	-0.4291***	0.0063	-0.3383*	-0.0014	-0.5945**	-0.0327	-1.0115**	0.0169	-0.1396
	(0.85)	(-2.65)	(0.58)	(-1.77)	(-0.11)	(-2.19)	(-1.66)	(-2.36)	(1.34)	(-0.66)
Othercontr	控制	控制	控制	控制	控制	控制	控制	控制	控制	控制
Year	控制	控制	控制	控制	控制	控制	控制	控制	控制	控制

续表

T+3期公司业绩和公司价值

变量	全样本		国有企业		非国有企业		中央企业		地方国企	
	$Roani_{t+3}$	$Tobin\_Q_{t+3}$	$Roani_{t+3}$	$Tobin\_Q_{t+3}$	$Roani_{t+3}$	$Tobin\_Q_{t+3}$	$Roani_{t+3}$	$Tobin\_Q_{t+3}$	$Roani_{t+3}$	$Tobin\_Q_{t+3}$
Industry	控制	控制	控制	控制	控制	控制	控制	控制	控制	控制
有效样本	4401	4401	2880	2880	1521	1521	642	642	2237	2237
调整 R^2	6.48%	31.04%	8.88%	??.60%	5.19%	34.16%	11.08%	28.33%	9.57%	29.26%
F值	14.25	87.12	13.20	51.15	4.62	35.30	4.47	12.01	11.29	41.22

注：表 5.8a 只列示了重点观测变量的回归结果。括号内为变量回归系数经 White 异方差修正后的双尾 T 值检验，"***""**""*"分别表示统计变量在 1%、5% 和 10% 的水平上显著。

数据来源：由 CSMAR 数据库上市公司公开数据计算整理而得。

表5.9b 真实活动盈余管理与 T+2 期、T+3 期公司业绩和公司价值

T+2期公司业绩和公司价值

变量	全样本		国有企业		非国有企业		中央企业		地方国企	
	$Roani_{t+2}$	$Tobin\_Q_{t+2}$	$Roani_{t+2}$	$Tobin\_Q_{t+2}$	$Roani_{t+2}$	$Tobin\_Q_{t+2}$	$Roani_{t+2}$	$Tobin\_Q_{t+2}$	$Roani_{t+2}$	$Tobin\_Q_{t+2}$
截距	-0.0341* (-1.89)	11.1192*** (29.70)	-0.0176 (-0.84)	9.1872*** (23.03)	-0.1113*** (-3.14)	14.1156*** (18.97)	0.0302 (0.77)	9.3235*** (12.12)	-0.0348 (-1.34)	9.4955*** (19.42)
REM	-0.0566*** (-13.37)	-0.7822*** (-10.29)	-0.0528*** (-9.08)	-0.6886*** (-7.16)	-0.0601*** (-10.62)	-0.8997*** (-7.55)	-0.0717*** (-7.07)	-0.8657*** (-4.13)	-0.0492*** (-7.63)	-0.6491*** (-6.03)
Othercontr	控制	控制	控制	控制	控制	控制	控制	控制	控制	控制
Year	控制	控制	控制	控制	控制	控制	控制	控制	控制	控制

续表

T+2期公司业绩和公司价值

变量	全样本		国有企业		非国有企业		中央企业		地方国企	
	$Roani_{t+2}$	$Tobin\_Q_{t+2}$	$Roani_{t+2}$	$Tobin\_Q_{t+2}$	$Roani_{t+2}$	$Tobin\_Q_{t+2}$	$Roani_{t+2}$	$Tobin\_Q_{t+2}$	$Roani_{t+2}$	$Tobin\_Q_{t+2}$
Industry	控制	控制	控制	控制	控制	控制	控制	控制	控制	控制
有效样本	5150	5150	3368	3368	1782	1782	794	794	2573	2573
调整 R^2	14.02%	33.65%	15.36%	30.40%	14.67%	37.66%	15.99%	34.78%	15.65%	29.50%
F值	36.00	109.82	26.46	62.28	13.75	45.82	7.29	18.62	20.88	45.84

T+3期公司业绩和公司价值

变量	全样本		国有企业		非国有企业		中央企业		地方国企	
	$Roani_{t+3}$	$Tobin\_Q_{t+3}$	$Roani_{t+3}$	$Tobin\_Q_{t+3}$	$Roani_{t+3}$	$Tobin\_Q_{t+3}$	$Roani_{t+3}$	$Tobin\_Q_{t+3}$	$Roani_{t+3}$	$Tobin\_Q_{t+3}$
截距	0.0041 (0.21)	11.2251*** (27.48)	0.0224 (0.97)	9.1283*** (21.44)	-0.0829** (-2.10)	14.2284*** (17.05)	0.0032 (0.07)	8.5855*** (9.58)	0.0288 (1.01)	9.6391*** (18.91)
REM	-0.0548*** (-11.02)	-0.6752*** (-7.97)	-0.0505*** (-7.60)	-0.5961*** (-5.65)	-0.0604*** (-8.77)	-0.7926*** (-5.98)	-0.0637*** (-6.01)	-0.4535** (-1.97)	-0.0466*** (-6.32)	-0.6147*** (-5.05)
Othercontr	控制	控制	控制	控制	控制	控制	控制	控制	控制	控制
Year	控制	控制	控制	控制	控制	控制	控制	控制	控制	控制
Industry	控制	控制	控制	控制	控制	控制	控制	控制	控制	控制
有效样本	4256	4256	2788	2788	1468	1468	626	626	2161	2161
调整 R^2	12.23%	32.73%	13.53%	29.96%	12.59%	36.50%	15.22%	27.57%	13.81%	31.11%
F值	26.77	91.02	19.97	52.83	10.18	37.66	5.88	11.34	16.04	43.41

注：表5.8b只列示了重点观测变量的回归结果。括号内为变量回归系数经White异方差修正后的双尾T值检验。"***、**、*"分别表示统计变量在1%、5%和10%的水平上显著。

数据来源：由CSMAR数据库上市公司公开数据整理计算整理而得。

5.5

稳健性测试

5.5.1　REM替代性指标回归

科恩等（Cohen et al.，2010）在计量真实活动盈余管理指标时，还设置了两个分项指标，REM1（－R_DIS＋R_PROD）和REM2（－R_CFO－R_DIS），本章中为了检验高管薪酬（实际薪酬、真实薪酬和权力薪酬）与真实活动盈余管理间反应关系的稳定性，笔者仿照科恩等（Cohen et al.，2010）的设计思路，依次以REM1和REM2为被解释变量代替REM于各样本中进行重新检验，结果如表5.10a～表5.10b所示，研究结论基本保持不变。

5.5.2　内生性测试

本书旨在研究高管薪酬诱发盈余管理行为的动机以及权力因素引入后对其的制约作用是否如期成立，不可避免的是，高管薪酬与盈余管理间可能存在某种互动关系，即高管进行盈余管理有可能提升自身的薪酬。从盈余管理经济后果的检验结果中我们的确发现，本期的应计制盈余管理与下一期的高管薪酬显著正相关，本期的真实活动盈余管理与下一期的高管薪酬显著负相关。然而，现有的研究方法均不能有效地解决高管薪酬与盈余管理间的内生性问题，只能通过引入工具变量采用二阶段最小二乘法（2SLS）联立方程组或对被解释变量和主要解释变量进行行业中值化处理以尽力减弱内生性。鉴于其他学者在高管薪酬与盈余管理关系的研究中没有涉及工具变量的选取与认证，我们无法获得合适地经过验证的工具变量，因此我们选择第二种方法，即对主要研究变量进行行业中值化处理后引入模型进行回归，结果与我们预期一致，支持了研究假设。

表 5.10a　高管薪酬、管理层权力与真实活动盈余管理回归

被解释变量：REM1 和 REM2

(1)

自变量	全样本		国有企业		非国有企业		中央企业		地方国企	
	REM1	REM2	REM1	REM2	REM1	REM2	REM1	REM2	REM1	REM2
Lncompen	-0.0497*** (-11.98)	-0.0266*** (-9.90)	-0.0455*** (-8.94)	-0.0202*** (-5.88)	-0.0586*** (-8.56)	-0.0361*** (-8.21)	-0.0697*** (-8.00)	-0.0310*** (-5.32)	-0.0365*** (-5.97)	-0.0167*** (-4.10)
Othercontr	控制	控制	控制	控制	控制	控制	控制	控制	控制	控制
有效样本	5550	5657	3613	3660	1937	1997	886	895	2726	2764
调整 R^2	11.07%	8.06%	9.79%	7.64%	13.66%	10.91%	16.10%	9.55%	10.71%	7.85%
F 值	26.59	19.37	15.52	12.21	12.34	10.05	7.29	4.49	13.11	9.72

(2)

自变量	全样本		国有企业		非国有企业		中央企业		地方国企	
	REM1	REM2	REM1	REM2	REM1	REM2	REM1	REM2	REM1	REM2
Pure_Lncompen	-0.2637*** (-17.32)	-0.1441*** (-17.54)	-0.2763*** (-13.48)	-0.1490*** (-14.20)	-0.2486*** (-10.59)	-0.1346*** (-9.98)	-0.2440*** (-10.51)	-0.1569*** (-9.05)	-0.2803*** (-10.77)	-0.1466*** (-11.02)
Power	-0.0273*** (-3.30)	-0.0287*** (-5.90)	-0.0346*** (-3.26)	-0.0359*** (-5.61)	-0.0174 (-1.33)	-0.0184** (-2.44)	-0.0093 (-0.56)	-0.0212* (-1.74)	-0.0388*** (-3.08)	-0.0383*** (-5.18)
Othercontr	控制	控制	控制	控制	控制	控制	控制	控制	控制	控制
有效样本	5550	5657	3613	3660	1937	1997	886	895	2726	2764

续表

被解释变量：REM1 和 REM2

自变量	全样本		国有企业		非国有企业		中央企业		地方国企	
	REM1	REM2	REM1	REM2	REM1	REM2	REM1	REM2	REM1	REM2
					(2)					
调整 R^2	16.52%	12.93%	17.13%	14.06%	16.56%	12.94%	20.65%	16.15%	17.70%	13.79%
F 值	40.21	31.01	27.67	22.37	14.72	11.60	9.22	7.15	21.93	16.78
					(3)					
Pure_Lncompen	-0.2665*** (-17.62)	-0.1470*** (-17.92)	-0.2799*** (-13.73)	-0.1527*** (-14.54)	-0.2504*** (-10.75)	-0.1365*** (-10.15)	-0.2449*** (-10.73)	-0.1591*** (-9.25)	-0.2843*** (-10.94)	-0.1505*** (-11.30)
Power_Lncompen	-0.1390*** (-3.30)	-0.1457*** (-5.91)	-0.1760*** (-3.26)	-0.1823*** (-5.62)	-0.0883 (-1.33)	-0.0934** (-2.45)	-0.0478 (-0.57)	-0.1077* (-1.75)	-0.1970*** (-3.08)	-0.1949*** (-5.19)
Othercontr	控制	控制	控制	控制	控制	控制	控制	控制	控制	控制
有效样本	5550	5657	3613	3660	1937	1997	886	895	2726	2764
调整 R^2	16.52%	12.94%	17.13%	14.06%	16.56%	12.95%	20.65%	16.16%	17.70%	13.79%
F 值	40.21	31.01	27.67	22.38	14.72	11.60	9.23	7.15	21.93	16.79

注：表中只列示了重点观测变量的回归结果。括号内为变量回归系数经 White 异方差修正后的双尾 T 值检验，"***"、"**"、"*"分别表示统计变量在 1%、5% 和 10% 的水平上显著。

数据来源：由 CSMAR 数据库上市公司公开数据计算整理而得。

表5.10b 真实活动盈余管理与未来公司业绩和公司价值

回归1

未来一期公司业绩与价值

变量	全样本		国有企业		非国有企业		中央企业		地方国企	
	$Roani_{t+1}$	$Tobin\_Q_{t+1}$	$Roani_{t+1}$	$Tobin\_Q_{t+1}$	$Roani_{t+1}$	$Tobin\_Q_{t+1}$	$Roani_{t+1}$	$Tobin\_Q_{t+1}$	$Roani_{t+1}$	$Tobin\_Q_{t+1}$
REM1	−0.0658*** (−12.34)	−0.9701*** (−10.18)	−0.0665*** (−8.62)	−0.8441*** (−6.72)	−0.0647*** (−9.85)	−1.1220*** (−8.22)	−0.0993*** (−8.24)	−0.7311*** (−3.67)	−0.0597*** (−7.30)	−0.8601*** (−5.94)
Othercontr	控制	控制	控制	控制	控制	控制	控制	控制	控制	控制
有效样本	6054	6054	3947	3947	2107	2107	960	960	2986	2986
调整R^2	16.96%	38.54%	19.35%	34.43%	15.97%	43.13%	20.77%	37.61%	19.58%	33.71%
F值	50.44	152.81	38.86	83.89	17.02	64.80	11.06	24.12	30.07	61.71

回归2

未来二期公司业绩与价值

变量	全样本		国有企业		非国有企业		中央企业		地方国企	
	$Roani_{t+2}$	$Tobin\_Q_{t+2}$	$Roani_{t+2}$	$Tobin\_Q_{t+2}$	$Roani_{t+2}$	$Tobin\_Q_{t+2}$	$Roani_{t+2}$	$Tobin\_Q_{t+2}$	$Roani_{t+2}$	$Tobin\_Q_{t+2}$
REM2	−0.1234*** (−22.12)	−1.4600*** (−11.94)	−0.1225*** (−17.67)	−1.3199*** (−8.48)	−0.1208*** (−13.01)	−1.7239*** (−9.00)	−0.1427*** (−8.97)	−1.1952*** (−3.54)	−0.1159*** (−15.17)	−1.3631*** (−7.77)
Othercontr	控制	控制	控制	控制	控制	控制	控制	控制	控制	控制
有效样本	6135	6135	3981	3981	2154	2154	965	965	3015	3015
调整R^2	18.79%	38.02%	20.98%	34.32%	17.60%	42.36%	21.74%	38.04%	21.30%	33.46%
F值	57.78	151.49	43.26	84.19	19.40	64.30	11.71	24.68	33.63	61.62

续表

回归 1　未来一期公司业绩与价值

变量	全样本		国有企业		非国有企业		中央企业		地方国企	
	$Roani_{t+1}$	$Tobin\_Q_{t+1}$	$Roani_{t+1}$	$Tobin\_Q_{t+1}$	$Roani_{t+1}$	$Tobin\_Q_{t+1}$	$Roani_{t+1}$	$Tobin\_Q_{t+1}$	$Roani_{t+1}$	$Tobin\_Q_{t+1}$
REM1	-0.0621*** (-10.81)	-0.9318*** (-9.01)	-0.0589*** (-7.20)	-0.8146*** (-6.26)	-0.0663*** (-9.25)	-1.0725*** (-6.84)	-0.0840*** (-6.09)	-0.7874*** (-3.00)	-0.0531*** (-6.12)	-0.8072*** (-5.44)
Othercontr	控制	控制	控制	控制	控制	控制	控制	控制	控制	控制
有效样本	5150	5150	3368	3368	1782	1782	794	794	2573	2573
调整 R^2	12.58%	33.43%	14.05%	30.16%	13.13%	37.45%	14.57%	33.52%	14.40%	29.54%
F 值	31.88	108.78	23.94	61.59	12.21	45.43	6.63	17.66	19.02	45.92

回归 2　未来二期公司业绩与价值

变量	全样本		国有企业		非国有企业		中央企业		地方国企	
	$Roani_{t+3}$	$Tobin\_Q_{t+3}$	$Roani_{t+3}$	$Tobin\_Q_{t+3}$	$Roani_{t+3}$	$Tobin\_Q_{t+3}$	$Roani_{t+3}$	$Tobin\_Q_{t+3}$	$Roani_{t+3}$	$Tobin\_Q_{t+3}$
REM2	-0.1186*** (-19.17)	-1.4776*** (-10.61)	-0.1130*** (-13.95)	-1.2826*** (-7.37)	-0.1241*** (-12.96)	-1.8205*** (-8.05)	-0.1267*** (-7.48)	-1.5111*** (-4.00)	-0.1072*** (-11.77)	-1.2173*** (-6.16)
Othercontr	控制	控制	控制	控制	控制	控制	控制	控制	控制	控制
有效样本	5231	5231	3402	3402	1829	1829	799	799	2602	2602
调整 R^2	14.38%	32.96%	15.65%	29.76%	14.77%	36.96%	15.75%	34.33%	16.05%	28.84%
F 值	37.60	108.12	27.29	61.05	14.20	45.66	7.21	18.38	21.72	44.82

续表

变量	全样本		国有企业		非国有企业		中央企业		地方国企	
	$Roani_{t+1}$	$Tobin\_Q_{t+1}$	$Roani_{t+1}$	$Tobin\_Q_{t+1}$	$Roani_{t+1}$	$Tobin\_Q_{t+1}$	$Roani_{t+1}$	$Tobin\_Q_{t+1}$	$Roani_{t+1}$	$Tobin\_Q_{t+1}$
回归 1 未来三期公司业绩与价值										
REM1	-0.0610*** (-9.04)	-0.8248*** (-7.21)	-0.0566*** (-6.10)	-0.7107*** (-4.88)	-0.0670*** (-7.87)	-0.9891*** (-5.76)	-0.0696*** (-4.78)	-0.2407 (-0.79)	-0.0527*** (-5.18)	-0.7753*** (-4.59)
Othercontr	控制	控制	控制	控制	控制	控制	控制	控制	控制	控制
有效样本	4256	4256	2788	2788	1468	1468	626	626	2161	2161
调整 R^2	11.19%	32.72%	12.66%	29.84%	11.41%	36.65%	13.51%	27.01%	13.15%	31.25%
F 值	24.30	90.96	18.56	52.53	9.21	37.90	5.25	11.05	15.22	43.70
回归 2 未来三期公司业绩与价值										
REM2	-0.1158*** (-16.61)	-1.3101*** (-8.30)	-0.1066*** (-12.08)	-1.1855*** (-6.10)	-0.1261*** (-11.07)	-1.5674*** (-6.05)	-0.1204*** (-6.39)	-1.1561*** (-2.92)	-0.0999*** (-10.10)	-1.1935*** (-5.32)
Othercontr	控制	控制	控制	控制	控制	控制	控制	控制	控制	控制
有效样本	4336	4336	2821	2821	1515	1515	631	631	2189	2189
调整 R^2	12.38%	32.31%	13.54%	29.72%	12.60%	35.93%	15.76%	28.08%	13.72%	30.60%
F 值	27.63	90.97	20.20	52.84	10.49	37.91	6.13	11.69	16.13	42.94

注：表中只列示了重点观测变量的回归结果。括号内为变量回归系数经 White 异方差修正后的双尾 T 值检验，"***"、"**"、
"*"分别表示统计变量在 1%、5% 和 10% 的水平上显著。
数据来源：由 CSMAR 数据库上市公司公开数据计算整理而得。

本章小结

　　围绕高管薪酬、盈余管理与企业业绩的研究随着公司治理机制的成熟与完善变得愈发重要，引起了理论界的广泛关注与探讨。然而，现有文献的重心多在于考察高管薪酬对应计制盈余管理的影响，鲜有涉猎高管薪酬对真实活动盈余管理的探讨；其次，随着人力资本的凸显，管理者个人能力逐步被重视，其被赋予的权力也相继扩大，利用权力干预薪酬、谋取私利的行为日益彰显，如果依靠权力增大薪酬的成本和风险较低，那么，高管基于提高自身薪酬的盈余管理动机应减弱。与其他学者直接探讨管理层权力引入后高管薪酬对盈余管理行为的影响变化不同，本章中将高管实际薪酬细分为真实薪酬、权力薪酬，真实薪酬越大，权力薪酬越小，高管实施盈余管理的动机越强。笔者认为，经过模型推导获得的权力薪酬不仅能传导出管理层权力对薪酬的影响，更能清晰地展现其对盈余管理行为的直接影响。此外，该指标的选用能较好地减弱模型中的异方差、共线性和内生性，能够更好地诠释薪酬对盈余管理行为的促进作用或抑制作用。

　　本章选择 2005～2011 年沪深 A 股上市公司为主要样本，在盈余管理经济后果分析中，继续引入 2012 年的数据，以保障样本的充实性与有效性。研究发现：①高管薪酬能够诱发其实施应计制盈余管理，但不会导致其实施真实活动盈余管理；②引入管理层权力后，因权力引发的薪酬提高将遏制高管的应计制与真实活动盈余管理行为；③应计制盈余管理与未来公司业绩总体呈正相关，但相关系数随年份的递增而减小；真实活动盈余管理与未来公司业绩总体呈负相关，相关系数的强度也在依次减弱；④无论是应计制盈余管理还是真实活动盈余管理，未来公司价值都会显著降低，真实活动盈余管理对公司长期价值的破坏力度更大。

6

高管薪酬与盈余管理：基于政府限薪的检验

第6章选择政府限薪背景下的国有企业为研究对象，在控制管理层权力因素等重要影响变量后，考察了宏观经济政策对公司微观治理的影响以及管理者予以应对的具体行为策略。与现有薪酬管制领域的研究不同，本章并未选择薪酬管制的间接后果——"高管员工薪酬差距"作为薪酬管制的替代变量，而是从动态的角度考察了高管薪酬领域的重大经济事件对高管薪酬体系的深入影响，更利于实施限薪前后较为直观的对比分析。

6. 1
引言

市场经济的蓬勃发展和资本市场的稳步走强，使得人力资本优势日益彰显。居于"金领"一族的上市高管，承担着公司日常经营管理的重任，努力平衡公司价值最大化与自身财富最大化的终极目标。依据最优契约理论，公平、合理、高效的薪酬契约以及薪酬与业绩的密切结合能提高管理者为股东利益服务的主观能动性，是解决委托代理问题、降低代理成本的最优路径。杜兴强和王丽华（2007）、辛清泉和谭伟强（2009）、方军雄（2009，2011）指出，随着市场渐进式改革的细化深入，中国上市公司已逐步建立起基于业绩的薪酬考核制度，高管薪酬与业绩间的敏感性逐渐增强。然而，由于有限理性、信息筛选能力、财富偏好等内在需求的差异及激励不足、监管弱化等外在因素的制约，管理层权力逐步扩大，利益"寻租"甚为严重，导致薪酬契约并未有效降低代理成本，反倒成为代理成本的一部分（Bebchuk et al.，2002，2003）。"天价薪酬""零薪酬"的频繁出现，薪酬差距的日益扩大，以及与公司业绩下滑相悖的高管薪酬递增异象，日益暴露出薪酬设置机制的薄弱与欠缺。高管薪酬尤其是国有企业（中央企业）的高管薪酬过高（方军雄，2011），薪酬与业绩脱节（赵卫斌，陈志斌，2012），薪酬粘性（方军雄，2009，2011）较强等诸多问题自金融危机爆发后频遭质诘，竞相成为新闻媒体、专家民众质疑抨击的对象，并已得到国家相关部门的高度重视。财政部、国务院国资委联合其他部门于2009年2～9月，相继颁布了针对金融类国有企业、国有控股企业、中央企业负责人薪酬管理的通知、办法和指导意见，其中，2009年9月颁布的《关于进一步规范中央企业负责人薪酬管理的指导意见》，亦被称为中国版限薪令，它从宏观调控的行政视角总结近年来改革的实践经验，试图对市场经济未能缓解的薪酬矛盾进行干预指导，强调激励与约束机制的制衡统一，对高管薪酬结构、适用范围、薪酬水平，职务消费及监管体制等各方面予以规范，力求使企业薪酬做到结构合理、水平适当、管理规范。

限薪政策作为一项行政管制，从政策层面指引央企高管薪酬的设定，并对地方国企以及其他性质企业在薪酬制度的完善上起到积极地推动作用。中央和地方国企的终极所有权属于国家，二者的根本利益是一致的（赵卫斌，陈志斌，2012）。20世纪90年代的分税制改革，使地方政府在获得财政自主权、经济管理权等其他权力的同时，也开始更多地承担起诸如就业、养老、维护社会稳定等政策性目标（潘红波等，2008），另外，以GDP导向的政绩考核与官员政治升迁机制也促使地方政府有较强的动机对本地国企进行干预来达成政治目标（蔡地，万迪昉，2011）。限薪旨在对市场经济运行中不合理的薪酬机制进行调和规范，并不是绝对意义上的金额下降，在有效监管下，尽管高管薪酬在绝对量上仍可能呈上升趋势，但超额增量薪酬将得到抑制，薪酬与业绩的敏感性会下降或不够显著（刘星，徐光伟，2012），且业绩上升时薪酬增加的幅度与业绩下降时薪酬减少的幅度将趋于对称，粘性降低（方军雄，2009）。在中国，货币性薪酬占据主导地位，作为显性书面契约，往往具有明确的计量范围和确定的金额，因此，数据具有一定的可得性与可靠性（陈冬华等，2010），尽管在职消费（魏刚，2000；罗宏，黄文华，2008；陈冬华等，2005，2010）也是中国市场经济发展中不可避免的薪酬补偿形式，往往成为高管自我激励、谋取福利的一种"灰色收入"，但尚无官方强制的披露信息，且研究中计量口径、计算范围也存在差异，故不能进行较为准确的对比分析。由于限薪政策着重于调节高管的货币薪酬，本章也将重点置于此处，那么，限薪政策是否有效，是否被较好地贯彻执行则是本章亟待验证的命题之一。为细化研究，本章按国有产权分级管理模式将国企上市公司划分为中央企业、地方政府企业，由于考虑垄断因素对薪酬机制施加的影响，进一步按照垄断属性将央企细分为垄断央企和非垄断央企，首先，检验限薪政策实施后，不同产权性质下高管超额薪酬、薪酬业绩敏感性、薪酬粘性是否降低？其次，本章拟待挖掘高管薪酬与真实活动盈余管理的制动关系，辅助以应计制盈余管理作为对比分析，结合限薪背景进一步阐释。希利和瓦伦（Healy，Wahlen，1999）总结了高管实施盈余管理的三大动机，分别为资本市场动机（配股、IPO、达到审计师的盈余预测）、薪酬契约动机与政策监管动机。由于中国资本市场特殊的治理背景，使得学者们更多从公司 IPO、融资配股及免于退市的视角分析盈余管理行为，对薪酬契约影响高管实施盈余管理的动机探讨较少，且国内现有针对盈余管理的研究一般围绕应计制盈余管理，但并无一致证据表示薪酬激励是驱动高管实施盈余管理的重要诱因（王克敏，王志超，2007；罗玫，陈运森，2010）。后续文献表明，高管亦会通过真实活动盈余管理来操纵盈余（Gunny，2005；Roychowdhury，2006），并可能在二者中进行取舍（Cohen et al.，2008，2010；Zang，2012）。格雷厄姆等（Graham et al.，2005）对高管的调查问卷显示，相比应计制盈余管理，高管更倾向于采用真实活动盈余管理。80%的受测者表明，他们会降低研发费、广告费和维护费来达到盈余目标，55.3%的人表明，会递延新项目投资，尽管递延会给企业带来一定量的盈利损失。真实活动盈余管理直接作用于日常经营活动，不涉及会计政策选择与会计估计变更事宜，操纵较为隐蔽，相反应计制盈余管理大多集中于年末和年报公布之间，可调控的空间较小、风险大，也易于被审计师、分析师及媒体所关注（Roychowdhury，2006；Cohen et al.，2010；Zang，2012），故真实活动盈余管理成为诸多高管近年来颇为青睐的管理手段。本章主要站在"隐形杀手"——真实活动盈余管理的角度，欲将限薪政策实施效果、高管薪酬与盈余管理三者相联，在控制其他变量的基础上，按产权性质分别检验作用于薪酬机制上的限薪效应对两种盈余管理方式的影响程度，是推动还是遏制高管实施盈余管理？最终结论表明，限薪政策通过行政传导作用于薪酬机制同时抑制了高管的真实活动盈余管理行为与应计制盈余管理行为，但限薪后，高管因薪酬驱动的应计制盈余管理仍十分显著，证实薪酬动机确为诱发高管实施应计制盈余管理的重要因素。

本章的主要贡献在于：①结合中国产权背景，将限薪政策效应引入理论模型，检验行政手段对市场经济活动的指导效果。②探讨限薪背景下，行政监管对薪酬动机诱发高管实施真实活动与应计制盈余管理的制约效果，这一层面，国内学者鲜有涉猎。

本章将限薪政策、高管薪酬与盈余管理放置于同一层面进行深入研究，控制了管理层权力因素的影响，检测了限薪政策的行政效果、传导机制及管理者因薪酬动机对不同种盈余管理方式的抉择权衡，将理论与实际紧密结合，为热点问题寻求解决途径，期望能成为今后薪酬契约体系逐步完善的一个原动力。本章其余部分安排如下：第二部分为背景分析与理论假设的提出，第三部分为研究设计与样本选择，第四部分为检验结果及分析，第五部分为稳健性测试，最后，是对本章的简要评述与建议。

6.2
背景分析与假设提出

6.2.1　限薪政策与高管薪酬

限薪浪潮始发于美国，2009 年 2 月，奥巴马针对华尔街经济持续低迷亏损而金融高管的薪酬福利有增不减的异象发表评论，宣布得到政府资金援助的金融公司高管，最高年薪不得超过 50 万美元，并要求相关企业申报高管的基本工资，若给予高管超过 50 万美元年薪的股票激励，必须于企业还清政府贷款后方能套现。与美国限薪现象的发生相仿，中国高管与业绩脱节、不合时宜的高薪现象也日益凸显，并于社会各界展开热议。中国自 2002 年开始正式推行国企高管年薪制，规定高管薪酬不得超过普通职工平均工资的 12 倍，2003 年国资委又相继颁布了《中央企业负责人经营业绩考核办法》和《中央企业负责人年度经营业绩考核补充规定》，紧接着，2004 年又连续出台了两个重点针对央企负责人薪酬管理和业绩考核的重要文件，强调高管薪酬要与经营业绩考核结果相挂钩，意在形成"薪酬上、业绩上"的良性薪酬增长格局，但遗憾的是，上述政策的执行效果却远低于预期、未尽人意，集中表现为超额薪酬与业绩变化非对称的高管高薪的频繁涌现，以及无法控制的薪酬差距的日益增大。于是，如何合理有效地处理好国企高管薪酬问题、缓解社会贫富差距，解决政府监管、社会舆论与市场激励的协调共融已成为现阶段国企改革的重要任务之一。历经几年经验总结与政策酝酿，2009 年官方薪酬规范文件集中出台，尤以 2009 年 9 月 16 日，人力资源和社会保障部等六部门联合出台的《关于进一步规范中央企业负责人薪酬管理的指导意见》为重，这是政府首次明确对所有行业的央企高管发出的限薪声明，涉及范围广、权威性高，被称之为中国版"限薪令"。该意见明确将央企高管薪酬划分为三块：基本年薪、绩效年薪和中长期激励收益；强调薪酬公平性、合理设置薪酬差距，规定企业负责人基本年薪要与上年度央企在岗职工平均工资相联系，高管薪酬上限不得超过上年度央企在岗职工平均工资的 30 倍。[①] 限薪并不意味着也很难达到高管薪酬绝对量的大幅降低，而是重在强调高管"责、权"的对等，薪酬与业绩的匹配。因此，如果限薪政策是有效的，那么，限薪政策通过作用高管薪酬机制，将会抑制除了由正常经济因素决定之外的高管超额薪酬的增加，即提出假设 1：

假设 1：在其他因素既定的情况下，限薪政策的实施会降低高管超额薪酬。

随着市场化进程的不断提高、信息披露制度的日趋规范，国企高管薪酬与公司业绩敏感性也逐步增强（杜兴强，王丽华，2007；辛清泉，唐伟强，2009；方军雄，2009，2011）。与地方国企相比，央企高管薪酬业绩敏感性普遍较高（卢锐，凌翠玉，2010），其中，垄断央企凭借得天独厚的垄断地位享受着更为丰富的经济资源与政策优势，更易通过放大业绩攫取超额利润、滋生利己行为，这可能导致其薪酬业绩敏感性更高、更显著。虽然限薪政策再次强调高管绩效年薪要根据年度经营业绩考核结果确定，实行先考核、后兑现的原则，但绩效年薪是一个较为模糊复杂的概念，因不同行业、不同企业的经营状况而异，如何量化十分关键。由于其依附于基本年薪，在基本年薪被限制住的情况下，绩效年薪亦会受到影响，此外即便高管获得了较高的绩效薪酬激励，为避免高薪引发的贫富差距问题与社会舆论指责，亦可能不会选择全部兑现。因此，在中长期

---

① 央企高管薪酬上限不得超过上年度中央企业在岗职工平均工资的 30 倍，见新华网新华新闻，2013 – 5 – 12。

薪酬激励尚未普及的情况下，高管薪酬固定化的部分仍占较大比例。基于此，趋于对政府行政指令的服从以及对政治风险的规避，高管有较强的动机对薪酬业绩敏感性进行人为干预，故整体而言，国企高管薪酬业绩敏感性与限薪前相比并不会明显上升（沈艺峰，李培功，2010），甚至将有所回落（刘星，徐光伟，2012）。然而，由于垄断央企的强势主导地位，往往能使其脱离政府薪酬管制的束缚，在限薪前薪酬业绩显著正相关的惯性牵引下，限薪后二者的相关性在市场力量的自发调节中可能进一步增强，并可能拉大全部央企高管的薪酬业绩敏感性。故与地方国企不同，央企高管薪酬业绩敏感性于限薪后可能会变得更加显著。对于地方国企而言，其整体实力普遍逊于央企，且获得的政策扶植力度也相对较弱，面对2009年政府限薪政策的强势推出以及后续更为细化的国企高管薪酬管制方案和法规条令，地方国企迫于政策压力可能被"吓到"，出于自我保护意识，会主动控制并可能缩减薪酬业绩敏感度来积极响应政府号召，此推论得到了蔡地和万迪昉（2011）的经验支持，他们发现地方政府干预确实削弱了地方国企高管薪酬业绩敏感性，但对国资委控制的央企高管薪酬业绩敏感性没有显著影响。假设2如下：

假设2：在其他因素既定的情况下，限薪政策的实施不会增强高管薪酬与会计业绩敏感性，但央企高管薪酬业绩敏感性却可能因垄断因素而提高。

限薪干预在抑制高管超额薪酬、模糊并削弱薪酬业绩敏感性方面具有一定的识别性和针对性，其政策效力能否延伸传达，进一步降低较为隐秘的高管薪酬粘性，改善薪酬随业绩升降的非对称性？厘清这一命题，对于探讨限薪政策的有效性至关重要。因为，薪酬业绩敏感性的降低（提高）并不表明薪酬与业绩的同向同幅波动（方军雄，2009，2011），由于薪酬下降通常意味着高管实际地位的降低、社会影响力的削弱，更可能向市场传递出负面信号，从而导致公司价值的降低，因此，为维护个人声誉、职业生涯和公司利益，高管通常不愿降低自身的薪酬（方军雄，2009）；此外，一旦业绩出现下滑，高管凭借自身权力往往会推卸责任，将其归咎为外部经济环境恶化如成本上升和竞争加剧等不可控因素，致使削减高管薪酬的方案被搁浅，由此形成了业绩上升时高管薪酬上升的幅度明显高于业绩下降时高管薪酬下降的幅度，导致了薪酬粘性的出现。刘星和徐光伟（2012）研究表明，薪酬管制使得高管薪酬向下的粘性特征减弱，在较强的政府干预下表现出向上的刚性。限薪后，政府加大了对薪酬与业绩相脱节的监管力度，不仅注重业绩上升时高管薪酬的边际增量，更加注重业绩下降时高管薪酬的边际减量，故限薪传递出的监管信号可能会缩小高管因业绩回落而保留的裁量薪酬空间，增大因业绩下降而削减的薪酬幅度，即限薪后高管薪酬粘性将减弱，假设 3 如下：

假设 3：在其他因素既定的情况下，限薪政策的实施会降低高管薪酬粘性。

6.2.2　限薪政策、高管薪酬与盈余管理

中国上市公司高管薪酬结构单一，多以基本工资、奖金或年薪制为主，股票期权等激励薪酬为辅，长期激励普遍不足。在对业绩指标的评价上，会计盈余的考核超越权益性盈余成为外部投资者最为看重的财务指标，而薪酬与业绩相挂钩的考核标准又容易诱发高管的短视行为，为达到股东规定的盈余基准，短期内通过盈余管理手段操纵业绩，甚至攫取薪酬租金。再者，由于中国上市公司大部分由国有企业改制而生，一些国有企业的高管由国家委派，具有较强的政治关联性，"一股独大""所有者缺位""内部人控制"现象较为严重，高管的薪酬制定虽然由公司董事会下设的薪酬考核委员会讨论决定，但效果并不理想，国企高管作为代理人的"代理人"，享有信息渠道并拥有一定的薪酬安排权，在独立董事不能充分行使权力、内部监控力薄弱的情况下，拥有较高控制权的高管们某种程度上可以俘获董事会成员，按照自己的意愿干涉和确定薪酬水平，对销售策

略、重大项目的投融资建设及成本费用的决策等活动进行操控，故在最优契约理论与管理层权力理论的交互影响下，薪酬契约易成为高管实施盈余管理（尤其是应计制盈余管理）的主要诱因。

首先，从货币性薪酬角度，哈格曼等（Hagerman et al.，1979）、希利（Healy，1985）、瓦特（Watts，1986）和霍尔特豪森等（Holthausen et al.，1995）分别提到存在报酬契约（工资、奖金、公司红利）的公司经理为提高个人效用，具有实施盈余管理的意愿。鲍尔萨姆（Balsam，1998）研究了货币性薪酬与应计制盈余管理的相关关系，发现二者正相关，并且薪酬与向上的应计制盈余管理的相关性更显著。王克敏和王志超（2007）发现，高管薪酬与盈余管理行为正相关，但在引入高管控制权变量后，高管薪酬诱发盈余管理的程度随控制权的增大而下降。罗玫和陈运森（2010）研究表明，建立以会计盈余为绩效评价指标的薪酬机制不会助长管理层的盈余操纵行为，这种约束作用可能受益于更为完善的监管和制约机制。其次，从权益性激励薪酬角度，博格斯特莱斯等（Bergstresser et al.，2006）研究结果显示，CEO会利用可操作性应计项目来操纵盈余，当CEO的潜在薪酬与其所持的股票期权紧密相连时，盈余操纵行为越显著。由于中国资本市场刚刚起步，在薪酬契约中，会计薪酬（以现金为基础的基本工资、奖金等）占主导地位，而权益薪酬（股权、期权、限制性股票、长期股权激励）的数量还很少，股权激励数据的客观缺乏为我们取得大样本的研究造成了一定的障碍，现有对激励薪酬的替代指标多采用管理层持股比例（王克敏，王志超，2007），少数运用推行股权激励公司的高管期权比例（苏冬蔚，林大庞，2010），并得出激励薪酬会在一定程度上抑制高管实施盈余管理的行为。由于数据的局限性，更多学者选择货币性薪酬计量指标探讨盈余管理行为，但多数以可操作性应计来表征盈余管理程度，而忽视了对真实活动盈余管理的深入研究。

罗楚德（Roychowdhury，2006）将真实盈余管理活动定义为管理者为达到预定的盈余阈值（Earnings Benchmark）而实施偏离正常经营运行模式的管理活动。这种异常经营运行模式促使股东相信既定的盈余目标是在正常的生产经营模式下实现的，具有较强的隐蔽性。他将真实活动盈余管理细分为三类：第一，企业为避免损失通过降价、递延收款期限、限时优惠销售等手段暂时提高销售收入。第二，降低可操纵费用以增大利润空间。管理者通过压低研发支出、广告费等日常维护费以提高当期盈余。这些费用并不会立即产生收入和盈余，所以管理者可以依照盈余目标来肆意调减。第三，过度生产。尤其是生产制造企业，为了实现当期盈余目标，以超出计划额度大量生产。当企业处在一个较高的生产水平时，固定成本将随产品数量的增加被分散至每单位产品中，由于规模优势，只要单位固定成本的降低不被单位边际成本的上升完全抵消，总单位成本是下降的。这表明，财务报告中产品营业成本较真实值低，但保持当期收入一定的情况下，过多超额产品必定拉升产品总成本，导致当期实际现金流量减少。因此，怀有盈余管理动机的公司高管更倾向于降低现金流、降低可操纵费用和扩大产品生产，即异常现金流越低、异常可操作费用越小、异常生产成本越大，真实活动盈余管理越显著。那么，高管薪酬究竟会诱发高管实施何种盈余管理，实施幅度如何？笔者认为，高管会综合考量不同种盈余管理方式的具体实施成本、风险系数、对公司业绩的短期影响效应和长期影响效应以及外部的监管力度。相比应计制盈余管理，真实活动盈余管理的实施成本往往较高（Graham et al.，2005），较易于提升公司的资本成本（Cohen et al.，2008；Kim，Sohn，2013），但由于其交易行为的隐蔽性，能够较好地躲避外部审计的监管，风险系数相对较低（Cohen et al.，2008，2010；Zang，2012）。真实活动盈余管理虽然在短期内增加了企业利润，但毕竟使企业的经济行为偏离了最优决策，破坏了企业的持续发展，将影响并可能降低企业的长期业绩（Gunny，2005；Zang，2012；Kim，Sohn，2013）。结合先前论述，限薪政策对规制高管薪酬确实起到一定的政策效果，作为衡量监管执行力的限薪政策是否将通过影响薪酬机制进一步阻碍高管的真实活动或应计制盈余管理？限薪后，高管会对限薪政策的宏观效应提前作出预测评估，当使用盈余管理手段而遭受的潜在惩罚大于未来收益时，高管来自薪酬激励的盈余管理动机将减弱。国企内具有政治关联背景的高管位数居多，铤而走险进行盈余管理的经济风险和政治风险都很大，故基于职业生涯与政治升迁考虑，贯彻政策执行、保职避险的职场态度会约束高管的盈余管理行为。王跃堂（2000）指出，证券市场监管政策、公司治理结构、经营水平和注册会计师审计意见等多重因素均会对上市公司的会计选择行为造成影响，限薪政策的颁布恰好为我们检验政策环境对薪酬与盈余管理间的传导连带机制提供契机。方军雄（2011）、蔡地和万迪昉（2011）、刘星和徐光伟（2012）研究表明，日益膨胀的管理层权力让管理者操纵公司业绩变得更为容易。故本章结合现有学者的研究，预测在控制管理层权力、公司治理水平、业绩表现、审计意见、审计质量等指标后，限薪政策会通过干预薪酬继而抑制高管实施盈余管理。假设如下：

假设 4：在其他因素既定的情况下，高管薪酬会诱发高管实施盈余管理，并促使其在应计制盈余管理与真实活动盈余管理间进行选择。限薪政策的震慑效力，会作用于薪酬机制并抑制高管实施真实活动与应计制盈余管理。

6. 3
研究设计与样本选择

6.3.1　限薪政策与高管薪酬

（1）限薪政策与高管超额薪酬

首先，检测限薪政策对高管超额薪酬的影响效果。选取上市公司前三名高管薪酬总额的自然对数 LNPAY 作为被解释变量，表征高管薪酬水平。高管超额薪酬（EXPAY）采用高管实际货币薪酬与正常经济因素决定外的预期薪酬间的差额进行衡量，高管预期薪酬的计量方法参照权小锋等（2010）、吴育辉等（2010）和陈修德（2012）的研究，选用公司当期及上一期经营业绩 $ROANI_t$、$ROANI_{t-1}$、股票回报率 RET、上市公司所处地区城镇在岗职工平均工资的自然对数 LNWAGE、市值与账面值之比 MB，主营业务增长率 GROWTH、财务杠杆 LEV、资产规模 SIZE、行业、年份和所处地域（东部地区 EAST、中部地区 MID）作为控制变量构建模型（6-1），本章变量的具体定义，见表6-1。

表6.1 主要变量定义

变量名称	变量符号	变量定义
高管薪酬变量		
高管薪酬	LNPAY	薪酬最高的前三位高管薪酬总额自然对数
经行业中值调整后的高管薪酬	MLNPAY	高管薪酬与经行业中值调整后的高管薪酬之差
高管超额薪酬	EXPAY	由模型（6-1）回归出的预计高管薪酬
限薪政策	RULE	2009 年及以后，该值为 1，否则为 0
管理层权力	DUAL	董事长与总经理是否两职合一，是取 1，否取 0
	SHARE1	第一大股东持股比例
	INCEN	管理层是否持股，是取 1，否取 0
	TENURE	总经理任职年限
	AGE	总经理年龄
	BOARDSIZE	董事会规模，当年该届董事会总人数
	INSIDER	内部人比例
	POWER	主成分分析法构建的管理层权力综合指标
盈余管理变量		
异常现金流	REM_CFO	真实活动盈余管理现金流回归模型计算得出的残差
异常可操控性费用	REM_DIS	真实活动盈余管理可操纵性费用模型计算得出的残差

续表

变量名称	变量符号	变量定义
异常生产成本	REM_PROD	真实活动盈余管理生产成本模型计算得出的残差
真实活动盈余管理总指标	REM	$-REM\_CFO - REM\_DIS + REM\_PROD$
经行业中值调整后的真实活动盈余管理总指标	MREM	真实活动盈余管理总指标与该行业真实活动盈余管理总指标中值之差
经行业中值调整后的应计制盈余管理总指标	MDA	应计制盈余管理总指标与该行业应计制盈余管理总指标中值之差
应计制盈余管理指标	DA	由修正的 Jones 模型计算出的残差
正向盈余管理	MDA +	$DA > 0$
负向盈余管理	MDA −	$DA \leqslant 0$
其他控制变量		
审计所是否为国际四大所	BIGFOUR	审计师事务所为国际四大，值取 1，否则为 0
审计意见	OPINION	审计意见为标准无保留时取 1，否则为 0
会计业绩	ROANI	总资产收益率 = 净利润/年末总资产
	$ROANI_{t-1}$	上一年度总资产收益率
	ROE	净资产收益率 = 净利润/年末净资产
市场业绩	RET	股票市场年回报率
本期薪酬下降	D	薪酬下降时，D 值为 1，否则为 0
各省区市平均在岗职工工资	LNWAGE	各省区市在岗职工平均工资
公司成长性（会计业绩）	GROWTH	主营业务收入增长率
财务杠杆	LEV	资产负债率 = 年末负债/年末总资产
公司规模	SIZE	公司总资产的自然对数
区域	EAST	按公司注册地划分为东部地区
	MID	按公司注册地划分为中部地区
年份	YEAR	年份虚拟变量，2004~2011 年
行业	INDUSTRY	按照证监会 2001 年行业分类标准划分至 12 类行业

资料来源：作者综合国内外核心文献，对变量进行定义而得。

$$LNPAY = \alpha_0 + \alpha_1 ROANI_t + \alpha_2 ROANI_{t-1} + \alpha_3 RET + \alpha_4 GROWTH$$

$$+ \alpha_5 LNWAGE + \alpha_6 LEV + \alpha_7 SIZE + \alpha_8 EAST + \alpha_9 MID$$

$$+ \alpha_{10} \sum INDUSTRY_{i,t} + \alpha_{11} \sum YEAR_{i,t} + \varepsilon$$

$$EXPAY = LNPAY - EXP(LNPAY) \qquad (6-1)$$

鉴于限薪政策的颁布时间，本章以 2009 年作为分界点，RULE 为 1 时，表明限薪政策实施后（2009～2011 年），0 时为实施前（2005～2008 年）。根据拜伯切克和弗里德（Bebchuk，Fried，2002，2004），卢锐等（2008）、权小锋等（2010）、吴育辉和吴世农（2010）、刘星和徐光伟（2012）的研究，高管有通过自身权力影响操控薪酬契约的动机。国企中，特殊的"一股独大""所有者缺位"的产权背景又较易诱发高管权力的膨胀，使契约执行脱离控股股东的监督。基于此，本章在借鉴上述文献对管理层权力的度量上，选取以下 7 个指标，采用主成分分析法，分别从组织结构权力、所有权权力、专家和声誉权力（Finkelstein，1992）四个维度衡量管理层权力的大小：①董事长与总经理两职合一；当董事长与总经理兼任时，取值为 1，否则为 0。两职合一时，管理层权力较为集中，权力较大。②董事会规模；取值为当年董事会人数的总和。数值越大，管理层权力越大。③董事会内部董事比例；比例越大，管理层权力越大。④高管持股比例，比例越高，表明高管对公司的剩余索取权越高，管理层权力越大。⑤第一大股东持股比例;[①]在国企特殊的产权治理背景下，国有第一大股东比例越高，管理层权力的制衡与监督越弱，高管的权力也越大。⑥高管任职年限；选取总经理自上任之日起至样本研究年份的差额作为替代指标，任期越长，表明高管的经历越丰富，专家权力越大。⑦高管年龄；高管年龄越长，资历越高，声誉越大，手中权力也相应增大。通过

---

① 本章在构建管理层权力指标时，选择用国有企业第一大股东持股比例替换掉股权离散率（Dispersion）。笔者认为，国有企业股权集中度较高，大股东持股比例较之股权离散度更能代表国有企业管理层权力的强弱。

主成分分析法,合成管理层权力综合指标 POWER,该指标越大,管理层权力越强。其他指标包括业绩变动 D,其值为 1 时,表明会计业绩下降,其值为 0 时,为业绩变化的其他情况。公司发展水平 MB、偿债能力 LEV、公司规模 SIZE 等影响高管薪酬的其他重要因素,并按行业和年度进行回归。模型(6-2)、模型(6-3)、模型(6-4)依次检验了限薪政策对高管超额薪酬、薪酬与业绩敏感性、高管薪酬粘性于不同产权安排企业中的作用力度。

$$LNPAY = \alpha_0 + \alpha_1 RULE + \alpha_2 ROANI + \alpha_3 RET + \alpha_4 POWER$$
$$+ \alpha_5 \sum CONTROL + \alpha_6 \sum INDUSTRY_{i,t}$$
$$+ \alpha_7 \sum YEAR_{i,t} + \varepsilon \qquad (6-2)$$

(2)限薪政策与高管薪酬业绩敏感性

$$LNPAY = \alpha_0 + \alpha_1 RULE + \alpha_2 ROANI + \alpha_3 RULE * ROA + \alpha_4 RET$$
$$+ \alpha_5 POWER + \alpha_6 \sum CONTROL + \alpha_7 \sum INDUSTRY_{i,t}$$
$$+ \alpha_8 \sum YEAR_{i,t} + \varepsilon \qquad (6-3)$$

(3)限薪政策与高管薪酬粘性

$$LNPAY = \alpha_0 + \alpha_1 RULE + \alpha_2 ROANI + \alpha_3 RULE \times ROANI + \alpha_4 D$$
$$+ \alpha_5 ROANI \times D + \alpha_6 RULE \times ROANI \times D + \alpha_7 RET$$
$$+ \alpha_8 POWER + \alpha_9 \sum CONTROL + \alpha_{10} \sum INDUSTRY_{i,t}$$
$$+ \alpha_{11} \sum YEAR_{i,t} + \varepsilon \qquad (6-4)$$

6.3.2 盈余管理模型构建

(1)真实活动盈余管理模型构建

与第 5 章构建真实活动盈余管理模型的思路一致,基于罗楚德(Roychowdhury,2006)的思想,由真实经营现金流(CFO)、可操作费用(DIS)、生产成本(PROD)三个单独模型,分别推导出异常现金流(REM_CFO)、异常可操作费用(REM_DIS)、

异常生产成本（REM_PROD），并对年份与行业进行控制，模型
如下：

$$CFO_t / A_{t-1} = \alpha_0 + \alpha_1 (1/A_{t-1}) + \alpha_2 (S_t / A_{t-1})$$
$$+ \alpha_3 (\Delta S_t / A_{t-1}) + \varepsilon_t$$

$$DIS_t / A_{t-1} = \alpha_0 + \alpha_1 (1/A_{t-1}) + \alpha_2 (S_{t-1} / A_{t-1}) + \varepsilon_t$$

$$COGS_t / A_{t-1} = \alpha_0 + \alpha_1 (1/A_{t-1}) + \alpha_2 (S_t / A_{t-1}) + \varepsilon_t$$

$$\Delta INV_t / A_{t-1} = \alpha_0 + \alpha_1 (1/A_{t-1}) + \alpha_2 (\Delta S_t / A_{t-1})$$
$$+ \alpha_3 (\Delta S_{t-1} / A_{t-1}) + \varepsilon_t$$

$$PROD_t / A_{t-1} = \alpha_0 + \alpha_1 (1/A_{t-1}) + \alpha_2 (S_t / A_{t-1}) + \alpha_3 (\Delta S_t / A_{t-1})$$
$$+ \alpha_4 (\Delta S_{t-1} / A_{t-1}) + \varepsilon_t$$

$$REM = REM\_PROD - REM\_CFO - REM\_DIS \qquad (6-5)$$

其中，CFO 是 t 时期经营活动产生的自由现金流量净额，A_{t-1}
是 t 期期初总资产，S_t 是 t 期营业收入，ΔS_t 是 t 期与 t-1 期营业收
入的变化，DIS 是 t 期可操作费用，为销售费用和管理费用之和。
罗楚德（Roychowdhury，2006）在异常可操纵费用的计量中还包括
了研发费用，考虑到中国研发费用自 2007 年起才开始披露，并且
数据量少、缺失值较多，故本章未将研发费用纳入其中。PRODt
是 t 期的产品总成本，包括产品销售成本（COGS）和存货变动
（ΔINV）两部分，模型中分别列示了影响销售成本和存货变动的因
素，并将其汇总为生产成本（PROD）这一综合指标。为削弱噪
音，分别用期初总资产对被解释变量、解释变量进行平减处理。
甘尼（Gunny，2005）和罗楚德（Roychowdhury，2006）研究显
示，异常现金流与异常可操纵费用正相关，且皆与异常生产成本
负相关，即异常现金流、异常可操作费用越低，异常生产成本越
高，真实活动盈余管理程度越强，故构建 REM 总指标，如模型
（6-5）所示。

（2）应计制盈余管理模型构建

为与真实活动盈余管理进行对比，本章选取学者较为常用的德
肖等（Dechow et al.，1995）修正的 JONES 模型中可操纵性应计

（DA）来计量应计制盈余管理程度（与第 5 章模型构建保持一致），并对行业与年份进行控制。

$$EARNING = TA + CFO$$

$$TA = \alpha_1(1/A_{t-1}) + \alpha_2(\Delta REV_t - \Delta REC_t)/A_{t-1}$$
$$+ \alpha_3(PPE_t/A_{t-1}) + \varepsilon$$

$$NDA = \alpha_1(1/A_{t-1}) + \alpha_2(\Delta REV_t - \Delta REC_t)/A_{t-1}$$
$$+ \alpha_3(PPE_t/A_{t-1}) + \varepsilon \qquad (6-6)$$

其中，EARNING 表示会计盈余息税前利润，TA 表示总应计利润，DA 为可操控性应计利润，NDA 为不可操控性利润，ΔRET_t 为 t 期与 t－1 期之间的销售收入变动额，ΔREC_t 表示 t 期与 t－1 期之间的应收账款变动额，PPE_t 为 t 期末的固定资产，其余指标释义同上。

6.3.3 限薪政策、高管薪酬与盈余管理

本小节将限薪政策、高管薪酬与盈余管理置于同一层面重点考察限薪政策的行政传导功能，是否通过作用薪酬机制而抑制高管实施真实活动或应计制盈余管理。为有效地减弱模型中的相关性与异方差，分别采用两种方法：第一，以 RULE 为分界变量，使用模型（6－7）对比限薪前后盈余管理指标（REM 和 DA）与高管薪酬反应系数的大小与方向；第二，分别对盈余管理指标与高管薪酬进行行业中值化处理，着重考察模型（6－8）[1] 中 RULE × MLNPAY 的系数与方向。公司业绩变量仿照现有研究，选择净资产收益率 ROE 作为衡量指标。[2] 甘尼（Gunny，2005）和臧（Zang，2012）认为，较强的外部监管效力会提升盈余管理的成本，降低盈余管理特别是

---

[1]　稳健性测试中，我们对所有的连续变量均予以行业中值处理，结果未受影响，表明模型（6－8）的计量是稳健的。

[2]　稳健性测试中，我们选用经行业调整的 ROE，ROANI 取代 ROE 指标，得出相同的结果，为了避免业绩对盈余管理的干预，我们在剔除 ROE 指标后，结果依然不受影响。

应计制盈余管理发生的概率，故模型（6-7）中增设了 BIGFOUR、OPINION 变量、BIGFOUR 为 1 时，表示上市公司的审计师事务所来自四大，0 时，为其他；OPINION 为 1 时，表示审计师出具标准无保留审计意见，0 时为其他。此外，我们将应计制盈余管理细分为向上的盈余管理与向下的盈余管理，使用模型（6-8）具体检测限薪后高管薪酬对两种盈余管理方式的选择策略。

$$
\begin{aligned}
REM(DA) = {} & \alpha_0 + \alpha_1 LNPAY + \alpha_2 ROE + \alpha_3 RET + \alpha_4 POWER \\
& + \alpha_5 BIGFOUR + \alpha_6 OPINION + \alpha_7 \sum CONTROL \\
& + \alpha_8 \sum INDUSTRY_{i,t} + \alpha_9 \sum YEAR_{i,t} + \varepsilon
\end{aligned}
$$
$$(6-7)$$

$$
\begin{aligned}
MREM(MDA、MDA^+、MDA^-) = {} & \alpha_0 + \alpha_1 RULE + \alpha_2 MLNPAY \\
& + \alpha_3 RULE \times MLNPAY + \alpha_4 ROE \\
& + \alpha_5 RET + \alpha_6 POWER + \alpha_7 BIGFOUR \\
& + \alpha_8 OPINION + \alpha_9 \sum CONTROL \\
& + \alpha_{10} \sum INDUSTRY_{i,t} \\
& + \alpha_{11} \sum YEAR_{i,t} + \varepsilon
\end{aligned}
$$
$$(6-8)$$

6.3.4　样本选取与数据来源

本章数据主要来源于 CSMAR 数据库，选取 2005～2011 年上海、深圳两地 A 股上市公司国有企业为研究样本，按照证监会 2001 年颁布的上市公司行业指引进行分类，各省区市城镇在岗职工平均工资数据来自国家统计局网站。垄断央企的划分标准参考高粱（2010）和杨蓉（2012）的研究，将关系国计民生的重要行业、关键领域视为垄断行业：垄断行业大类包括电力、电信、铁道、民航、邮政、公用、石油、军工等。为与 CSMAR 数据库进行对照，我们综合学者的研究，选取将下列行业归入垄断行业：①B01，煤炭采选业；②B03，石油和天然气开采业；③B05，黑色金属矿采选业；④B07，有色金融矿采选业；⑤B09，其他矿采选业；⑥C41，石油加工及炼焦业；⑦C73，专用设备制造业；⑧C75，交通运输设备制造业；⑨D，电力、煤气及水的生产和供应业；⑩F，交通运输、仓储业；⑪G，信息技术业；⑫K01，公共设施服务业；⑬K10，邮政服务业。基于金融业和保险行业会计处理与核算的特殊性，本章未将其列入讨论范围。为了保证数据的可靠可比，样本中剔除了金融保险类公司、2005 年以后上市的公司，当年进行 IPO 的公司、删除 ST、PT 及 *ST 可能对盈余管理施加影响的公司、2005 ~ 2011 年退市的公司、未披露高管薪酬、高管薪酬为负及其他数据异常和缺失的公司，共得到 4439 个国企样本。为保证数据的有效性，分别对连续变量首尾数据的 1% 进行 WINSORIZE 处理。

6.4
研究结果及结论

6.4.1 描述性统计

表 6.2a 为 2005 ~ 2011 年国企样本描述性统计。异常现金流 REM_CFO、异常可操作费用 REM_DIS、异常生产成本 REM_PROD、可操控性应计 DA 的均值都趋于 0，说明大样本中，无论是真实活动盈余管理还是应计制盈余管理的分布都被均匀化。前三名高管平均薪酬的均值为 33.82 万，中值为 26.61 万，最大值为 389.86 万，最小值不足 1 万，可见前三名高管薪酬的平均值整体分布趋于偏左，较高的标准差显示出高管薪酬差异较大，分布不均衡。表 6.2b 列示了央企与地方国企主要变量的描述性统计与均值检验结果。我们发现，央企的高管薪酬于 1% 的水平上显著高于地方国企，但正向超额薪酬（PEXPAY）却略低于地方国

企，表明央企高管在享受高薪酬的同时，有可能抑制了对超额薪酬的追逐。由于央企控制下的上市公司一般具有较强的规模优势，管辖行业大多是掌控国民经济命脉的重要领域，垄断势头强劲、竞争实力雄厚，倚仗国家政策的大力扶持，一般拥有较为优厚的薪酬福利安排，然而，高薪酬引发的收入分配不平衡、薪酬公平性缺失等诸多问题也引起了社会舆论及政府的高度重视，促使政府加大对央企高管自定薪酬、谋取私利等违规行为的监控力度。在国资委的严格管理下，高管操纵薪酬获取私利的行为将减少。与央企相比，地方政府企业规模较小、融资压力较大、资源获取能力较弱，在市场竞争中处于劣势；此外，地方政府还拥有由中央政府投资但下放于地方国企监管的产权，若企业出现亏损或破产，地方政府企业势必承受较重的社会负担（赵卫斌，陈志斌，2012），故地方国企高管的货币性薪酬水平普遍低于央企。然而，在政策监管层面上，地方国企虽面临当地政府或当地国资委的监管，但囿于地方政绩、官员升迁等政治利益，其很难发挥控股股东的治理效力，在一定程度上放松了对地方国企的行政监管，故存在高管运用权力"寻租"，攫取超额收益的利己行为。在盈余管理指标的比较上，与地方国企相比，央企具有较低的异常现金流、异常可操纵费用及较高的异常生产成本，真实活动盈余管理总指标较高，应计制盈余管理均值也高于地方国企，表明央企为了实现政府监管的利润指标，避免因高于或低于盈余阈值而遭受的严厉监管，有较强的动机通过盈余管理手段对企业日常经营状况、财务成果进行干预调控。表 6.2c 描述了限薪前后央企、地方国企内部主要变量的变化趋势，均值检验结果显示，尽管薪酬绝对量仍在增长，但薪酬增长速率（ΔLNPAY）放缓，超额正向薪酬降低，地方国企下降幅度更大。盈余管理各变量限薪前后 T 均值检验不显著，表明高管实施盈余管理的调整幅度较小。

表 6. 2a   国有企业全样本描述性统计

变量	样本量	均值	中值	标准差	最小值	最大值
AVGPAY（万元）	4439	33. 8158	26. 6166	28. 8902	0. 8967	389. 86
LNPAY	4486	13. 5406	13. 5905	0. 7714	11. 5512	15. 3759
PEXPAY	2317	0. 4308	0. 3613	0. 3123	0	1. 8603
REM_CFO	4302	− 0. 0002	− 0. 0038	0. 0911	− 0. 5134	0. 4515
REM_DIS	4231	− 0. 0001	− 0. 0097	0. 0628	− 0. 1696	0. 3938
REM_PROD	4256	0. 0002	0. 0097	0. 1535	− 1. 0882	3. 3868
REM	4189	0. 0006	0. 0208	0. 2395	− 1. 7174	3. 6951
DA	4302	0. 0003	0. 0011	0. 0920	− 0. 4241	0. 4786
ROANI	4439	0. 0313	0. 0290	0. 0562	− 0. 1963	0. 1978
D	4439	0. 4886	0	0. 4993	0	1
ROE	4439	0. 1114	0. 1146	0. 1580	− 0. 7058	0. 5152
POWER	4365	0. 0034	− 0. 0193	0. 3718	− 1. 3663	1. 3613
RET	4439	0. 4883	0. 1199	1. 0819	− 0. 7658	4. 4630
GROWTH	4429	0. 2294	0. 1485	0. 5410	− 0. 6343	4. 4641
MB	4438	3. 4009	2. 4143	3. 1519	0. 7268	20. 9966
BIGFOUR	4310	0. 0548	0	0. 2275	0	1
OPINION	4310	0. 9573	1	0. 2275	0	1
LEV	4439	0. 5199	0. 5354	0. 1864	0. 0552	0. 9397
SIZE	4439	21. 8221	21. 6797	1. 1499	19. 2221	26. 2620

资料来源：数据来源由 CSMAR 数据库上市公司公开数据计算整理而得。

表 6.2b

产权分样本主要变量描述性统计及均值检验

变量	中央企业				地方国企				T检验
	样本量	均值	中值	标准差	样本量	均值	中值	标准差	均值
LNPAY	1069	13.7387	13.8195	0.7540	3370	13.4778	13.5278	0.7663	9.74***
PEXPAY	648	0.4251	0.3550	0.3132	1669	0.4330	0.3637	0.3120	-0.54
REM_CFO	1045	-0.0071	-0.0106	0.0867	3257	0.0020	-0.0017	0.0923	-2.82***
REM_DIS	1027	-0.0022	-0.0106	0.0571	3204	0.0005	-0.0095	0.0011	-1.19
REM_PROD	1039	0.0077	0.0133	0.1168	3217	-0.0022	0.0081	0.1635	1.82*
REM	1021	0.0177	0.0365	0.1989	3168	-0.0050	0.0167	0.2510	2.64***
DA	1045	0.0052	0.0061	0.0880	3257	-0.0013	-0.0008	0.0932	2.02**

资料来源：由 CSMAR 数据库上市公司公开数据计算整理而得。

表 6.2c

限薪前后产权分样本主要变量描述性统计及均值检验

变量	中央企业					地方国企				
	限薪前		限薪后		T检验	限薪前		限薪后		T检验
	样本量	均值	样本量	均值	均值	样本量	均值	样本量	均值	均值
LNPAY	543	13.4962	526	13.9890	-11.30***	2013	13.2723	1356	13.7843	-20.14***
ΔLNPAY	532	0.1546	523	0.1416	0.59	1955	0.1563	1355	0.1460	0.76
PEXPAY	327	0.4269	321	0.4246	0.17	997	0.4545	672	0.4011	3.44***
REM_CFO	536	-0.0058	509	-0.0085	0.49	1947	0.0012	1310	0.0032	-0.59
REM_DIS	520	-0.0008	507	-0.0035	0.76	1898	0	1306	0.0014	-0.65
REM_PROD	530	0.0112	509	0.0042	0.72	1909	-0.0024	1308	-0.0020	-0.06
REM	514	0.0189	507	0.0165	0.96	1864	-0.0038	1304	-0.0067	0.32
DA	536	0.0047	509	0.0056	-0.17	1947	-0.0007	1310	-0.0021	0.42

资料来源：由 CSMAR 数据库上市公司公开数据计算整理而得。

6.4.2 多元回归分析

表 6.3a 考察了限薪政策对高管超额正向薪酬、薪酬业绩敏感性在国企总样本、央企、垄断央企、非垄断央企和地方国企分样本的多元回归。结果显示，限薪政策与高管超额正向薪酬的系数均为负，除了非垄断央企 T 值不显著外，其他样本的 T 值都表现出较强的显著性，表明限薪政策的政策效力对超额薪酬的攀升起到有效地抑制作用，一定程度上影响了垄断央企高管的薪酬治理决策并触动了其既得利益，限制了超额薪酬的增加。反观非垄断央企，它们多数来自竞争行业，在资源获取与政策扶植上均逊于垄断央企，并且央企特殊的性质使其不可能像非国有企业一样完全实行市场化薪酬改革，这在一定程度上弱化了高管对超额薪酬的追逐，使得非垄断央企高管正向超额薪酬一直处于低位，故限薪后其进一步下降的空间较小。假设 2 旨在检验限薪政策对高管薪酬业绩敏感性的冲击效力。我们预测限薪后，高管薪酬与业绩敏感性在薪酬管制下会下降或变得不显著。从表 6.3a 回归结果来看，限薪前所有样本的薪酬业绩敏感性均显著为正，表明中国高管薪酬与会计业绩相挂钩的格局已然形成。限薪后，除央企和垄断央企薪酬业绩敏感性仍然较强外，其他样本中薪酬业绩敏感性系数虽为正（负），但统计上已失去显著性，证明政府确实通过薪酬管制模糊了薪酬与业绩的关系，打破了市场自发的对薪酬业绩的调节机制，导致敏感性并未呈现出进一步攀升的迹象，限薪政策的政策效应得到了一定释放，但央企样本限薪后薪酬业绩敏感性仍较为强烈，RULE × ROANI 系数为 1.5751，于 5% 的水平上显著为正；我们认为，这很可能由垄断因素所致，中国大型国企的垄断并非一般市场经济中市场集中度的垄断，而是以国家政策和行政力量为主导的"行政性垄断"，[①] 其资源是通过行政力量操纵和赋予的，危害性较大且难以根除。垄断央

---

① 参见张东生主编. 中国居民收入分配年度报告（2008），经济科学出版社，2008。

企凭借政治、经济上的特殊地位与所处行业的垄断优势，具有脱离并可能拥有凌驾于政府行政管制之上的较高特权，能有效地躲避政府的行政干预，在实现利润大幅跳跃增长的同时获取了较高的薪酬福利，致使薪酬业绩敏感性始终保持在较高的水平上，很难下降。表 6.3a 右侧垄断央企一栏中 RULE × ROANI 系数为 2.3490，T 值于 5% 的水平上显著。表明垄断因素确实为高管薪酬业绩敏感性居高不下的重要诱因，这直接导致限薪后高管薪酬业绩敏感性被进一步拉大，使得限薪预期的降低薪酬业绩关联度的监管效果偏离最优，打了折扣，此外，造成限薪后高管薪酬业绩敏感性下降不显著的另一原因可能与限薪政策本身的设定有关，本次限薪政策重点只针对央企负责人，可能仅对国资委管辖下的央企一级公司有较强约束力，对其子孙公司的约束力可能不大。目前，很多央企一级公司拥有数目较多的二级、三级公司，而这些公司有很多推行了股份制，国资委对这些子孙公司可能缺乏严格监管，导致一些央企高管为避免 2009 年的限薪政策，转而选择从二级、三级公司中领薪，故导致限薪后央企高管薪酬业绩敏感性依旧显著增强。所以，央企薪酬的改革不是一蹴而就，一朝一夕能解决的，需要一个长期渐变的过程逐步消化。

表 6.3b 为限薪政策对高管薪酬粘性的影响回归。我们预测限薪政策颁布后，政府管制将使高管薪酬与业绩变化的非对称性态得以改善，薪酬粘性降低，即 ROANI × D × RULE 应显著为正。回归结果显示，国有企业总样本与地方国企分样本 2005 ~ 2011 年总体薪酬粘性表现较强。以总样本为例，未加入 ROANI × RULE 的交互项时，薪酬业绩敏感性在业绩上升时系数为 3.9903，T 值在 1% 的水平上显著，业绩下降时其系数变为 -0.6768，在 10% 的水平上显著，表明高管薪酬随业绩上升的幅度要显著高于随业绩下降的幅度，二者之比约为 1.2 倍（3.9903/(3.9903 - 0.6768)），证明了薪酬粘性的存在。而限薪后薪酬粘性却显著降低，ROANI × D × RULE 系数为 1.1598，T 值于 10% 水平上显著，凸显出限薪政策的行政指

表6.3a 限薪政策对高管超额薪酬、薪酬与业绩敏感性影响分样本回归

变量	EXPAY					LNPAY				
	国有企业	中央企业	垄断央企	非垄断央企	地方国企	国有企业	中央企业	垄断央企	非垄断央企	地方国企
截距项	0.1455 (0.99)	0.8910*** (3.62)	1.0184*** (2.78)	0.8001** (2.31)	-0.1155 (-0.60)	8.6507*** (40.75)	9.7587*** (25.59)	10.2331*** (21.73)	9.3319*** (17.74)	8.6491*** (31.56)
RULE	-0.0719*** (-2.96)	-0.0717* (-1.68)	-0.1094** (-2.01)	-0.0265 (-0.41)	-0.0664** (-2.28)	0.2621*** (7.28)	0.2602*** (3.81)	0.2052** (2.25)	0.3149*** (3.12)	0.2620*** (6.25)
ROANI	-0.0589 (-0.40)	-0.0132 (-0.05)	-0.6061 (-1.63)	0.5351 (1.42)	-0.1910 (-1.06)	3.2806*** (12.82)	3.3405*** (7.55)	3.3009*** (5.91)	3.7116*** (5.51)	3.1576*** (10.19)
RULE*ROANI						0.2855 (0.73)	1.5751** (2.31)	2.3490** (2.48)	0.6623 (0.64)	-0.0237 (-0.05)
RET	0.0004 (0.03)	-0.0526** (-2.24)	-0.0820** (-2.41)	-0.0301 (-0.94)	0.0219 (1.56)	-0.0274 (-1.62)	-0.0484 (-1.60)	-0.0626 (-1.42)	-0.0388 (-0.93)	-0.0194 (-0.97)
POWER	0.0329* (1.75)	-0.0851** (-2.30)	-0.0847 (-1.51)	-0.1049** (-2.05)	0.0597*** (2.78)	0.1022*** (4.00)	0.0557 (0.98)	0.2059*** (2.75)	-0.0778 (-0.92)	0.1165*** (4.11)
GROWTH	0.0234 (1.34)	0.0507** (2.18)	0.0459 (1.33)	0.0536* (1.84)	0.0097 (0.45)	-0.0265 (-1.24)	-0.0260 (-0.62)	-0.0410 (-0.66)	0.0096 (0.16)	-0.0285 (-1.20)

续表

变量	EXPAY					LNPAY				
	国有企业	中央企业	垄断央企	非垄断央企	地方国企	国有企业	中央企业	垄断央企	非垄断央企	地方国企
MB	0.0072** (2.37)	0.0025 (0.42)	0.0112 (1.22)	−0.0006 (−0.07)	0.0090*** (2.59)	0.0124*** (2.89)	−0.0010 (−0.14)	−0.0098 (−0.94)	0.0096 (0.95)	0.0141*** (2.73)
LEV	−0.0463 (−1.03)	0.1429* (1.74)	0.1274 (1.17)	0.1052 (0.84)	−0.1135** (−2.09)	−0.2121*** (−3.24)	0.1593 (1.32)	0.5501*** (3.45)	−0.2411 (−1.32)	−0.2847*** (−3.65)
SIZE	0.0149** (2.16)	−0.0217* (−1.93)	−0.0333** (−2.20)	−0.0169 (−1.02)	0.0283*** (3.10)	0.2357*** (23.62)	0.1702*** (10.31)	0.1467*** (7.19)	0.1988*** (8.05)	0.2393*** (18.39)
行业年份	控制	控制	控制	控制	控制	控制	控制	控制	控制	控制
Adj R²	3.30%	6.83%	10.22%	3.07%	4.47%	39.35%	45.43%	47.63%	44.14%	37.24%
有效样本	2280	640	319	321	1640	4354	1054	541	513	3300
F值	3.21	2.95	3.01	2.51	3.15	113.95	36.07	26.85	20.26	79.27

注：括号内为经 White 异方差修正后的双尾 T 值检验，"*，**，***" 分别表示双尾检验在 10%、5% 和 1% 的水平上显著。

资料来源：由 CSMAR 数据库上市公司公开数据计算整理而得。

表6.3b

限薪政策对高管薪酬粘性影响分样本回归

变量	国有企业		中央企业		垄断央企		非垄断央企		地方国企	
截距项	8.6619*** (40.70)	8.6689*** (40.76)	9.7463*** (25.42)	9.7796*** (25.57)	10.1577*** (21.22)	10.2579*** (21.96)	9.3555*** (17.74)	9.3408*** (17.65)	8.6684*** (31.69)	8.6782*** (31.73)
RULE	0.2778*** (8.31)	0.2762*** (7.69)	0.3102*** (4.85)	0.2589*** (3.78)	0.2827*** (3.31)	0.2088** (2.29)	0.3343*** (3.58)	0.2901*** (2.88)	0.2697*** (6.94)	0.2807*** (6.73)
ROANI	3.9903*** (13.19)	4.0436*** (10.75)	3.6982*** (6.42)	3.1729*** (5.08)	4.0343*** (5.90)	3.7768*** (5.16)	3.3249*** (4.11)	2.5361*** (2.85)	3.9186*** (9.85)	4.2182*** (9.44)
ROANI*RULE		−0.3352 (−0.65)		1.4419* (1.75)		0.8654 (0.90)		2.0075 (1.46)		−0.7889 (−1.27)
D	0.0618** (2.62)	0.0576** (2.42)	0.0044 (0.09)	0.0053 (0.11)	0.0127 (0.20)	−0.0064 (−0.10)	−0.0125 (−0.20)	0.0017 (0.03)	0.0858*** (3.17)	0.0818*** (3.00)
ROANI*D	−0.6768* (−1.75)	−1.1150** (−2.44)	0.4356 (0.63)	0.3338 (0.43)	0.0773 (0.09)	−0.8350 (−0.94)	1.2874 (1.25)	2.5540** (2.11)	−1.0042** (−2.21)	−1.5251*** (−2.83)
ROANI*D*RULE		1.1598* (1.92)		0.3021 (0.28)		2.9180** (2.21)		−2.8802 (−1.63)		1.3814* (1.96)
RET	−0.0255 (−1.50)	−0.0258 (−1.52)	−0.0466 (−1.53)	−0.0454 (−1.50)	−0.0680 (−1.50)	−0.0602 (−1.35)	−0.0352 (−0.86)	−0.0355 (−0.87)	−0.0166 (−0.83)	−0.0175 (−0.87)

续表

变量	国有企业		中央企业		垄断央企		非垄断央企		地方国企	
POWER	0.1019*** (3.99)	0.1012*** (3.97)	0.0631 (1.10)	0.0567 (0.99)	0.2154*** (2.84)	0.2156*** (2.91)	-0.0746 (-0.89)	-0.0717 (-0.85)	0.1162*** (4.11)	0.1156*** (4.10)
GROWTH	-0.0237 (-1.11)	-0.0239 (-1.12)	-0.0248 (-0.57)	-0.0237 (-0.56)	-0.0392 (-0.61)	-0.0370 (-0.59)	0.0093 (0.15)	0.0112 (0.18)	-0.0262 (-1.10)	-0.0259 (-1.09)
MB	0.0112*** (2.62)	0.0113*** (2.62)	-0.0014 (-0.19)	-0.0005 (-0.06)	-0.0082 (-0.77)	-0.0084 (-0.79)	0.0106 (1.07)	0.0109 (1.08)	0.0124*** (2.41)	0.0122** (2.36)
LEV	-0.1966*** (-3.02)	-0.1921*** (-2.93)	0.1249 (0.99)	0.1572 (1.28)	0.5034*** (1.96)	0.5603*** (3.46)	-0.2837 (-1.51)	-0.2808 (-1.51)	-0.2625*** (-3.39)	-0.2603*** (-3.35)
SIZE	0.2326*** (23.19)	0.2322*** (23.16)	0.1714*** (10.12)	0.1694*** (10.12)	0.1496*** (7.11)	0.1454*** (7.10)	0.1996*** (7.92)	0.2000*** (7.94)	0.2349*** (17.99)	0.2344*** (17.93)
行业年份	控制	控制	控制	控制	控制	控制	控制	控制	控制	控制
Adj R²	39.43%	39.46%	45.10%	45.32%	46.78%	47.75%	44.18%	44.31%	37.43%	37.46%
有效样本	4354	4354	1054	1054	541	541	513	513	3300	3299
F值	109.97	102.32	34.27	32.17	24.73	23.43	19.42	17.97	76.87	71.56

注：括号内为经 White 异方差修正后的双尾 T 值检验，"*，**，***"分别表示双尾检验在10%，5%和1%的水平上显著。
资料来源：由 CSMAR 数据库上市公司公开数据计算整理而得。

导效果，地方国企亦同。而央企薪酬无论在年份总区间抑或限薪后的分区间都不具有粘性特征，这与方军雄（2009）的结论相吻合，即在不同的市场约束程度（夏立军，方轶强，2005）、政府干预程度（潘红波等，2008）下，央企较之地方国企可能获得了更多的行政监管与舆论监督（方军雄，2009），促进薪酬随业绩变动的边际量较为一致，而从权力较大、所受管制相对较少的垄断央企回归结果来看，限薪后其薪酬粘性显著降低，表明限薪政策确实对削弱高管薪酬粘性具有一定的预警作用。

进一步地，我们利用模型（6-7）和模型（6-8）分别检测限薪后高管因薪酬驱动而诱发盈余管理的行为是否将得以遏制。表6.4a和表6.4b在控制其他变量后分别报告了真实活动盈余管理总指标REM、应计制盈余管理指标DA于限薪前后对薪酬LNPAY的多元回归。表6.4a（1）结果表明，REM与LNPAY在所有样本中均呈显著负相关，且RULE为1时，LNPAY对REM的抑制作用更明显（二者负向系数显著升高）。表6.4a（2）中，MREM与MLNPAY的系数显著为负，限薪后MREM与RULE×MREM的系数依然显著负相关，这表明中国现行薪酬与财务制度下，政府对基于薪酬的真实活动盈余管理监管较为严格、实施成本及对公司长期利益损害较大，促使薪酬动机诱发高管采取真实活动盈余管理的动力大幅降低，抑或薪酬动机并不是影响高管实施真实活动盈余管理的主要因素，而限薪政策与薪酬的交互效应进一步遏制了薪酬影响下的高管真实活动盈余管理行为。表6.4b（1）回归结果显示，应计制盈余管理DA与LNPAY在所有样本中都表现出较强的正相关，而当RULE为1时，LNPAY对DA却逆向转负，显示出较强的阻碍作用。表6.4b（2）中，MDA与MLNPAY的系数显著为正，限薪后MDA与RULE*MDA的系数却显著为负，说明薪酬确实诱发了高管的应计制盈余管理行为，而限薪政策的政策效应在限制高管的真实活动盈余管理的同时也阻碍了高管的应计制盈余管理，其政策效应的传导功能已见成效。为了更清晰地区分限薪政策是否通过作用

表6.4a　限薪政策、高管薪酬与盈余管理分样本回归

变量	(1) REM						(2) MREM		
	国有企业		中央企业		地方国企		国有企业	中央企业	地方国企
	RULE=0	RULE=1	RULE=0	RULE=1	RULE=0	RULE=1			
截距项	1.2935*** (5.37)	2.3112*** (5.97)	1.5058*** (4.68)	2.0086*** (5.36)	1.3515*** (4.45)	2.6139*** (4.83)	-1.1359*** (-7.24)	-1.2192*** (-5.69)	-1.1887*** (-5.76)
LNPAY	-0.1545*** (-6.34)	-0.2731*** (-6.35)	-0.2016*** (-5.44)	-0.2260*** (-5.95)	-0.1505*** (-4.86)	-0.3153*** (-5.19)			
MLNPAY							-0.1694*** (-7.74)	-0.1843*** (-6.37)	-0.1789*** (-6.18)
RULE							-0.0185 (-1.45)	-0.0271 (-1.19)	-0.0195 (-1.25)
RULE*MLNPAY	-0.1273*** (-3.64)	-0.1911*** (-4.03)	-0.0645 (-1.06)	-0.2008*** (-4.01)	-0.1320*** (-3.20)	-0.1869*** (-2.87)	-0.0848*** (-3.65)	-0.0615** (-2.23)	-0.0954*** (-3.15)
ROE	0.0029 (0.31)	0.0011 (0.06)	0.0139 (0.78)	-0.0022 (-0.14)	0.0004 (0.04)	0.0023 (0.10)	-0.1466*** (-5.05)	-0.1244*** (-2.95)	-0.1427*** (-3.94)
RET							0.0030 (0.37)	0.0132 (1.07)	-0.0005 (-0.06)
POWER	-0.0103 (-0.79)	-0.0193 (-1.22)	-0.0211 (-0.70)	-0.0123 (-0.64)	-0.0034 (-0.24)	-0.0200 (-1.02)	-0.0152 (-1.50)	-0.0107 (-0.63)	-0.0124 (-1.05)

续表

变量	(1) REM						(2) MREM		
	国有企业		中央企业		地方国企		国有企业	中央企业	地方国企
	RULE=0	RULE=1	RULE=0	RULE=1	RULE=0	RULE=1			
BIGFOUR	0.0113 (0.45)	0.0114 (0.48)	0.0202 (0.58)	0.0158 (0.64)	-0.0129 (-0.39)	-0.0071 (-0.19)	0.0116 (0.68)	0.0132 (0.65)	-0.0103 (-0.42)
OPINION	0.0422** (2.04)	0.0222 (0.84)	0.0852** (2.39)	0.1164*** (2.69)	0.0294 (1.21)	-0.0101 (-0.34)	0.0346** (2.12)	0.0877*** (3.20)	0.0158 (0.83)
GROWTH	-0.0109 (-0.39)	-0.0314* (-1.72)	-0.0034 (-0.10)	-0.0468* (-1.69)	-0.0141 (-0.41)	-0.0284 (-1.32)	-0.0198 (-1.20)	-0.0252 (-1.16)	-0.0194 (-0.97)
MB	-0.0111*** (-4.93)	-0.0079*** (-3.12)	-0.0115*** (-3.10)	-0.0113*** (-4.05)	-0.0124*** (-4.63)	-0.0065** (-2.02)	-0.0096*** (-5.83)	-0.0108*** (-4.85)	-0.0097*** (-4.71)
LEV	0.2075*** (6.87)	0.2088*** (5.11)	0.1222* (1.82)	0.2055*** (4.08)	0.2247*** (6.66)	0.2087*** (3.88)	0.2068*** (8.55)	0.1598*** (3.87)	0.2157*** (7.38)
SIZE	0.0341*** (4.02)	0.0651*** (5.06)	0.0505*** (3.14)	0.0430*** (3.30)	0.0301*** (2.97)	0.0800*** (4.46)	0.0496*** (6.79)	0.0486*** (4.73)	0.0523*** (5.56)
行业年份	控制	控制	控制	控制	控制	控制	控制	控制	控制
Adj R²	12.37%	16.69%	15.85%	27.75%	12.76%	15.73%	15.41%	19.63%	15.42%
有效样本	2335	1794	506	500	1828	1294	4129	1006	3122
F值	14.72	16.62	4.96	9.71	12.13	11.49	27.87	9.77	21.31

注：括号内为经 White 异方差修正后的双尾 T 值检验，"*，**，***" 分别表示双尾检验在10%、5%和1%的水平上显著。
资料来源：由 CSMAR 数据库上市公司公开数据整理计算而得。

表6.4b 限薪政策、高管薪酬与盈余管理分样本回归

变量	(1) DA						(2) MDA				
	国有企业		中央企业		地方国企		国有企业	中央企业	地方国企	国有企业 MDA>0	国有企业 MDA≤0
	RULE=0	RULE=1	RULE=0	RULE=1	RULE=0	RULE=1					
截距项	-0.3333*** (-4.21)	-0.3922*** (-3.42)	-0.2735* (-1.87)	-0.3195* (-1.93)	-0.3394*** (-3.57)	-0.3512** (-2.31)	-0.0111 (-0.21)	0.1406* (1.71)	-0.0555 (-0.80)	0.1284** (2.40)	-0.0544 (-1.03)
LNPAY	0.0361*** (4.43)	0.0284** (2.32)	0.0312** (2.09)	0.0263* (1.79)	0.0362*** (3.65)	0.0240* (1.72)					
MLNPAY							0.0264*** (3.50)	0.0421*** (3.45)	0.0202** (2.17)	0.0175** (2.32)	0.0099 (1.44)
RULE							-0.0125** (-2.20)	-0.0064 (-0.63)	-0.0142** (-2.08)	-0.0050 (-0.82)	0.0026 (0.50)
RULE* MLNPAY							-0.0173** (-2.44)	-0.0191* (-1.80)	-0.0169* (-1.86)	-0.0133* (-1.76)	-0.0015 (-0.23)
ROE	0.1601*** (11.21)	0.1443*** (8.47)	0.1624*** (5.91)	0.1030*** (3.49)	0.1603*** (9.44)	0.1562*** (7.12)	0.1758*** (12.90)	0.1390*** (6.83)	0.1917*** (11.62)	0.0877*** (4.76)	0.0877*** (8.11)
RET	-0.0024 (-0.58)	-0.0057 (-0.93)	0.0008 (0.07)	-0.0034 (-0.44)	-0.0028 (-0.62)	-0.0053 (-0.69)	-0.0041 (-1.23)	-0.0043 (-0.58)	-0.0036 (-0.95)	0.0096*** (2.84)	-0.0142*** (-4.41)
POWER	-0.0092** (-2.09)	-0.0109** (-2.05)	-0.0039 (-0.28)	-0.0156 (-1.52)	-0.0092** (-2.03)	-0.0122* (-1.90)	-0.0065* (-1.75)	-0.0043 (-0.48)	-0.0070* (-1.71)	-0.0082** (-2.18)	-0.0019 (-0.62)

续表

变量	(1) DA 国有企业 RULE=0	(1) DA 国有企业 RULE=1	(1) DA 中央企业 RULE=0	(1) DA 中央企业 RULE=1	(1) DA 地方国企 RULE=0	(1) DA 地方国企 RULE=1	(2) MDA 国有企业	(2) MDA 中央企业	(2) MDA 地方国企	(2) MDA 国有企业 MDA>0	(2) MDA 国有企业 MDA≤0
BIGFOUR	-0.0129 (-1.57)	-0.0119 (-1.43)	-0.0258** (-2.21)	-0.0205** (-2.06)	-0.0070 (-0.64)	-0.0064 (-0.50)	-0.0124** (-2.09)	-0.0257*** (-3.22)	-0.0059 (-0.71)	-0.0072 (-1.25)	-0.0036 (-0.71)
OPINION	-0.0009 (-0.09)	0.0069 (0.57)	0.0093 (0.45)	0.0220 (0.69)	0.0002 (0.02)	0.0062 (0.46)	-0.0026 (-0.34)	-0.0064 (-0.41)	-0.0015 (-0.17)	0.0006 (0.07)	0.0109 (1.46)
GROWTH	-0.0041 (-0.48)	0.0010 (0.13)	0.0051 (0.29)	0.0009 (0.07)	-0.0064 (-0.65)	0.0001 (0.01)	-0.0048 (-0.79)	-0.0002 (-0.01)	-0.0064 (-0.90)	0.0330*** (5.89)	-0.0196*** (-4.73)
MB	0.0003 (0.27)	0.0018** (2.01)	-0.0041** (-2.18)	-0.0004 (-0.29)	0.0011 (1.04)	0.0019* (1.68)	0.0001 (0.08)	-0.0016 (-1.31)	0.0001 (0.16)	0.0008 (1.20)	-0.0007 (-1.00)
LEV	-0.0232** (-1.98)	-0.0178 (-1.08)	0.0019 (0.06)	0.0241 (1.09)	-0.0321** (-2.51)	-0.0339* (-1.85)	-0.0348*** (-3.67)	0.0068 (0.38)	-0.0477*** (-4.24)	-0.0031 (-1.24)	-0.0142 (-1.61)
SIZE	-0.0075** (-2.34)	-0.0018 (-0.42)	-0.0087 (-1.43)	-0.0066 (-1.48)	-0.0069* (-1.76)	-0.0003 (-0.06)	0.0006 (0.25)	-0.0078** (-2.11)	0.0031 (0.97)	-0.0031 (-1.24)	-0.0014 (-0.55)
行业年份	控制	控制	控制	控制	控制	控制	控制	控制	控制	控制	控制
Adj R²	15.04%	8.87%	13.08%	6.57%	15.75%	8.55%	12.03%	10.70%	12.77%	19.38%	21.50%
有效样本	2438	1802	528	502	1910	1300	4132	989	3142	2124	2116
F值	18.98	8.62	4.31	2.56	15.87	6.28	21.18	5.23	17.42	19.23	21.68

注：括号内为经 White 异方差修正后的双尾 T 值检验，"*""**""***"分别表示双尾检验在10%、5%和1%的水平上显著。
资料来源：由 CSMAR 数据库上市公司公开数据计算整理而得。

于薪酬机制对向上的、向下的应计制盈余管理进行干预，我们分别考察 MLNPAY × RULE 与正向 DA 及负向 DA 的关系。表 6.4b 后两栏回归结果表明，限薪后高管薪酬显著抑制了向上的应计制盈余管理，并未对向下的应计制盈余管理活动产生过多影响，这更加突出了基于薪酬管制的限薪政策在一定程度上有减弱高管从事应计制盈余管理的动机，尤其对向上的应计制盈余管理的抑制效果更显著，假设 4 得到验证。在审计监控变量对盈余管理的检验中，DA 与审计师是否来自四大 BIGFOUR 大多负相关，与审计师是否出具的标准无保留意见 OPINION 正相关，显著性程度因不同样本而异，表明审计质量越高，盈余管理程度越弱，同时，也表明高管具有为获得标准无保留审计意见而实施盈余管理的动机。

6.5

稳健性测试

稳健性测试部分，我们进行了如下检验：①仿照方军雄（2009，2011）的研究，将净利润或息税前利润的自然对数作为业绩的替代变量取代 ROANI 代入模型（6－2）、模型（6－3），结果显示，当以息税前利润的自然对数度量业绩水平时，高管薪酬与业绩敏感性在限薪后显著下降，除央企不显著外，其余样本皆表现出较强的负向显著性，而薪酬粘性在限薪后也呈现出较为显著的下降趋势，表明我们的实证结果并未出现偏差。②考虑到高管为达到证监会规定的配股要求，可能对 ROE 等计量指标进行人为的干预调整，我们在模型（6－7）和模型（6－8）中删除 ROE，或选用经行业调整后的 ROE（ROANI），结果并未受到影响。③除构建真实活动盈余管理总指标外，我们仿照科恩和扎罗文（Cohen, Zarowin, 2010）还构建了两个分指标，REM1（－REM_CFO－REM_DIS）与 REM2（REM_PROD）代入模型（6－7）和模型（6－8）表征真实活动盈余管理程度，回归结果并未改变。

本章小结

本章以限薪政策的政策背景为切入点，分两条主线研析限薪政策的行政管制效果。

第一，考察限薪政策对薪酬机制本身的冲击力。分别检测限薪政策对高管超额薪酬、薪酬业绩敏感性、薪酬粘性的作用力度。与预计相同，限薪政策在一定程度、一定范围内抑制了国有产权不同层级安排下高管超额薪酬的增加、降低了薪酬粘性，凸显了政府薪酬制度改革的阶段性效果。但央企高管薪酬业绩敏感性在行政管制后仍表现出较强的正向显著性，这可能与央企特殊的薪酬制定程序、垄断因素、高管政治背景及晋升诉求相关，亦可能与限薪政策的设置本身（如直接受众面较窄、实施年限过短）有关，相信在一个较长的时间区间内，限薪政策的政策效力会因时间缓冲而释放得更加充分。

第二，研究作用于薪酬机制之上的限薪管制，是否抑制了高管的盈余管理行为。我们发现，限薪政策的震慑效力通过薪酬机制予以释放，显著抑制了高管的真实活动盈余管理与应计制盈余管理。并辅助发现货币性薪酬不会促使高管实施真实活动盈余管理，但却诱发了高管的应计制盈余管理，证实薪酬因素确实是诱发高管实施应计制盈余管理的重要因素。不可否认，政府的行政监管确实对高管的盈余管理行为具有一定的制约作用，但仍需结合市场力量共同对高管的薪酬操纵行为进行调节约束。此外，我们认为，政府行政管制只是在特殊时期的特殊处理，终须迎接市场的检验。因此，我们建议，政府行政管制应逐步让位于市场化的自由竞争，通过国企改革建立健全经理人选拔机制与独立董事制度，增强董事会的治理效力；注重"权、责"的统一，"奖、惩"的结合，对垄断国企实施更为严格的管制、有效制衡高管的权力"寻租"，将薪酬设定与管理者的能力考评相联系以达到薪酬与业绩的协调、匹配。

本章将限薪政策的政策效应、高管薪酬与盈余管理三个层面融为一体，将理论层面与实际现象紧密相连，冀盼为学术界、实务界及相关准则的制定与完善指引方向，提供依据。

7

研究结论、不足与建议

7. 1

研究结论

　　本书基于委托代理理论，从理论综述与制度背景层面比较分析了最优契约理论与管理层权力理论对中国高管薪酬激励及薪酬治理的适用性，力图以中国经济转轨时期不同产权背景下企业的高管薪酬契约为研究基点，深度剖析了高管薪酬的管理层权力效应、高管薪酬引发的应计制盈余管理与真实活动盈余管理的动机，细化阐述了游离于高管纯薪酬之外的，单纯由管理层权力引起的高管盈余管理策略的调整机制以及不同种盈余管理方式下公司业绩与公司价值的变化轨迹，并延伸探讨了政府的限薪政策对国有企业以及国有企业不同权力层级安排下的企业高管薪酬的实施效果，考察了政府薪酬管制这一政策传导机制对高管实施盈余管理活动的内在影响。在限薪指令下，高管是否将收敛盈余操纵行为，而躲避政府的监管。本书扩大了现有文献中管理层权力对高管薪酬契约的影响范围，将权力因素纳入高管薪酬与其盈余管理决策的分析框架，并进一步从宏观经济政策视角探讨了政府的行政限薪对企业微观薪酬治理以及管理者具体盈余策略的改变，具有一定的学术价值与实践指导意义。本书的主要研究结论如下：

第一，通过对 2004～2011 年沪深 A 股上市公司样本数据的分析，笔者发现：①管理层权力的增大，不仅导致高管获得了较高的显性货币薪酬，更攫取了较多的超额薪酬，获得了更大的隐形福利，高管与普通员工间的薪酬差距愈发扩大。②制度约束、政策压力、风险机制与契约成本差异等多因素的合力冲击导致了不同产权性质公司高管薪酬偏好的较大差异，管理层权力越大的公司，隐形薪酬对显性薪酬的替代性越强。当管理者位于较高权力层级时，国企高管更偏好隐形薪酬，并使其对显性薪酬的替代程度显著更高；当管理者位于较低权力层级时，地方国企高管更倾向于获取较为隐蔽的隐形薪酬，并相应提高了其对显性薪酬的替代程度。③管理层权力的膨胀总体上提升了不同产权性质公司的高管薪酬业绩敏感性，其中，按照权力强度划分的分样本中，国有企业较之非国有企业、央企较之地方国企管理层权力增大导致的薪酬业绩敏感性增速更快；在按照业绩强度划分的产权分样本中，业绩越好、管理层权力越大，薪酬业绩敏感性越高，且低业绩下，国有企业管理层权力的增大能弥补业绩低迷而导致的薪酬业绩敏感性的下降。④管理层权力的增强也促进了高管员工薪酬差距对公司业绩的正向激励作用，通过不同权力强度与不同业绩强度的细化对比，笔者发现国有企业管理层权力影响下的薪酬差距——业绩敏感性的上升幅度更显著。

第二，通过对 2005～2011 年沪深 A 股上市公司样本数据的分析，发现：①高管薪酬能够诱发其实施应计制盈余管理，但不会导致其实施真实活动盈余管理；②将管理层权力放入分析框架后，权力薪酬的提高将显著遏制高管的应计制与真实活动盈余管理行为；为保障样本的充实性与有效性，在盈余管理经济后果分析中继续引入 2012 年的数据，研究表明：①应计制盈余管理与未来公司业绩总体呈正相关，但相关系数随年份的递增而减小；真实活动盈余管理与未来公司业绩总体呈负相关，相关系数的强度也在依次减弱。②无论是应计制盈余管理还是真实活动盈余管理，未来公司价值都会显著降低，真实活动盈余管理对公司长期价值的破坏力度更大。

第三，以 2009 年政府出台的限薪政策为政策背景，依据产权分级管理模式重点考察限薪政策对国有企业上市公司高管超额薪酬、薪酬业绩敏感性、薪酬粘性的冲击效应；立足真实活动盈余管理，并结合应计制盈余管理，进一步探讨作用于薪酬机制的行政干预是否抑制了高管的盈余管理行为？高管因薪酬驱动对不同种盈余管理方式又将如何抉择？研究显示，限薪政策实施后，高管超额薪酬、薪酬粘性在一定程度上有所下降，薪酬业绩敏感性并未显著上升。限薪政策的震慑效力通过薪酬机制予以释放，约束了高管的真实活动盈余管理与应计制盈余管理行为，凸显了政府薪酬监管的阶段性效果。限薪后，高管因薪酬驱动实施应计制盈余管理的行为依然存在，证实薪酬动机是诱发高管实施盈余管理的重要因素。

7.2
研究局限与研究不足

以高管薪酬为研究重心，公司绩效为依托，高管行为特征为延伸路径，探讨并阐释高管薪酬激励的诱发因素与经济后果，已成为当今公司微观治理、行为学和资本市场财务会计领域研究的主流。研究主题的细化深入、研究视角的拓展创新、研究方法的丰富多样，边缘学科的交叉引入，有力地助推了该领域在研究思路、研究范式与研究成果上的层层突破。本人从选题、制定思路再至行文写作，力求对主题深入挖掘、逐层递进，在总结现有研究成果的基础上，寻找新的突破，形成了以管理层权力、高管薪酬与盈余管理的关系研究为主题，检验并分析了基于高管薪酬的管理层权力效应，管理层权力影响下的高管薪酬诱发高管实施应计制盈余管理及真实活动盈余管理的动机、两种盈余管理后的公司业绩与公司价值的变化趋势，进一步地，将政府的限薪背景纳入研究框架，注重探讨国有企业（央企及其下属的垄断央企和地方国企）高管薪酬于限薪前后的变化趋势以及高管盈余管理行为的具体抉择。本人期待上述研究结论与研究成果能够为后续学者提供有价值的参考，但是碍于本人学术水平和写作时间的限制，以及现有学术研究的快速更新，本书还有诸多问题需要进一步完善和拓展，主要可归结为以下三个方面：

第一，本书对高管薪酬的研究只限定于数据获取便利、可靠程度较高、学者普遍使用的显性货币薪酬，第 4 章中辅助探讨了货币薪酬的另一种替代形式——在职消费，并未涉及高管的股权激励、股票增值权等长期激励性薪酬。诚然，股票市场的快速发展，上市公司规模的逐步增大与高管薪酬激励制度的日益完善，推动了更多公司颁布和执行股权激励方案，以巩固高管薪酬与公司业绩的长期粘合。可是，不可避免的是，信息披露的滞后，信息获取的不便以及计量口径、统计方法的差异，使我们难以获取有效的信息，此外，中国股权激励计划起步较晚，实施数量还较少，大多数公司仍处于试探性的阶段，有些公司虽然颁布了相关的股权激励草案，但并没有严格执行，甚至中途撤销或停止，这为我们进行多年度、多行业大样本数据的实证检验增加了难度，希望随着上述障碍的逐步清除，关于高管长期薪酬激励的研究定会推陈出新、逐步涌现，笔者也将密切关注这一领域的进展，期冀对本书进一步完善。

第二，本书对在职消费计量指标的选取上，可能存在一定的偏差。笔者没有选择陈冬华等（2005）、罗宏和黄文华（2008）等关于在职消费的衡量方法，将财务报表附注"支付的其他与经营活动有关的现金流量"明细项目予以细分（办公费、差旅费、业务招待费、通信费、出国培训费、董事会费、小车费和会议费）而是借鉴权小锋等（2010）、代彬（2011）和陈修德（2012）的研究方法，利用年报中披露的管理费用项目扣除董事、高管及监事会成员薪酬、当年计提的坏账准备、当年计提的存货跌价准备和当年无形资产摊销额等明显不属于在职消费项目后的金额作为间接衡量指标，进一步遵照 2007 年 1 月 1 日实行的《企业会计准则》，继续在其计量基础上进行改良，具体为，2007 年及以后，在职消费指标为当年年报披露的管理费用扣除董事、高管及监事成员后的薪酬与当年无形资产摊销等其他明显不属于该项目金额后的差值，并对其进行对数化处理；2007 年前，在职消费指标的计量同上述学者的研究方法，并对其数值对数化处理。尽管上述计量方式在认定在职消费时，仍不可避免地存在多计或少计的现象，但迄今为止，笔者并未找到更为契合的计量方法。

　　由于中国法律法规没有明确规定企业披露在职消费的相关信息，在财务报表附注中，关于在职消费的各项指标在同一企业不同期间，以及同一期间、同一行业下的不同企业中也都没有统一的披露格式与披露内容，不便于相互比较，在处理中存在较大偏差，如果舍弃又会造成样本的大量流失。所以，笔者非常期待政府部门能出台系列举措，鼓励企业自愿披露或强制披露在职消费的信息，像薪酬数据一样公开透明，这样不仅能约束高管人员的自利行为，减少隐形福利，更能从源头上遏制腐败的发生，削弱由权责不对等所引起的腐败行为的不良后果。

　　第三，书中第 6 章在检验国有企业限薪政策的实施效果时，选用重大事件限薪政策的颁布（2009 年）作为限薪前后的分界点，对比了限薪前后薪酬各变量的变化趋势，以及限薪导致的高管盈余管理策略的改变。但不可忽视的是，书中选取的时点周围可能存在其他政策的影响噪音，如金融危机的冲击等。笔者的另一篇文章探讨了金融危机下企业成本费用的变化机理，得出金融危机初期（2008 年），成本费用变化的非对称性将有所缓和，成本费用粘性明显减弱，中后期（2008 年后）成本费用粘性并不会发生较大波动的结论，由于本书选取的研究时点为 2009 年后，所以作为企业成本的一部分，高管薪酬受金融危机影响的力度可能随着年份的递增而被稀释掉，故金融危机对限薪政策施加于高管薪酬上的干扰强度可能不大。尽管如此，笔者还是期望能够通过一定的技术手段，将潜在的主要影响因素较大程度地剥离，比较利用双差分"Difference in difference"方法进一步对结果进行稳健性检验,增强结论的说服力。

第四,数据因素的制约。

本书数据主要选取范围为 2003~2011 年,其中,第 5 章在盈余管理经济后果检验中,进一步补充了 2012 年的数据。鉴于本书第 6 章旨在验证限薪政策对薪酬的政策效应,为使得前后保持一致,故在主模型探讨中将数据年份限定为 2011 年,而在其他模型中将数据补充至 2012 年,譬如第 2 章国有企业高管薪酬的整体演变趋势与现状分析及第 5 章盈余管理的经济后果分析。待数据充实,笔者将进一步执行稳健性测试,确保结论的可靠可比。

第五,内生性问题的检验。

由于高管薪酬与盈余管理可能存在一定程度的因果关联性,导致内生性问题的存在,笔者在第 5 章和第 6 章稳健性测试中,选用了两种方法予以检验。第一,将薪酬变量滞后一期,或将盈余管理变量向前推进一期,检验高管薪酬对盈余管理的影响;第二,通过引入工具变量,通过联立方程组的形式以弱化内生性问题。研究发现,内生性确实存在,通过相关方法也未能有效地将其消除,而现有文献也未能提供有效的解决办法,所以,如何较大程度地减弱变量间的内生性,更为准确地梳理和剖析所研究的问题,找出二者的逻辑演绎路径,可能是我们未来努力研究的方向。

7.3

研究的政策建议

根植于委托代理理论基础之上的薪酬激励制度,是引领企业持续发展的基石,也是鉴别公司治理水平优劣的必备条件。外部环境的不确定、内部信息的不对称、契约的不完备和监管层面的不作为共同滋生了高管的各种自利行为,其中,权力制衡机制的缺乏,权力水平和强度的提升进一步揭露出高管的逐利本质，最终会引起高管薪酬与企业绩效、股东价值的背离。基于高管薪酬的盈余管理动机，在不同业绩强度与管理层权力强度下，也表现出差异化的特征。因此，以高管薪酬为辐射面，管理层权力为出发点，盈余管理行为的实施为考核路径的逻辑主线将看似孤立实则紧密的内容有机串联或并联在一起，多维度、多层次地探讨高管薪酬机制的运行机理与优化路径将显得至关重要。那么，如何保证薪酬机制的合理设计与顺利实施，不仅是企业薪酬治理的终极方向，更是关系到中国收入分配领域、企业改革、社会经济关系与生产力发展的重要环节，只有深层次地挖掘薪酬异化的根源、多角度地剖析高管薪酬的影响因素与经济后果，制订出有针对性的解决方案才是提高高管薪酬契约有效性、完善公司治理机制、优化资源配置的最佳突破口。因此，结合本书的理论分析与研究结论，笔者主要从企业治理层面与市场治理层面提出以下政策建议。

7.3.1 公司治理层面的政策建议

（1）优化薪酬结构

固化薪酬比例较大、激励薪酬比例不足，是中国当前高管薪酬治理中的突出问题与难点问题。如何合理规划与调节薪酬各组成部分的比重，提高高管人员的务实性与积极性，实现高管工资、奖金为主的显性货币薪酬与股权、期权、管理者持股为主的长期激励薪酬的紧密融合与优化配置显得尤为重要。不同薪酬形式对高管人员的激励强度、约束程度以及对公司的业绩水平、企业价值具有差异化的影响效果。高管薪酬中的固定成分越多，对高管的吸引力越弱，越易增大公司的代理成本、诱发高管的短视行为、加大经营现金流的运转压力，导致利润大量流出，盈利能力被大幅削弱。因此，适当地推广激励性薪酬，尤其是长期激励薪酬已迫在眉睫、势在必行。詹森和麦克林（Jensen，Meckling，1976）指出，长期股权激励可以有效地缓解委托代理问题，削弱管理者的短视行为，更好地将管理者利益与股东利益捆绑在一起，能够建立起长期稳定的利益共享和风险共担机制，对顺畅现金流、推动企业长期绩效和价值的提高具有积极的正面作用。随着市场化改革路径的渐次深入，金融衍生品市场的逐步繁荣，中国应用经营者持股、股票期权等激励性薪酬的土壤已经成熟。2005 年 12 月 31 日，证监会正式颁布了《上市公司股权激励管理办法（试行）》，2006 年 9 月，国资委及财政部联合颁布了《国有控股上市公司（境内）实施股权激励试行办法》，2008 年 3 ~ 9 月，证监会上市监管部陆续颁布了股权激励有关备忘录 1 号、2 号和 3 号，2012 年 8 月和 2013 年 3 月，证监会分别就《上市公司员工持股计划管理暂行办法（征求意见稿）》和《证券公司股权激励约束机制管理规定（征求意见稿）》向社会公众公开征求意见。上述管理法规、办法和指导意见的系列推出，无疑表明国家正在积极稳妥地展开对上市公司高管长期激励性薪酬制度的试探性改革。如何更为明确地划定激励对象、选择激励来源，审时度势地选择长期激励工具，设置激励总量与分配机制，完善监管与特殊事项的具体应对措施，则需要政府部门、监管部门、上市公司和高管人员的全力配合。唯有坚持基本薪酬、绩效薪酬、短期激励薪酬与长期激励薪酬的有效搭配，在保证固定薪酬合法合规的前提下，努力发展激励性薪酬，尤其要提高长期激励薪酬的比例，将高管薪酬与企业绩效持久高效地紧密粘合，才是优化薪酬结构、提高公司价值、实现外部经济环境与内部公司治理完美契合的长胜之路。

（2）强化奖惩并举力度

在对企业高管工作态度与经营绩效进行考核评价时，应该采用奖励与惩罚相结合的双轨机制。做到两手都要抓，两手都要硬。而现实中，奖惩倒挂、奖优不惩劣及惩罚力度远远低于奖励力度的现象十分普遍。首先，由于信息不对称以及对高管能力的模糊识别，企业无法甄别高管个人努力度与企业绩效的关联性，会更多地采取折中措施，既不显著增强奖励幅度，又不过分施加惩罚力度，导致高管人员知晓默认的"干与不干""干多与干少""干好与干坏"一个样的"潜规则"；其次，碍于个人声誉和职业生涯的发展，高管往往不会因业绩下降而主动承担责任，接受惩罚，相反，高管很可能会选择卸责，将业绩降低归结为外部经济环境的变动而逃避惩处。因此，奖惩机制内容的模糊性与执行阶段的自由性，无疑为高管躲避责任、远离惩罚的机会主义行为提供了可乘之机。而逐步完善职业经理人市场，培养高能力、高素养的专门化管理人才，适时构建一套公平合理、科学规范的高管能力识别与评价体系，依据行业性质和企业特征制定出系列切实可行的高管奖惩、职务任免与职位晋升的考核制度，确保奖励与惩罚措施合理有效地持续开展。

（3）明晰权力范围

"产权清晰、权责明确、政企分开、管理科学"的现代企业制度，是中国企业深化改革的终极方向。其中，"权责明确"占据了重要的地位。如何根据不同产权下企业所有者和经营者的地位与作用合理确定并区分二者间的权力与责任，意义重大。换言之，与管理者职责相匹配的适度权力是企业日常生产经营得以正常运转的必要条件，但权力的"度"究竟应如何把握，才能做到既不滥用权力，以权谋私、贪污腐败、牟取暴利，又不过分压制权力，导致因权力匮乏而无法施展工作，影响企业的可持续发展？笔者认为，在提高管理者素养、增强自律意识的同时，能够通过合理界定权力行使范围、增强权力行使过程中的监督执法力度，对权力行使的后果进行科学公正的鉴定与考核等多元化的完整连续的监管约束体系才可能从源头上遏制或减少由权力滋生的负面行为，避免因权力过度变动而引起的现金流与企业价值的非稳态波动。作为国民经济重要支柱的国有企业，长期以来产权不清晰、管理者缺位、内部人控制等历史遗留问题造成了高管人员的过度集权，也为其以权谋私的自利行为提供了条件。所以，国企高管相比其他企业更需要人民群众的广泛监督，将反腐倡廉的工作理念和配套性的惩罚整治措施贯彻渗透于企业生产的各个环节，让权力在阳光下正确运行，拒绝形式主义和本本主义，力求实现权力运行中的合规化、清晰化、透明化与科学化，防止出现权力监督过程中的制度软化、组织弱化以及民主空化，以期建成全方位、多层次、多维度的国有企业高管权力运行监督体系。

（4）提升监管水平

高管薪酬激励制度的有效执行与管理层权力的合理运用，依赖于完善的公司治理机制。其中，薪酬委员会、董事会与监事会能否履行各自职责，公平、独立、有效地对高管薪酬契约的制定实施过程进行监督，能否对管理层的权力"寻租"行为进行抵制干预，从源头杜绝高管的私利行为，能否在积极促进和实现公司价值最大化与高管个人效用最大化这两个互不排斥的终极目标中，提高监管效率、合理降低监督成本和治理成本，提高公司治理质量是理论界与实务界一直致力解决的公司治理的核心问题。董事会与监事会职能的有效发挥，在很大程度上也取决于公司的产权背景、公司特征及其所处行业和地域的特性，单纯地依据国家政策扩大董事会、监事会规模，或者提升独立董事的比例，以实现名义上的达标，可能并不适合不同产权背景公司中的董事会与监事会的治理初衷。因此，结合公司实际，寻找到一个优化的董事会、监事会治理路径，建立"权、责"对等机制，增强董事与监事的职业判断技能，提升怀疑精神和管理能力，在保持内部"两会"独立性和高效性的基础上，调整独立董事比例，适时增大外部监督力量，譬如引进与公司利益关联度较小的外审人员，定时接受第三方审计（如注册会计师）的监督检查，在例行会议中听取公司股东、高管与普通员工的意见建议，对章程的后续完善与今后工作的顺利开展提供解决性的思路与方案，以切实履行对公司治理与内外部监管的受托责任。

7.3.2　市场治理层面的建议

（1）政府干预与市场化的合理并行

党的十八届三中全会通过的《中共中央关于深化改革若干重大问题的决定》明确指出，经济体制改革是全面深化改革的重点，核心问题是处理好政府和市场的关系，使市场在资源配置中起决定性的作用和更好地发挥政府作用。该决定将市场的功能突出放大，由"基础性"修改为"决定性"，更加鲜明地强调了市场经济的基本运行规律，充分发挥"无形之手"的自发调节作用。这为我们重新梳理政府与市场的关系，深化企业改革提供了理论依据。具体到高管薪酬激励上，政府通过发布限薪政策直接对过高的显性货币薪酬进行调整，以缓解由高薪酬引发的社会公平矛盾。由本书第6章的论述和实证回归结果可知，限薪政策在短时期内产生了一定的效果，虽然国企高管薪酬的总量仍在上升，但递增的速率有所放慢，限薪政策能够遏制高管超额薪酬的增加，且薪酬随业绩变动的不对称性（薪酬随业绩上升的幅度大于随业绩下降的幅度）有所缓解、粘性降低，这说明限薪的震慑效力通过薪酬机制予以释放，凸显了政府薪酬监管的阶段性效果。但不容忽视的是，垄断央企高管薪酬治理效果并未达到预期。凭借垄断地位和政策优惠，垄断央企获得了与其能力、企业业绩不相符的高额薪酬，且显著高于市场的正常定价。除此之外，他们还可能借助职务便利增加在职消费的隐形薪酬甚至实施职务腐败，这样，货币性薪酬的降低终可以通过其他途径进行弥补。所以，不分企业具体经营性质，一刀切的"限高"管制并不可取，而脱离市场的自发调节，单纯地依靠政府的行政力量对薪酬制度进行干预亦是片面的、不完整的，且违背了市场的客观运行规律，并可能引致更大的负面效果。

如同物质文明与精神文明的不可分离性，现阶段，国企高管薪酬改革既需要市场化，亦需要政府行政监管化，二者紧密结合，缺一不可。

首先，要完善职业经理人市场，积极建立以市场为主、政府监管为辅的国企高管薪酬激励机制。与西方成熟的职业经理人市场相比，中国的职业经理人后备力量储备不足，市场建设亟待完善，特别是国有企业，由于政治体制的因素，国有企业的高管并非全部由市场选拔而来，较多来自行政任命，是否拥有运筹帷幄的成功企业家技能不得而知，并且这种带有政府意志的行政化遴选制度在短期内不可能发生质的变更。鉴于此，对高管能力的模糊识别很可能导致有偏的薪酬契约，减弱了薪酬定价的激励性、公平性与合理性。因为我们无法判定管理者究竟是凭借其才能努力经营取得的还是由于其掌握的资源和政策优势实现的。所以，我们有必要打破统一的薪酬制定模式，对官员型高管与职业型高管区别对待。对于职业型高管制定出与其能力、贡献相匹配的合理的市场化薪酬定价，激励其为企业价值最大化而努力服务。而对于具有行政职务的官员型高管，政府要制定出统一的业绩考核制度，设定薪酬上限，严格监控其自定薪酬、在职消费以及权力"寻租"的行为。

其次，区分垄断性国企与竞争性国企，有针对性地对垄断国企高管薪酬进行严格管制。垄断国企譬如电力、电信、金融、铁道、民航、石油等，由于其固有的自然垄断属性或行政垄断属性，在国民经济中占有支配地位，多伴随高福利与高薪酬。与同等能力的竞争性国企高管相比，垄断性国企高管因垄断地位和政策优势获得了丰厚的回报，远远超过了凭借其个人能力所取得的成果。因此，垄断性国企高管薪酬的定价应由国资委和地方政府等监管机构按照所属行业特点与企业经营特性统一进行指导、监督与审核。通过严格的监管制度和税收政策对过高的薪酬进行限制，同时要注意合理控制高管与普通员工间的薪酬差距，避免因薪酬差距过大而引发的员工消极怠工、损害企业绩效的负面行为。对于竞争性国企高管，则实行市场化的薪酬定价模型，强化市场对薪酬的自发调节机制。

（2）新闻媒介监督职能的大力发挥

金融危机期间，新闻媒介对高管"天价薪酬"的集中曝光，有力地增强了社会各界对高管自利行为的监督，促使信息披露制度更为透明阳光，信息披露的有效性大幅提升。根茨科和夏皮罗（Gentzkow, Shapiro, 2006）、科尔等（Core et al., 2008）认为，媒体为了追求自身效用的最大化，获取更多的销售量和点击率，会特别关注并报道一些较易引起社会轰动、全民热议的新闻与话题。而高管薪酬问题则十分契合，为了寻求高薪酬背后的根源、凸显高薪酬诱发的不良现象，各家媒体花费了大量的时间精力去搜集、整理、刊登、评论高管薪酬的相关新闻，以头条、重要版面、专题报道、与权威人士对话的形式展开，增强了与社会公众的互动，及时曝光并有力抨击了薪酬业绩相脱节、高管"寻租"等牟利行为，取得了较好的经济效益和社会效益，同时为政府部门制定相关政策提供了依据，具有积极的社会导向作用。杨德明和赵璨（2012）研究表明媒体可以发挥社会舆论的监督功能，并在一定程度抑制了终极控制人国有上市公司高管薪酬过高的问题。因此，承担着尊重事实与维护正义职责的新闻媒介已然成为一股不可忽视的社会力量，尤其在对负面新闻的处理报道上扮演着越来越重要的角色，并在促进社会公平公正、遏制以权谋私、职务腐败等方面起到一定的监管作用。然而，尽管媒体报道具有较强的舆论冲击力，但其不具有法律上的强制力与约束力，归根结底，只能作为一种外部的监督治理机制，间接地利用舆论导向或声誉机制去影响和帮助问题公司重塑改制，如若媒体之外的约束机制不能充分发挥作用，媒体之声也将成为"昙花一现"、"声大雨点小"的短暂力量，其监督职能也并不必然转化为治理功能。因而，新闻媒介舆论监督功能的有效发挥需要政府与公众的合力支持，共同为其创造一个真实的、民主的、宽松的舆论范围，促使"软实力"逐步硬化，形成一条具有道德约束力的、法律为后盾的、政府积极倡导的勤政廉明、克己奉公的准绳。

参 考 文 献

[1] 薄仙慧，吴联生．国有控股与机构投资者的治理效应：盈余管理视角．经济研究，2009（2）：81-91.

[2] 白重恩，刘俏，陆洲，宋敏，张俊喜．中国上市公司治理结构的实证研究．经济研究，2005（2）：81-91.

[3] 蔡地，万迪昉．政府干预、管理层权力与国企高管薪酬——业绩敏感性．软科学，2011（9）：94-98.

[4] 陈冬华，陈富生，沈永建，尤海峰．高管继任、职工薪酬与隐形契约．经济研究，2011（增2）：100-111.

[5] 陈冬华，陈信元，万华林．国有企业中的薪酬管制与在职消费．经济研究，2005（2）：92-101.

[6] 陈冬华，梁上坤，蒋德权．不同市场化进程下高管激励契约的成本与选择：货币薪酬与在职消费．会计研究，2010（11）：56-65.

[7] 陈汉文，郑鑫成．可操纵应计的市场反应——来自中国证券市场的实证证据．转型经济下的会计与财务问题国际学术研讨会论文集（下册）.2003.

[8] 蔡宁，魏明海．大小非减持中的盈余管理．审计研究，2009（2）：40-49.

[9] 陈信元，陈冬华，万华林，梁上坤．地区差异、薪酬管制与高管腐败．管理世界，2009（11）：130-143.

[10] 陈信元，黄俊．政府干预、多元化经营与公司业绩．管理世界，2007（1）：92-97.

[11] 陈修德. 区域市场化、管理层权力与高管薪酬契约. 华南理工大学博士学位论文, 2012.

[12] 陈震, 张鸣. 高管层内部的极差报酬研究. 中国会计评论, 2006 (6): 15 – 28.

[13] 谌新民, 刘善敏. 上市公司经营者报酬结构性差异的实证研究. 经济研究, 2003 (8): 55 – 63.

[14] 陈小悦, 肖星, 过晓艳. 配股权与上市公司利润操纵. 经济研究, 2000 (1): 30 – 36.

[15] 代彬, 刘星, 郝颖. 高管权力、薪酬契约与国企改革——来自国有上市公司的实证研究. 当代经济科学, 2011 (33): 90 – 98.

[16] 代彬. 高管控制权与自利行为研究. 重庆大学博士学位论文, 2011.

[17] 戴云, 刘益平. 高管薪酬诱发盈余管理的实证研究. 工业技术经济, 2010 (1): 146 – 150.

[18] 杜胜利, 翟艳玲. 总经理年度报酬决定因素的实证分析——以我国上市公司为例. 管理世界, 2005 (8): 114 – 120.

[19] 杜兴强, 王丽华. 高管管理当局薪酬与上市公司业绩的相关性实证研究. 会计研究, 2007 (1): 58 – 65.

[20] 方军雄. 中国上市公司高管的薪酬存在粘性吗? 经济研究, 2009 (3): 110 – 124.

[21] 方军雄. 高管权力与企业薪酬变动的非对称性. 经济研究, 2011 (4): 107 – 120.

[22] 高雷, 宋顺林. 高管报酬激励与企业绩效. 财经科学, 2007 (4): 96 – 104.

[23] 高梁. 垄断行业和国有企业改革. 政治经济学评论, 2010 (3): 64 – 71.

[24] 葛家澍, 田志刚. 上市公司高管薪酬强制性披露研究. 厦门大学学报 (哲学社会科学版), 2012 (3) 40 – 47.

[25] 龚永洪,何凡.高管层权力、股权薪酬差距与企业绩效研究——基于《上市公司股权激励管理办法》实施后的面板数据.南京农业大学学报(社会科学版),2013(1)113-120.

[26] 黄新建,段克润.中国上市公司并购与盈余管理实证研究.软科学,2007(6):66-69.

[27] 黄新建,张宗益.中国上市公司配股中的盈余管理实证研究.商业研究,2004(4):36-38.

[28] 黄文伴.管理者薪酬契约、高管变更与盈余管理关系研究.大连理工大学博士学位论文,2011.

[29] 黄再胜,王玉.公平偏好、薪酬管制与国企高管激励——一种基于行为合约理论的分析.财经研究,2009(1):16-27.

[30] 眭国余,蓝一.企业目标与国有企业改革.北京大学学报(哲学社会科学版),2004(3):22-55.

[31] 雷光勇,刘慧龙.大股东控制、融资规模与盈余操纵程度.管理世界,2006(1):129-136.

[32] 黎文靖,胡玉明.国企内部薪酬差距激励了谁?经济研究,2012(12):125-136.

[33] 李维安,刘绪光,陈靖涵.经理才能、公司治理与契约参照点——中国上市公司高管薪酬决定因素的理论与实证分析.南开管理评论,2010(2):4-15.

[34] 李延喜,包世泽,高锐,孔宪京.薪酬激励、董事会监管与上市公司盈余管理.南开管理评论,2007(6):55-61.

[35] 李增福,董志强,连玉君.应计项目盈余管理还是真实活动盈余管理?——基于我国2007年所得税改革的研究.管理世界,2011a(1):121-134.

[36] 李增福,曾庆意,魏下海.债务契约、控制人性质与盈余管理.经济评论,2011b(6):88-97.

[37] 李增福,黄华林,连玉君.股票定向增发、盈余管理与

公司的业绩滑坡——基于应计项目操控与真实活动操控方式下的研究．管理世界，2012（5）：941－950．

[38] 李增福，顾研，连玉君．盈余管理方式的选择及其经济后果．工作论文．2013．

[39] 李增泉．激励机制与企业绩效——项基于上市公司的实证研究．会计研究，2000（1）：24－30．

[40] 林浚清，黄祖辉，孙永祥．高管团队内薪酬差距、公司绩效和治理结构．经济研究，2003（4）：31－40．

[41] 林舒，魏明海．中国A股发行公司首次公开募股过程中的盈利管理．中国会计与财务研究，2000（2）：87－130．

[42] 林永坚，王志强，李茂良．高管变更与盈余管理——基于应计项目操控与真实活动操控的实证研究．南开管理评论2013（1）：4－14．

[43] 林泽炎．转型中国企业人力资源管理．中国劳动社会保障出版社，北京2004．

[44] 刘斌，刘星，李世新，何顺文．CEO薪酬与企业业绩互动效应的实证检验．会计研究，2003（3）：35－40．

[45] 刘春，孙亮．薪酬差距与企业绩效：来自国企上市公司的经验证据．南开管理评论，2010（2）：30－39．

[46] 刘凤委，孙铮，李增泉．政府干预、行业竞争与薪酬契约——来自国有上市公司的经验证据．管理世界，2007（9）：76－84．

[47] 刘芍佳，孙霈，刘乃全．终极产权论、股权结构及公司绩效．经济研究，2003（4）：51－63．

[48] 刘星，徐光伟．政府管制、管理层权力与国企高管薪酬刚性．经济科学，2012（1）：86－102．

[49] 卢锐，凌翠玉．央企控股、高管薪酬与监管效果——基于我国2001~2008年上市公司年报的经验证据，工作论文，2010．

[50] 卢锐，魏明海，黎文靖．管理层权力、在职消费与产权效率——来自中国上市公司的证据．南开管理评论，2008（5）：

85 - 92.

[51] 卢锐. 管理层权力、薪酬差距与绩效. 南方经济, 2007 (7): 60 - 70.

[52] 卢锐. 管理层权力、薪酬与业绩敏感性分析——来自中国上市公司的经验证据. 当代财经, 2008 (7): 107 - 112.

[53] 鲁海帆. 财务困境中 CEO 权力、高管层薪酬差距与公司业绩. 财贸研究, 2012 (3): 116 - 124.

[54] 陆建桥. 中国亏损上市公司盈余管理实证研究. 会计研究, 1999 (9): 25 - 35.

[55] 陆正飞, 魏涛. 配股后业绩下降: 盈余管理后果与真实业绩滑坡. 会计研究, 2006 (8): 52 - 59.

[56] 罗宏, 黄文华. 国企分红、在职消费与公司业绩. 管理世界, 2008 (9): 139 - 148.

[57] 罗玫, 陈运森. 建立薪酬激励机制会导致高管操纵利润吗? 中国会计评论, 2010 (1): 3 - 16.

[58] 吕长江, 赵宇恒. 国有企业管理者激励效应研究——基于管理层权力的解释. 管理世界, 2008 (11): 99 - 109.

[59] 马永强, 张泽南. 金融危机冲击、管理层动机与企业成本费用粘性研究. 南开管理评论, 2013 (6): 70 - 80.

[60] 马永强, 张泽南. 限薪令效应、国企高管薪酬与真实活动盈余管理. 工作论文, 2013.

[61] 纳超洪. 管理权力、自由裁量性投资与高管薪酬——基于中国上市公司的实证研究, 暨南大学博士学位论文, 2009.

[62] 宁亚平. 盈余管理本质探析. 会计研究, 2005 (6): 65 - 68.

[63] 潘红波, 夏新平, 余明桂. 政府干预, 政治关联与地方国有企业并购. 经济研究, 2008 (4): 41 - 52.

[64] 权小锋, 吴世农, 文芳. 管理层权力、私有收益与薪酬操纵. 经济研究, 2010 (11): 73 - 87.

[65] 沈艺峰，李培功. 政府限薪令与国有企业高管薪酬、业绩和运气关系的研究. 中国工业经济，2010 (11)：130-139.

[66] 宋德舜. 国有控股、经营者晋升和公司绩效. 南开经济研究，2006 (3)：102-115.

[67] 石子砚. 工资协商. 打造天平还是喂养尺蠖. 国经济时报，2007 (8).

[68] 树友林. 高管权力、货币报酬与在职消费关系实证研究. 经济学动态，2011 (5)：86-89.

[69] 苏冬蔚，林大庞. 股权激励、盈余管理与公司治理. 经济研究，2010 (11)：88-100.

[70] 孙亮，刘春. 什么决定了盈余管理程度的差异：公司治理还是经营绩效？中国会计评论，2008 (1)：85-98.

[71] 孙铮，王跃堂. 资源配置与盈余操纵之实证研究. 财经研究，1999 (4)：3-10.

[72] 唐清泉，朱瑞华，甄丽明. 我国高管人员报酬激励制度的有效性——基于沪深上市公司的实证研究. 当代经济管理，2008 (2)：59-65.

[73] 王浩，黄小玲. 上市公司高管团队长期薪酬差距与公司绩效关系研究. 科技进步与对策，2010 (13)：146-149.

[74] 王克敏，王志超. 高管控制权、报酬与盈余管理——基于中国上市公司的实证研究. 管理世界，2007 (7)：111-118.

[75] 王新. 国有企业高管薪酬管制与会计信息透明度的关系研究. 西南财经大学博士学位论文，2010.

[76] 王跃堂. 会计政策选择的经济动机——基于沪深股市的实证研究. 会计研究，2000 (12)：31-40.

[77] 王亚平，吴联生，白云霞. 中国上市公司盈余管理的频率与幅度. 经济研究，2005 (12)：102-112.

[78] 王志超，公司控制权、高管报酬与盈余管理——基于中国上市公司的实证研究. 吉林大学硕士学位论文，2007.

[79] 魏刚. 高级管理层激励与上市公司经营绩效. 经济研究, 2000 (3): 32 - 39.

[80] 魏明海. 盈余管理基本理论及其研究述评. 会计研究, 2000 (9): 37 - 42.

[81] 吴联生, 薄仙慧, 王亚平. 避免亏损的盈余管理程度: 上市公司与非上市公司的比较. 会计研究, 2007 (2): 44 - 91.

[82] 吴联生, 林景艺, 王亚平. 薪酬外部公平性、股权性质与公司业绩. 管理世界, 2010 (3): 117 - 126.

[83] 吴联生, 王亚平. 盈余管理程度的估计模型与经验证据: 一个综述. 经济研究, 2007 (8): 143 - 152.

[84] 吴文锋, 吴冲锋, 刘晓薇. 中国民营上市公司高管的政府背景与公司价值. 经济研究, 2008 (7): 130 - 141.

[85] 吴育辉, 吴世农. 高管高薪: 激励还是自利? ——来自中国上市公司的证据. 会计研究, 2010 (11): 40 - 48.

[86] 夏立军, 方轶强. 政府控制、治理环境与公司价值. 经济研究, 2005 (5): 40 - 51.

[87] 夏立军, 陈信元. 市场化进程、国企改革策略与公司治理结构的内生决定. 经济研究, 2007 (7): 82 - 95.

[88] 肖继辉, 彭文平. 高管人员报酬与业绩的敏感性——来自中国上市公司的证据. 经济管理, 2002 (18): 4 - 16.

[89] 肖王楚, 张成君. CEO 权责配置与公司治理结构优化. 经济与管理, 2003 (4): 35 - 40.

[90] 辛清泉, 林斌, 王彦超. 政府控制、经理薪酬与资本投资. 经济研究, 2007 (8): 110 - 122.

[91] 辛清泉, 谭伟强. 市场化改革、企业业绩与国有企业经理薪酬. 经济研究, 2009 (11): 68 - 81.

[92] 杨德明, 赵璨. 媒体监督、媒体治理与高管薪酬. 经济研究, 2012 (6): 116 - 126.

[93] 杨蓉. 垄断行业企业高管薪酬问题研究: 基于盈余管理

的视角．华东师范大学学报（哲学社会科学版），2012（3）：53－61．

[94] 俞鸿琳．政府控制和治理机制的有效性——基于中国A股市场的经验证据．南开管理评论，2006（1）：98－102．

[95] 张必武，石金涛．董事会特征、高管薪酬与薪绩敏感性——中国上市公司的经验分析．管理科学，2005（4）：32－39．

[96] 张晖明，陈志广．高级管理人员激励与企业绩效——以沪深上市公司为样本的研究，世界经济文汇，2002（4）：29－37．

[97] 张俊瑞，赵进文，张建．高级管理层激励与上市公司经营绩效相关性的实证分析．会计研究，2003（9）：29－34．

[98] 张俊瑞，李彬，刘东霖．真实活动操控的盈余管理研究．数理统计与管理，2008（5）：918－927．

[99] 张玲，刘启亮．治理环境、控制人性质与债务契约假说．金融研究．2009（2）：102－115．

[100] 张维迎．市场化改革与收入分配．资本市场，2008（3）：40－44．

[101] 章卫东．定向增发新股与盈余管理——来自中国证券市场的经营证据．管理世界，2010（1）：54－63．

[102] 张正堂．企业内部薪酬差距对组织未来绩效影响的实证研究．会计研究，2008（9）：81－87．

[103] 赵景文，许育瑜．两税合并、税收筹划与盈余管理方式选择．财经研究，2012（1）：135－144．

[104] 赵卫斌，陈志斌．政府控制与企业高管人员薪酬绩效敏感度．管理学报，2012（2）：267－271．

[105] 周权雄，朱卫平．国企锦标赛激励效应与制约因素研究．经济学季刊，2010（2）：571－596．

[106] 朱红军．大股东变更与高级管理人员更换：经营业绩的作用．会计研究，2002（9）：31－40．

[107] 朱星文，蔡吉甫，谢盛纹．公司治理、盈余治理与经济

报酬研究——来自中国上市公司数据的检验. 南开管理评论, 2008 (2): 28 - 33.

[108] 周仁俊, 杨战兵, 李礼. 管理层激励与企业经营业绩的相关性——国有与非国有控股上市公司的比较. 会计研究, 2010 (12): 69 - 75.

[109] Adams, R., H. Almeida, and D. Ferreira, Powerful CEOs and Their Impact on Corporate Performance. Review of Financial Studies, 2005, 18 (14): 1403 - 1432.

[110] Aggarwal, R. K., and A. A. Samwick, Executive Compensation. Strategic Competition, and Relative Performance Evaluation: Theory and Evidence. Journal of Finance, 1999, 54 (6): 1999 - 2043.

[111] Aharnoy, J., C. Lin, and M. Loed., Initial Public Offerings, Accounting Choices, and Earnings Management, Contemporary Accounting Research, 1993, 10 (1): 61 - 81.

[112] Akerlof, G. A., and J. L. Yellen, Fairness and Unemployment. American Economic Review, 1988, 78 (2): 44 - 49.

[113] Albuquerque, R., and J. Miao, Advance Information and Asset Prices, SSRN Working Paper, 2008.

[114] Averch, H., and L. Johnson, Behavior of the Firm Under Regulatory Constraint. American Economic Review, 1962, 52 (5): 1052 - 1069.

[115] Baber, W., and S. Kang, The Impact of Split Adjusting and Rounding on Analysts' Forecast Error Calculations. Accounting Horizons, 2002, 16: 277 - 289.

[116] Balsam, S, Discretionary Accounting Choices and CEO Compensation. Contemporary Accounting Research, 1998, 15 (3): 229 - 252.

[117] Beaver, W., and M. McNichols, The Characteristics and Valuation of Loss Reserves of Property Casualty Insurers. Review of Ac-

counting Studies, 1998, 3 (1 -2): 73 -95.

[118] Bebchuk, L., and J. Fried, Executive Compensation as an Agency Problem. Journal of Economic Perspectives, 2003, 17 (3): 71 -92.

[119] Bebchuk, L., and J. Fried, Pay without Performance: The Unfulfilled Promise of Executive Compensation. Boalt Working Papers in Public Law, Boalt Hall, UC Berkeley, 2004.

[120] Bebchuk, L., J. Fried, and D. Walker, Managerial Power and Rent Extraction in the Design of Executive Compensation. The University of Chicago Law Review, 2002, 69 (3): 751 -846.

[121] Bebchuk, L., J. Fried, Pay without Performance: Overview of the Issues. Journal of Applied Corporate Finance, 2005, 17 (4): 8 -23.

[122] Bebchuk, L., K. Cremers, and U. Peyer, The CEO Pay Slice. Journal of Financial Economics, 2011, 102: 199 -221.

[123] Becker, G., A Thoery of Competition Among Pressure Groups for Political Influence. The Quarterly Journal of Economics, 1983, 98 (3): 371 -400.

[124] Beneish, M., and M. Vargus, Insider Trading, Earnings Quality, and Accrual Mispricing. The Accounting Review, 2002, 4: 755 -791.

[125] Bergstresser, D., and T. Philippon, CEO Incentives and Earnings Management. Journal of Financial Economics, 2006, 80 (3): 511 -529.

[126] Berle, A., and G. Means, The Modern Corporation and Private Property. New York: Macmillan, 1932.

[127] Borokhovich, K., R. Parrino, and T. Trapani, Outside Directors and CEO Selection. Journal of Financial and Quantitative Analysis, 1996, 31 (3): 337 -355.

[128] Boynton, C. , P. Dobbins, and G. Plesko, Earnings Management and the Corporate Alternative Minimum Tax. Journal of Accounting and Research, 30 (Supplement): 1992, 131 –153.

[129] Brown, L. , A Temporal Analysis of Earnings Surprises: Profits Versus Losses. Journal of Accounting Research, 2001, 39 (2): 221 –241.

[130] Burgstahler, D. , and I. Dichev, Earnings Management to Avoid Earning Decreases and Losses. Journal of Accounting and Economics, 1997, 24: 99 –126.

[131] Burrough, B. , and J. Helyer, Barbariants at the Gate: The Fall of RJR Nabisco, New York 1990.

[132] Bushman, R. , and A. Smith, Financial Accounting Information and Corporate Governance. Journal of Accounting and Economics, 2001, 32 (1 –3): 237 –333.

[133] Chapman, C. J. , and T. J. Steenburgh, An Investigation of Earnings Management through Marketing Actions. Management Science, 2011, 57 (1): 72 –92.

[134] Cohen, D. A. , A. Dey, and T. Z. Lys, Real and Accrual – Based Earnings Management in the Pre-and Post – Sarbanes Oxley Periods. The Accounting Review, 2008, 83 (3): 757 –787.

[135] Cohen, D. A. , and P. Zarowin, Accrual – Based and Real Earnings Management Activities around Seasoned Equity Offerings. Journal of Accounting and Economics, 2010, 50 (1): 2 –19.

[136] Cohen, D. A. , A. Dey, and T. Z. Lys, Real and Accrual – Based Earnings Management in the Pre-and Post – Sarbanes Oxley Periods. The Accounting Review, 2008, 83 (3): 757 –787.

[137] Conyon, M. , and S. Peck, Board Control, Remuneration Committees, and Top Management Compensation. Academy of Management Journal, 1998, 41 (4): 146 –157.

[138] Core, J. E, R. W. Holthausen and D. F. Larcker, Corporate Governance, Chief Executive Officer Compensation, and Firm Performance. Journal of Financial Economics, 1999, 51: 31 −406.

[139] Core, J. E. , W. Guay, and D. F. Larcker, The Power of the Pen and Executive Compensation. Journal of Financial Economics, 2008, 88 (1): 119 −143.

[140] Cormier, D. , I. Martinez, The Association Between Management Earnings Forecasts, Earnings Management and Stock Market Valuation: Evidence from French IPO's. The International Journal of Accounting, 2006, 41 (3): 209 −236.

[141] Cowherd, D. M. , and D. I. Levine, Product Quality and Pay Equity between Lower-level Employees and Top Management: An Investigation of Distribution Justice Theory. Administrative Science Quarterly, 1992, 37 (2): 302 −320.

[142] DeAngelo, L. , Accounting Numbers as Market Valuation Substitutes: A Study of Management Buyouts of Public Shareholders. The Accounting Review, 1986, 61 (3): 400 −420.

[143] DeAngelo, L. , Managerial Competition, Information Costs, and Corporate Governance: The use of Accounting Performance Measures in Proxy Contests. Journal of Accounting and Economics, 1988, 10: 3 −36.

[144] Dechow, P. M. , and R. Sloan, Executive Incentives and the Horizon Problem: An Empirical Investigation. The Accounting Review, 1998, 14 (1): 51 −89.

[145] Dechow, P. M. , R. G. Sloan, and A. P. Sweeney, Detecting Earnings Management. The Accounting Review, 1995, 70 (2): 193 −225.

[146] Dechow, P. M. , R. Sloan, and A. P. Sweeney, Detecting Earnings Management. The Accounting Review, 1995, 70 (2): 193 −225.

[147] Dechow, P. M. , S. P. Kothari, and R. L. Watts, The Relation between Earnings and Cash Flows. Journal of Accounting and Economics, 1998, 25 (2): 131 – 168.

[148] Defond, M. L. , and M. Hung, Investor Protection and Corporate Governance: Evidence from Worldwide CEO Turnover. Journal of Accounting Research, 2004, 42 (2): 269 – 312.

[149] DeFond, M. , and J. Jiambalvo, Debt Covenant Violation and Manipulation of Accruals. Journal of Accounting and Economics, 1994, 17 (1): 145 – 176.

[150] Degeoge, F. , J. Patel, and R. Zeckhauser, Earnings Management to Exceed Thresholds. Journal of Business, 1999, 72 (1): 1 – 33.

[151] Dye, R. , Earnings Management in An Overlapping Generations Model. Journal of Accounting Research, 1988, 26 (2): 195 – 226.

[152] Dyck, A. , and L. Zingales, Control Premiums and the Effectiveness of Corporate Governance Systems. Journal of Applied Corporate Finance, 2004, 16 (2/3): 51 – 72.

[153] DuCharme, L. , P. Malatesta, S. Sefcik, Earnings Management, Stock Issues, and Shareholder Lawsuits. Journal of Financial Economics, 2004, 71: 27 – 50.

[154] Erickson, M. , and S. Wang, Earnings Management by Acquiring Firms in Stock for Stock Mergers. Journal of Accounting and Economics, 1999, 27: 149 – 176.

[155] Fahlenbrach, R. , Shareholder Rights, Boards, and CEO Compensation. Review of Finance, 2009, 13 (1): 81 – 113.

[156] Fama, E. , Agency Problems and the Theory of the Firm. Journal of Political Economy, 1980, 88 (2): 288 – 307.

[157] Fama, E. , and M. Jensen, Separation of Ownership and Control. Journal of Law and Economics, 1983, 26 (2): 301 – 325.

[158] Fan, J. , and T. Wong, Do External Auditors Perform A Corporate Governance Role in Emerging Markets? Evidence from East Asia. Journal of Accounting Research, 2005, 43 (1): 35 – 72.

[159] Fan, J. , T. Wong, and T. Zhang, Institutions and Organizational Structure: the Case of State-owned Corporate Pyramids. SSRN Working Paper, 2010.

[160] Finkelstein, S. , Power in Top Management Teams: Dimensions, Measurement, and Validation. Academy of Management Journal, 1992, 35 (3): 505 – 538.

[161] Firth, M. , P. Fung, O. Rui, Corporate Performance and CEO Compensation in China. Journal of Corporate Finance, 2006, 12 (4): 693 – 714.

[162] Friedlan, J. , Accounting Choices of Issuers of Initial Public Offerings. Contemporary Accounting Research, 1994, 11 (1): 1 – 31.

[163] Friedman, A. , Framing Pictures: The Role of Knowledge in Automatized Encoding and Memory for Gist. Journal of Experimental Psychology: General, 1979, 108: 316 – 355.

[164] Gaver, J. , K. Gaver, and J. Austin, Additional Evidence on Bonus Plans and Income Management. Journal of Accounting and Economics, 1995, 19 (1): 3 – 28.

[165] Gaver, J. , and J. Paterson, Earnings Management Under Changing Regulatory Regimes: State Accreditation in the Insurance Industry. Journal of Accounting and Public Policy, 2000, 19 (4 – 5, Winter): 399 – 420.

[166] Gentzkow, M. , and J. Shapiro, Media Bias and Reputation. Journal of Political Economy, 2006, 114 (2): 280 – 316.

[167] Graham, J. R. , C. R. Harvey, and S. Rajgopal, The Economic Implications of Corporate Financial Reporting. Journal of Accounting and Economics, 2005, 40 (1 – 3): 3 – 73.

［168］Grossman, J. , and O. Hart, An Analysis of the Principal – Agent Problem. Econometrica, 1983, 51 (1): 7 –45.

［169］Groves , T. , Y. Hong, J. Mcmillan, and B. Naughton, China's Evolving Managerial Market. Journal of Political Economy, 1995, 103 (4): 873 – 792.

［170］Gunny, k. , What Are the Consequences of Real Earnings Management, Working Paper, 2005.

［171］Gunny, K. , The Relation Between Earnings Management Using Real Activities Manipulation and Future Performance: Evidence from Meeting Earnings Benchmarks. Contemporary Accounting Research, 2010, 27 (3): 855 – 888.

［172］Hagerman, R. L. , and M. E. , Zmijewski, Some Economic Determinants of Accounting Policy Choice. Journal of Accounting and Economics, 1979, 1 (2): 141 – 161.

［173］Hambrick, D. C. , and P. A. Siegel, Pay Dispersion within Top Management Groups: Harmful Effects on Performance of High – Technology Firms. Academy of Management Proceeding, 1997, 1 (1): 26 – 30.

［174］Han, J. , and S. , Wang, Political Costs and Earnings Management of Oil Companies During the 1990 Persian Gulf Crisis. The Accounting Review, 1998, 73 (1): 103 – 118.

［175］Hanlon, M. , S. Rajgopal, and T. Shevlin, Are Executive Stock Options Associated with Future Earnings. Journal of Accounting and Economics, 36 (1 – 3): 3 – 43.

［176］Healy, P. M, and J. Wahlen, A Review of the Earnings Management Literature and Its Implications for Standard Setting. Accounting Horizons, 1999, 13 (4): 365 – 383.

［177］Healy, P. M. , The Effect of Bonus Schemes on Accounting Decision. Journal of Accounting and Economics, 1985, 7 (1): 85 – 107.

[178] Hermalin, B. , and M. Weisbach, Endogenously Chosen Boards of Directors and Their Monitoring of the CEO. American Economics Review, 1998, 88: 96 – 118.

[179] Holland, D. , Earnings Management: A Methodological Review of the Distribution of Reported Earnings Approach, Working Paper, 2004.

[180] Holmstrom, B. , Moral Hazard and Observability. The Bell Journal of Economics, 1979, 10 (1): 74 – 91.

[181] Holmstrom, B. Pay without performance and the Managerial Power Hypothesis: A Comment. Journal of Corporation Law, 2005, 30 (4): 703 – 715.

[182] Holthausen, R. W. , Evidence on the Effect of Bond Covenants and Management Compensation Contracts on the Choice of Accounting Techniques. Journal of Accounting and Economics, 1981, 3 (1): 79 – 109.

[183] Holthausen, R. W. , D. F. Larcker, and R. G. Sloan, Annual Bonus Schemes and the Manipulation of Earnings, Journal of Accounting and Economics, 1995, 19 (1): 29 – 74.

[184] Jackson, S. , T. Lopez, and A. Reitenga, Accounting Fundamental and CEO Bonus Compensation. Journal of Accounting and Public Policy, 2008, 27: 374 – 393.

[185] Jensen, M. , Agency Costs of Free-cash-flow, Corporate Finance, and Takeovers. American Economic Review, 1986, 76 (2): 323 – 329.

[186] Jensen, M. , and K. Murphy, CEO Incentives—It's Not How Much You Pay, But How. Journal of Applied Corporate Finance, 1990a, 3 (3): 36 – 49.

[187] Jensen, M. , and K. Murphy, Performance Pay and Top – Management Incentives. Journal of Political Economy, 1990b, 98 (4):

225 – 264.

[188] Jensen, M. , and W. Meckling, Theory of the Firm: Managerial Behavior, Agency Costs and Ownership Structure, Journal of Financial Economics, 1976, 3 (4): 305 – 360.

[189] Jensen, M. , Murphy, and E. Wruck, Where We've Been, How We Got to Here, What Are the Problems, and How to Fix Them, 2004.

[190] Jones, J. , Earnings Management During Import Relief Investigations. Journal of Accounting Research, 1991, 29 (2): 193 – 228.

[191] Kasznik, R. , On the Association Between Voluntary Disclosure and Earnings Management. Journal of Accounting Research, 1999, 37 (1): 18 – 38.

[192] Kim J – B, B. C. , and Sohn, Real Earnings Management and Cost of Capital. Working Paper, 2013.

[193] Kothari, S. , A. Leone, and C. Wasley, Performance Matched Discretionary Accrual Measures. Journal of Accounting and Economics, 2005, 39: 163 – 197.

[194] Lambert, R. , and D. Larcker, An Analysis of the Use of Accounting and Market Measures of Performance in Executive Compensation Contracts. Journal of Accounting Research, 1987, 25 (3): 85 – 125.

[195] Lanmbert, R. A. , D. Larcker, and K. Weigelt, The Structure of Organizational Incentives, Administrative Science Quarterly, 1993, 38: 438 – 461.

[196] Lazear, E. , and S. Rosen, Ranker-order Tournaments As Optimum Labor Contracts. Journal of Political Economy, 1981, 89 (5): 841 – 864.

[197] Locklin, D. , The Literature on Railway Rate Theory. Quarterly Journal of Economics, 1933, 47, February: 167 – 230.

[198] Louis, H. , Earnings Management and the Market Perform-

ance of Acquiring Firms. Journal of Financial Economics, 2004, 74: 121 – 148.

[199] Macavoy, P. , The Effectiveness of cthe Federal Power Commission. Bell Journal of Economics and Management Science, 1970, 1 (2): 271 – 303.

[200] March J. , The Power of Power, in D. Easton (ed.), Varieties of Political Theory, Englewood Cliffs: Prentice – Hall, 1966.

[201] McNichols, M. , and G. Wilson, Evidence of Earnings Management from the Provision for bad debts. Journal of Accounting Research, 26 (Supplement): 1988, 1 – 31.

[202] Mehran, H. , Executive Compensation Structure, Ownership, and Firm Performance. Journal of Financial Economics, 1995, 38 (2): 163 – 184.

[203] Mirrlees, J. A. , Optimal Tax Theory: A Synthesis, Journal of Public Economics, 1976, 6 (4): 327 – 358.

[204] Morck, R. , A. Shleifer, and R. Vishny, Management Ownership and Market Valuation: An Empirical Analysis, 1988, 20 (1 – 2): 293 – 315.

[205] Morse, A. , V. Nanda, and A. Seru, Are Incentive Contracts Rigged by Powerful CEOs? The Journal of Finance, 2011, 66 (5): 1779 – 1821.

[206] Murphy, K. , Corporate Performance and Managerial Remuneration: An Empirical Analysis. Journal of Accounting and Economics, 1985, 7 (1 – 3): 11 – 42.

[207] Murphy, K. , Executive Compensation. Handbook of Labor Economics, 1999, 3: 2485 – 2563.

[208] Murphy, K. , Explaining Executive Compensation: Managerial Power versus the Perceived Cost of Stock Options. The University of Chicago Law Review, 2002, 69 (3): 847 – 869.

［209］Newman, H. , and H. Mozes, Does the Compensation of the Compensation Committee Influence CEO Compensation Practices? Financial Management, 1999, 28 (3): 41 – 53.

［210］Otten, J. , and P. Heugens, Extending the Managerial Power Theory of Executive Pay: A Cross National Test. Erasmus Research Institute of Management, 2007, MPRA paper 6778.

［211］Peltsman, S. , and G. Becker, Toward a More General Theory of Regulation: Comment. Journal of Law and Economics, 1976, XIX (2), August: 211 – 240.

［212］Peng, L. , and A. Roell, Manipulation and Equity-based Compensation. American Economic Review, 2008, 98 (2): 285 – 290.

［213］Perry, S. , and T. Williams, Earning Management Preceding Management Buyout Offers. Journal of Accounting and Economics, 1994, 18 (2): 157 – 179.

［214］Petroni, K. , S. Ryan, and J. Wahlen, Discretionary and Non-discretionary Revisions of Loss Reserves by Property – Casualty Insurers: Differential Implications for Future Profitability, Risk and Market Value. Review of Accounting Studies, 2000, 5 (2): 95 – 125.

［215］Pfeffer, J. , Power in Organizations, Pitman Pub. Marshfield, Mass, 1981.

［216］Pourcisu, S. , Earnings Management and Nonroutine Executive Changes. Journal of Accounting and Economics, 1993, 16: 317 – 336.

［217］Qian, Y. , and G. Roland, Federalism and the Soft Budget Constraint. The American Economic Review, 1998, 88 (5): 1143 – 1162.

［218］Radner, R. , Monitoring Cooperative Agreements in A Repeated Principal – Agent Relationship. Econometrica, 1981, 49: 1127 – 1148.

［219］Rajan, R. , J. Wulf, Are Perks Purely Managerial Excess? Journal of Financial Economics, 2006, 79 (1): 1 – 33.

[220] Rangan, S. , Earnings Management and the Performance of Seasoned Equity Offerings. Journal of Financial Economics, 1998, 50 (1): 101 – 122.

[221] Rogerson, W. , Repeated Moral Hazard. Econometrica, 1985, 53 (1): 69 – 76.

[222] Rosen, S. , Authority, control, and the distribution of earnings. The Bell Journal of Economics, 1982, 13 (2): 311 – 323.

[223] Ross, S. , The Economic Theory of Agency: The Principal's Problem, American Economic Review, 1973, 63 (2): 134 – 139.

[224] Roychowdhury, S. , Earnings Management through Real Activities Manipulation, Journal of Accounting and Economics, 2006, 42 (3): 335 – 370.

[225] Rubbinstein, A. , Offenses that May Have Been Committed by Accident—An Optimal Policy of Retribution. In Applied Game Theory, 1979, 406 – 413.

[226] Ryan, H. , and R. Wiggins, The Influence of Firm and Manager-specific Characteristics on the Structure of Executive Compensation. Journal of Corporate Finance, 2001, 7 (2): 101 – 123.

[227] Samuelson, P. , Factor – Price Equalization by Trade in Joint and Non – Joint Production. Review of International Economics, 1992, 1 (1): 1 – 9.

[228] Schipper, K. , Commentary on Earnings Management, Accounting Horizons, 1989, 3 (4): 91 – 102.

[229] Shivadasani A. , and D. Yermack, CEO Involvement in the Selection of New Board Members: An Empirical Analysis. The Journal of Finance, 1999, 54 (5): 1829 – 1853.

[230] Shleifer, A. , and R. Vishny, Large Shareholders and Corporate Control, Journal of Political Economy, 1986, 94 (3): 461 – 488.

[231] Spence, M. , and R. Zeckhauser, Insurance, Informa-

tion, and Individual Action. The American Economic Review, 1971, 61 (2): 380 –387.

[232] Stigler, G. , The Theory of Economic Regulation. Bell Journal of Economics and Management Science, 1971, 2 (Spring): 3 –21.

[233] Stigler, G. , The Xistence of X – Efficiency. The American Economic Review, 1976, 66 (1): 213 –216.

[234] Sweeney, A. , Debt Covenant Violations and Managers' Accounting Responses. Journal of Accounting and Economics, 1994, 17 (3): 281 –308.

[235] Teoh, S. , I. Welch and T. Wong, Earnings Management and the Long – Run Market Performance of Initial Public Offerings. Journal of Finance, 1998a, 53 (6): 1935 –1974.

[236] Teoh, S. , I. Welch, and T. Wong, Earnings Management and the Underperformance of Seasoned Equity Offering. Journal of Financial Economics, 1998b, 50 (1): 63 –99.

[237] Viscusi, W. , The Value of Life: Estimates with Risks by Occupation and Industry. Economic Inquiry, 2004, 42 (1): 29 –48.

[238] Watts, R. , Corporate Financial Statements, a Product of the Market and Political Processes. Australian Journal of Management, 1977, 2 (4): 53 –75.

[239] Watts, R. , and J. Zimmerman, Toward a Positive Theory of Determination of Accounting Standards. The Accounting Review, 1978, 53 (1): 112 –134.

[240] Watts, R. , and J. Zimmerman, Positive Accounting Theory, New Jersey: Prentice Hall, 1986.

[241] Watts, R. , and J. Zimmerman, Positive Accounting Theory: A Ten Year Perspective. The Accounting Review, 1990, 65 (1): 131 –156.

[242] Wilson, R. , Auctions of Shares. Quarterly Journal of Eco-

nomics, 1979, 93: 675 – 689.

[243] Xie, H., The Mispricing of Abnormal Accruals. The Accounting Review, 2011, 76 (7): 357 – 373.

[244] Yermack, D., Flights of Fancy: Corporate Jets, CEO Perquisites, and Inferior Shareholder Returns. Journal of Financial Economics, 2006, 80 (1): 211 – 242.

[245] Zang, A., Evidence on the Trade – Off between Real Activities Manipulation and Accrual – Based Earnings Management. The Accounting Review, 2012, 87 (2): 675 – 703.

致　　谢

　　本书辍笔之际，心中涟漪满溢，感慨万千。学海之涯，浩瀚无边，一路以来，承蒙恩师垂青，亲友相扶，感念于心，谢意浓浓！

　　谨以本书献给一路上所有关心、爱护、鼓励与鞭策本人成长的恩师亲朋，也要特别感谢经济科学出版社王柳松编辑细致入微的编辑加工，我定不负众望，努力前行，踏实走好每一步！

张泽南

2016 年 6 月于江南大学商学院